AF456947

VARIÉTÉS SINOLOGIQUES N° 28

CATALOGUE

DES

TREMBLEMENTS DE TERRE SIGNALÉS EN CHINE

D'APRÈS LES SOURCES CHINOISES

(1767 avant J.-C. — 1895 après J.-C.)

PAR

LE R. P. PIERRE HOANG,

DU CLERGÉ DE NAN-KING.

CHANG-HAI.

IMPRIMERIE DE LA MISSION CATHOLIQUE

A L'ORPHELINAT DE T'OU-SÈ-WÈ.

1909

PRÉFACE DE L'ÉDITEUR.

Dans l'œuvre magistrale où, en 1906, M. de Montessus de Ballore condensait ce qu'on pouvait tenir pour scientifiquement acquis sur la «Géographie séismologique», l'auteur exprimait un regret au sujet de la Chine. Et il énonçait quelques raisons de ce déficit.

Si la description séismique de la Chine n'était pas encore faite, selon lui, ce n'était pas faute d'information sur des cataclysmes même de la plus haute antiquité; mais comment n'être pas mis en défiance par le manque d'esprit critique de la plupart des vieux annalistes? «Les détails les plus «extraordinaires s'y mêlent à des observations, qui, si elles étaient dégagées «de ces erreurs grossières, porteraient, au contraire, l'empreinte d'une «grande précision et d'une parfaite authenticité.» Il signalait une autre difficulté, plus extrinsèque, celle-ci: «Les voyageurs et les missionnaires «étrangers ont à traduire chacun dans leur propre langue, des noms com- «plexes, à prononciation chinoise variable elle-même suivant les diverses «provinces.» Et, pour compliquer le problème de l'identification des districts bouleversés, combien de fois les capitales citées par les chroniqueurs n'ont-elles pas changé de nom sous les différentes dynasties!

M. de Montessus ne semblait pourtant point découragé à tout jamais, et montrait même sa confiance en une solution assez prochaine, quand il terminait par ces paroles: «Il est regrettable qu'Omori n'ait publié qu'en «japonais son catalogue des tremblements de terre chinois, depuis les temps «les plus anciens jusqu'à la dynastie des Ming.»

Or à cette époque, l'observatoire de Zi-ka-wei venait de commencer à publier le Bulletin sismographique des années précédentes. Alors, aussi, un service régulier de renseignements macrosismiques s'organisait entre ce même observatoire et les missionnaires des diverses provinces. Il nous sembla que les difficultés de l'entreprise ne nous étaient pas insurmontables. Nous crûmes qu'elles nous désignaient même assez naturellement pour tenter de contribuer à avancer la question.

Près de nous se trouvait le Révérend Père P. Hoang: son érudition pleine de conscience et de critique l'avait déjà depuis longtemps fait classer parmi les Maîtres de la sinologie aussi bien en Chine que dans les grands Instituts d'Europe.

Il poursuivait alors, malgré ses soixante dix-sept ans, — ou plutôt avec les trésors accumulés par cette longue carrière d'études ininterrompues, — la rédaction de son grand traité de la *Chronologie chinoise*, où sont renfermés les principes directeurs de son exégèse des vieilles chroniques.

Pour venir à notre aide dans l'établissement d'un catalogue des tremblements de terre, les documents ne lui feraient pas défaut. N'avait-il pas à sa disposition une magnifique bibliothèque, comme on n'en compte que peu de comparables dans tout l'Empire du Milieu? Nous fîmes donc appel à son dévouement inlassable autant qu'à sa compétence unique. Puis nous devînmes pressants: son grand âge était une menace: tout délai pouvait nous priver d'une partie de ses lumières. Et lui, ne sachant point refuser, il accepta.

Mais ce n'était pas un petit travail qu'il entreprenait. Tous les loisirs de ses trois dernières années devaient y être employés. Les savants auxquels l'ouvrage avait été annoncé s'étonnèrent sans doute, se lassèrent, peut-être, de cette longue élaboration. Dans l'intervalle, l'Association Britannique pour l'avancement des Sciences se décida même à faire paraître une compilation des catalogues de Biot et d'Omori. Le soin en fut confié à M. Shinobu Hirota, et la liste nous parvint le 31 Décembre 1908.

C'était là un document fort intéressant, nous nous plaisons à le reconnaître: mais il ne put nous faire interrompre l'exécution déjà fort avancée de notre catalogue.

D'ailleurs, visiblement, l'écrivain japonais (soit l'auteur, M. Omori, soit le traducteur, M, Shinobu Hirota), n'a pu se mettre complètement à l'abri des déconvenues que réserve aux sinologues l'insouciance des scribes et des typographes chinois (1). Comme on le verra dans le deuxième volume, où nous donnerons les dates du P. Hoang en présence de celles de Biot et de M. Shinobu Hirota, telle source de renseignements n'a pas été utilisée, telle série de dates ne concorde pas avec ce que la sinologie la mieux informée accepte comme hors de conteste.

Sans vouloir, pour autant, diminuer le mérite de ses prédécesseurs, nous croyons pouvoir dire que le P. Hoang, outre ses facilités de spécialiste, disposait peut-être de plus de documents que l'on ne peut en avoir hors de

---

(1) Cette insouciance apportée dans la rédaction des instruments, de leur nature les plus précis, oblige les chartistes à des précautions inouïes et à des collationnements interminables. Pour les reproductions les plus vulgaires, elle va si loin que l'Inspecteur des Côtes, voulant, en 1909, établir pour les Douanes, une traduction du calendrier impérial chinois, ne parvint point à obtenir deux exemplaires concordants du fameux *Wan-nien-chou*. (On sait que ce nom désigne le calendrier perpétuel calculé jadis à Pékin par ordre impérial, et regardé comme la norme des almanachs à paraître depuis 1624 jusqu'en 2020.) Le P. Hoang n'ignorait pas cette difficulté, et plus d'une fois se plaignit à nous des tâtonnements qui en résultaient.

Chine. En tout cas, nous sommes témoin qu'il ne craignit point sa peine. Il reprit de fond en comble une à une toutes les évaluations des annalistes. Et quand après trois ans, nous reçûmes les dernières pages de son long travail, le 7 Octobre 1909, le P. Hoang avait complètement revu une à une et collationné aussi soigneusement que possible toutes les dates et les positions géographiques qu'il nous livrait. Faut-il dire, hélas! que le lendemain, 8 Octobre, le vieil érudit de quatre-vingts ans, quittait doucement ce monde; tranquille et calme, béni de tous comme il avait vécu? Il nous était enlevé sans avoir pu répondre aux questions que son manuscrit ne pouvait manquer de nous suggérer.

Lorsque le P. Hoang eut remis aux Pères de l'Observatoire le manuscrit sollicité par eux, le Directeur des Variétés sinologiques nous fit l'honneur de demander à l'inscrire comme le numéro 28 de sa collection. Nous n'avions rien à lui refuser, et l'arrangement fut aussitôt conclu. Et ceci achève d'expliquer notre situation devant les deux classes de lecteurs auxquels nous nous adressons. Aux sinologues, nous n'aurions pas songé à présenter le R. Père Hoang, l'auteur des Etudes sur le Mariage et la Propriété en Chine, mais il fallait leur rendre compte du sujet actuel peut-être un peu inattendu. Quant aux géologues et aux sismologues, ils avaient le droit d'apprendre qui était cet écrivain chinois venant donner sa liste, après Biot et M. Omori, en réponse aux invites de M. de Montessus.

La première partie du Catalogue, telle que nous l'offrons aujourd'hui au public n'est encore, si l'on veut, qu'un instrument de travail, ou une base de recherches sismologiques.

Au point de vue historique, elle contient plus de dates, — et calculées pensons-nous, avec plus d'approximation et d'exactitude — qu'aucun des catalogues précédents. La distinction y est soigneusement faite d'après les annalistes chinois eux-mêmes, par des renvois et des notes hors texte, entre les «affaissements de montagnes» et les «tremblements de terre». Mais, hâtons-nous de le dire, ce n'est que dans le deuxième volume — actuellement en préparation, — que nous pensons donner une liste critique des différents séismes, classés par régions secouées.

Dans ce second volume, nous ne promettons donc aucunement d'enregistrer comme certaines, sismologiquement, toutes les perturbations mentionnées dans la première partie, sur la foi des chroniqueurs.

Telle n'était pas du reste, non plus, la pensée du P. Hoang.—«Voici, «nous disait-il, en nous remettant son manuscrit: cela, c'est l'œuvre du «chronologiste; ce qui est là-dedans, c'est ce que disent nos annales..... A «d'autres, d'en faire la critique, et d'en tirer les conclusions séismologiques «ou géographiques.»

Ces conclusions, d'autres peuvent désirer les tirer sans nous, avant nous, et mieux que nous. Plusieurs peuvent, soit comme collaborateurs, soit comme concurrents, utiliser ces notes pour l'avancement de la science. Nous n'avons pas voulu retarder leurs travaux ni les exposer à une refonte de leur manuscrit. Et c'est pourquoi nous avons séparé les deux parties de cet ouvrage. Nous espérons ne plus faire trop patienter ceux qui préféreront attendre que nous leur soumettions notre commentaire et notre carte.

Si nous y gagnons assez tôt quelques suggestions ou quelques critiques, il nous sera peut-être possible d'en profiter ou d'y répondre, et ce sera tout bénéfice pour la réalisation du but proposé.

TREMBLEMENTS DE TERRE

EN

CHINE.

AVERTISSEMENT DE L'AUTEUR.

Dans ce travail sont mentionnés les tremblements de terre que j'ai pu trouver dans les Histoires ou Annales chinoises à ma disposition, depuis l'année 1767 av. J.-C. jusqu'à l'année 1895 ap. J.-C.

Le recueil suit l'ordre des provinces, des villes-préfectures et sous-préfectures.

On y verra que les tremblements de terre dans les villes royales sont mieux marqués que dans les autres villes.

Les dates des jours et des mois solaires avant J.-C. sont en style grégorien et en style julien; après J.-C. elles sont en style julien jusqu'au 15 Octobre 1582, et en style grégorien à partir de cette date. Les nombres indiquant les années avant l'ère chrétienne, sont donnés d'après la chronologie historique et non d'après la chronologie astronomique.

Les coordonnées géographiques sont inscrites d'après l'ouvrage de G. M. H. Playfair "The Cities and Towns of China". Dans cet ouvrage il prend comme origine des longitudes le méridien de Greenwich.

P. Hoang.

EXPLICATION DES ABRÉVIATIONS.

P. = Province.
V. = Ville.
F. = Fou 府, Préfecture.
H. = Hien 縣, Sous-préfecture.
T*. = Tche-li Tcheou 直隸州, Vice-préfecture indépendante.
T. = Chou Tcheou 屬州, Vice-préfecture dépendante.
t*. = Tche-li ting 直隸廳, Préfecture mineure indépendante.
t. = Chou ting 屬廳, Préfecture mineure dépendante.
Ann. = Année de l'ère chrétienne.
av. J.-C. = Avant J.-C.
ap. J.-C. = Après J.-C.
M. Sol. = Mois solaire par chiffre, par exemple, 1 = Janvier; 2 = Février; 3 = Mars; &c.
Jr. = Jour.
Pr. = Printemps.
Ét. = Été.
Aut. = Automne.
Hiv. = Hiver.
Gr. = Grand tremblement de terre.
Lég. = Léger tremblement de terre.
Pl. jrs. = Tremblement de plusieurs jours de durée.
Aff. Mont. = Affaissement de montagnes.
Perturb. riv. = Perturbation extraordinaire des rivières.

LIVRE PREMIER

TREMBLEMENTS DE TERRE EN CHINE

D'APRÈS L'ORDRE DES PROVINCES.

I. TREMBLEMENTS DE TERRE DANS LA PROVINCE DU CHEN-SI 陝西.

	P. CHEN-SI 陝西	LATITUDE.	LONG. E. G.	ANNÉE.	M. SOL.	JOUR.	NOTE.
1	V. Si-ngan F. 西安府	*34° 17'.*	*108° 58'.*	1117 av. J.-C.	5-6		
2	,, ,,	,,	,,	1027 ,,	3	25 (1)	Très Gr.
3	,, ,,	,,	,,	780 ,,			
4	,, ,, et dans d'autres provinces de l'empire	,,	,,	232 ,,			
5	,, ,,	,,	,,	175 ,,	2-3		
6	,, ,,	,,	,,	137 ,,	11		
7	,, ,,	,,	,,	131 ,,	6-7		
8	,, ,,	,,	,,	91 ,,	10	10 (2)	
9	,, ,,	,,	,,	88 ,,	8-9		
10	,, ,,	,,	,,	73 ,,	5	15 (3)	
1	dans les provinces de l'empire			70 ,,	5		(4)
2	,, ,,	,,	,,	67 ,,	10	13 (5)	
3	,, ,,	,,	,,	41 ,,	12		
4	,, ,,	,,	,,	29 ,,	1	3 (6)	
5	,, ,, et dans d'autres provinces de l'empire	,,	,,	7 ,,	11	11 (7)	
6	,, ,,	,,	,,	16 ap. J.-C.	2	20	
7	,, ,,	,,	,,	161 ,,	6-7		
8	,, ,,	,,	,,	179 ,,	4-5		
9	,, ,,	,,	,,	191 ,,	8	1	
20	,, ,,	,,	,,	193 ,,	12	13	
1	,, ,,	,,	,,	194 ,,	2	1	
22	,, ,,	,,	,,	,, ,,	7	7	

(1) Styl. jul. Avril 4. V. Cosmos N° 1063 p. 619. N° 1065 p. 673. (2) Styl. jul. Octob. 12 (3) Styl. jul. Mai. 17
(4) Aff. mont. (5) Styl. jul. Octob. 15 (6) Styl. jul. Janvier 5 (7) Styl. jul. Nov. 13

I. DANS LA PROVINCE DU CHEN-SI 陝西.

	P. CHEN-SI 陝西		LATITUDE.	LONG. E. G.	ANNÉE.		M. SOL.	JOUR.	NOTE.
23	V. Si-ngan F.	西安府	*34° 17'.*	*108° 58'.*	194	ap. J.-C.	7	8	
4	,,	,,	,,	,,	286	,,	9-10		
5	,,	,,	,,	,,	315	,,	7	22	
6	,,	,,	,,	,,	319	,,	3-4		
7	,,	,,	,,	,,	483	,,	8	6	
8	,,	,,	,,	,,	567	,,	7	22	
9	,,	,,	,,	,,	594	,,	6	21	
30	,,	,,	,,	,,	600	,,	12	13	
1	,,	,,	,,	,,	619	,,	11	11	
2	,,	,,	,,	,,	632	,,	12	2	
3	,,	,,	,,	,,	633	,,	11	27	
4	,,	,,	,,	,,	671	,,	10-11		
5	,,	,,	,,	,,	677	,,	2	24	
6	,,	,,	,,	,,	682	,,	11	9	
7	,,	,,	,,	,,	687	,,	8	26	
8	,,	,,	,,	,,	688	,,	8	3	
9	,,	,,	,,	,,	736	,,	11	9	
40	,,	,,	,,	,,	738	,,	4	18	
1	,,	,,	,,	,,	767	,,	12	21	
2	,,	,,	,,	,,	768	,,	6	9	
3	,,	,,	,,	,,	769	,,	3	29	
44	,,	,,	,,	,,	,,	,,	6	27	

	P. CHEN-SI 陝西		LATITUDE.	LONG. E. G.	ANNÉE.	M. SOL.	JOUR.	NOTE.
45	V. Si-ngan F.	西安府	*34° 17'.*	*108° 58'.*	780 ap. J.-C.	5	13	
6	,,	,,	,,	,,	782 ,,	7	27	
7	,,	,,	,,	,,	783 ,,	5	23	
8	,,	,,	,,	,,	,, ,,	6	9	
9	,,	,,	,,	,,	786 ,,	6	21	
50	,,	,,	,,	,,	788 ,,	1	12	
1	,,	,,	,,	,,	,, ,,	2	12	
2	,,	,,	,,	,,	,, ,,	,,	13	
3	,,	,,	,,	,,	,, ,,	,,	14	
4	,,	,,	,,	,,	,, ,,	,,	29	
5	,,	,,	,,	,,	,, ,,	3	1	
6	,,	,,	,,	,,	,, ,,	,,	3	
7	,,	,,	,,	,,	,, ,,	,,	6	
8	,,	,,	,,	,,	,, ,,	,,	7	
9	,,	,,	,,	,,	,, ,,	,,	8	
60	,,	,,	,,	,,	,, ,,	,,	15	
1	,,	,,	,,	,,	,, ,,	,,	17	
2	,,	,,	,,	,,	,, ,,	,,	18	
3	,,	,,	,,	,,	,, ,,	,,	29	
4	,,	,,	,,	,,	,, ,,	4	16	
5	,,	,,	,,	,,	,, ,,	,,	21	
66	,,	,,	,,	,,	,, ,,	5	2	

I. DANS LA PROVINCE DU CHEN-SI 陝西.

	P. CHEN-SI 陝西		LATITUDE.	LONG. E. G.	ANNÉE.		M. SOL.	JOUR.	NOTE.
67	V. Si-ngan F.	西安府	*34° 17'.*	*108° 58'.*	788	ap. J.-C.	5	3	
8	,,	,,	,,	,,	,,	,,	6	27	
9	,,	,,	,,	,,	,,	,,	,,	28	
70	,,	,,	,,	,,	,,	,,	9	23	
1	,,	,,	,,	,,	,,	,,	10	3	
2	,,	,,	,,	,,	793	,,	5	27	
3	,,	,,	,,	,,	794	,,	5	9	
4	,,	,,	,,	,,	,,	,,	,,	14	
5	,,	,,	,,	,,	797	,,	8	8	
6	,,	,,	,,	,,	812	,,	10-11		
7	,,	,,	,,	,,	815	,,	11-12		
8	,,	,,	,,	,,	816	,,	3	31	
9	,,	,,	,,	,,	817	,,	2	6	
80	,,	,,	,,	,,	820	,,	3	13	
1	,,	,,	,,	,,	820	,,	8	19	(1)
2	,,	,,	,,	,,	828	,,	2	4	
3	,,	,,	,,	,,	833	,,	7	9	
4	,,	,,	,,	,,	834	,,	8	20	
5	,,	,,	,,	,,	835	,,	4	11	
6	,,	,,	,,	,,	836	,,	2	25	
7	,,	,,	,,	,,	837	,,	12	6	
88	,,	,,	,,	,,	839	,,	12	5	

(1) Aff. mont.

	P. CHEN-SI 陝西		LATITUDE.	LONG. E. G.	ANNÉE.	M. SOL.	JOUR.	NOTE.
89	V. Si-ngan F.	西安府	*34° 17'.*	*108° 58'.*	843 ap. J.-C.	1	27	
90	,,	,,	,,	,,	849 ,,	10	20	
1	,,	,,	,,	,,	860 ,,	5-6		
2	,,	,,	,,	,,	877 ,,	1		
3	,,	,,	,,	,,	879 ,,	2-3		
4	,,	,,	,,	,,	996 ,,	11-12		
5	,,	,,	,,	,,	1089 ,,	Pr.		
6	,,	,,	,,	,,	1128 ,,	2	15	
7	,,	,,	,,	,,	1160 ,,	3	31	
8	,,	,,	,,	,,	1219 ,,	6	2	
9	,,	,,	,,	,,	1352 ,,	4	18	
100	,,	,,	,,	,,	1368 ,,	6	16	
1	,,	,,	,,	,,	,, ,,	11	24	
2	,,	,,	,,	,,	1443 ,,			(1)
3	,,	,,	,,	,,	1487 ,,	8	10	
4	,,	,,	,,	,,	1488 ,,	12		
5	,,	,,	,,	,,	1501 ,,	1	19	
6	,,	,,	,,	,,	1539 ,,	3-4		
7	,,	,,	,,	,,	1542 ,,	12	17	
8	,,	,,	,,	,,	1556 ,,	1	23	
9	,,	,,	,,	,,	1558 ,,	1	30	
110	,,	,,	,,	,,	1568 ,,	4	1	

(1) Aff. mont.

	P. CHEN-SI 陜西				LATITUDE.	LONG. E. G.	ANNÉE.	M. SOL.	JOUR.	NOTE.
111	V. Si-ngan F.	西安府			34° 17'.	108° 58'.	1568 ap. J.-C.	5	2	
2	,,	,,			,,	,,	1571 ,,	7-8		
3	,,	,,			,,	,,	,, ,,	10-11		
4	,,	,,			,,	,,	1596 ,,	1	24	
5	,,	,,			,,	,,	1606 ,,	7	23	
6	,,	,,			,,	,,	1607 ,,	11	2	
7	,,	,,			,,	,,	1622 ,,	12	13	
8	,,	,,			,,	,,	1624 ,,	10	9	
9	,,	,,			,,	,,	1633 ,,	8	12	
120	,,	,,			,,	,,	1638 ,,	1-2		
1	,,	,,			,,	,,	1641 ,,	9-10		
2	,,	,,	V. Hien-yang H.	咸陽縣	34° 20'.	108° 39'.	1487 ,,	8	10	
3	,,	,,	,,	,,	,,	,,	1501 ,,	1	19	
4	,,	,,	,,	,,	,,	,,	1523 ,,	1-2		
5	,,	,,	,,	,,	,,	,,	1539 ,,	3-4		
6	,,	,,	,,	,,	,,	,,	1556 ,,	1	23	Gr.
7	,,	,,	,,	,,	,,	,,	1568 ,,	4	29	
8	,,	,,	,,	,,	,,	,,	1668 ,,	5-6		
9	,,	,,	,,	,,	,,	,,	1715 ,,	9-10		
130	,,	,,	V. Hing-p'ing H.	興平縣	34° 18'.	108° 25'.	1568 ,,	5	15	
1	,,	,,	V. Lin-t'ong H.	臨潼縣	34° 20'.	109°	,, ,,	4	1	
132	,,	,,	V. Lan-t'ien H.	藍田縣	34° 05'.	109° 20'.	35 av. J.-C.	7		(1)

(1) Aff. mont.

	P. CHEN-SI 陝西				LATITUDE.	LONG. E. G.	ANNÉE.	M. SOL.	JOUR.	NOTE.
133	Si-ngan F.	西安府	V. Lan-t'ien H.	藍田縣	*34° 05'.*	*109° 20'.*	729 ap. J.-C.	5	17	(1)
4	,,	,,	,,	,,	,,	,,	1556 ,,	1	23	Gr.
5	,,	,,	,,	,,	,,	,,	1568 ,,	1		
6	,,	,,	,,	,,	,,	,,	1599 ,,	8-9		
7	,,	,,	V. Wei-nan H.	渭南縣	*34° 29'.*	*109° 27'.*	1512 ,,	3-4		
8	,,	,,	,,	,,	,,	,,	1556 ,,	1	23	
9	,,	,,	V. Fou-p'ing H.	富平縣	*34° 42'.*	*108° 47'.*	,, ,,	,,	,,	
140	,,	,,	,,	,,	,,	,,	1648 ,,	4	1	
1	,,	,,	,,	,,	,,	,,	,, ,,	,,	5	
2	,,	,,	,,	,,	,,	,,	1815 ,,	10	22	
3	,,	,,	,,	,,	,,	,,	1879 ,,	7	1	
4	,,	,,	V. Li-ts'iuen H.	醴泉縣	*34° 30'.*	*108° 20'.*	1604 ,,	10	25	
5	,,	,,	V. Ning-chen t.	寧陝廳	*33°*	*109° 10'.*	1291 ,,	8-9		
6	,,	,,	,,	,,	,,	,,	1654 ,,	6	22	
7	,,	,,	,,	,,	,,	,,	1695 ,,	5	18	
8	,,	,,	,,	,,	,,	,,	1708 ,,	10	25	
9	,,	,,	V. Yao T.	耀州	*24° 36'.*	*108° 53'.*	1654 ,,	6	20	
150	,,	,,	,,	,,	,,	,,	1739 ,,	1	3	
1	Chang T'.	商州	V. Lo-nan H.	雒南縣	*34° 06'.*	*110° 06'.*	1556 ,,	1	23	
2	,,	,,	,,	,,	,,	,,	1660 ,,	4	3	
3	V. T'ong-tcheou F.	同州府			*34° 50'.*	*109° 51'.*	1324 ,,	12	24	
154	,,	,,			,,	,,	1501 ,,	1	19	

(1) Aff. mont.

	P. CHEN-SI 陝西				LATITUDE.	LONG. E. G.	ANNÉE.	M. SOL.	JOUR.	NOTE.
155	V. T'ong-tcheou F.	同州府			*34° 50'.*	*109° 51'.*	1534 ap. J.-C.	7-8		Pl. jrs.
6	,,	,,			,,	,,	1556 ,,	1	23	
7	,,	,,			,,	,,	1568 ,,	3-4		
8	,,	,,	V. Tchao-i H.	朝邑縣	*34° 48'.*	*110° 02'.*	756 ,,	11	27	
9	,,	,,	,,	,,	,,	,,	849 ,,	10	20	
160	,,	,,	,,	,,	,,	,,	1501 ,,	1	19	
1	,,	,,	,,	,,	,,	,,	1556 ,,	1	23	
2	,,	,,	V. Ho-yang H.	郃陽縣	*35° 18'.*	*110° 05'.*	1506 ,,	3	17	
3	,,	,,	V. Tch'eng-tch'eng H.	澄城縣	*35° 12'.*	*109° 51'.*	1547 ,,	12		(1)
4	,,	,,	,,	,,	,,	,,	1550 ,,	11-12		(2)
5	,,	,,	,,	,,	,,	,,	1586 ,,	Pr.		
6	,,	,,	V. Han-tch'eng H.	韓城縣	*35° 32'.*	*110° 24'.*	586 av. J.-C.	Ét.		(3)
7	,,	,,	V. Pé-choei H.	白水縣	*35° 10'.*	*109° 30'.*	515 ap. J.-C.	2	8	
8	,,	,,	,,	,,	,,	,,	1484 ,,	6-7		
9	,,	,,	,,	,,	,,	,,	1487 ,,	Aut.		
170	,,	,,	,,	,,	,,	,,	1495 ,,	11-12		
1	,,	,,	,,	,,	,,	,,	1501 ,,	1	19	Gr.
2	,,	,,	,,	,,	,,	,,	1522 ,,			
3	,,	,,	,,	,,	,,	,,	1556 ,,	1	23	
4	,,	,,	,,	,,	,,	,,	1568 ,,	3-4		
5	,,	,,	,,	,,	,,	,,	,, ,,	4	29	
176	,,	,,	,,	,,	,,	,,	1586 ,,	Hiv.		

(1) (2) Aff. mont.

(3) Aff. mont. Liang Chan 梁山.

	P. CHEN-SI 陝西				LATITUDE.	LONG. E. G.	ANNÉE.	M. SOL.	JOUR.	NOTE.
177	T'ong-tcheou F.	同州府	V. Pé-choei H.	白水縣	*35° 10'.*	*109° 30'.*	1606 ap. J.-C.	7	23	
8	,,	,,	,,	,,	,,	,,	1638 ,,	1-2		
9	,,	,,	,,	,,	,,	,,	1695 ,,	5	18	
180	,,	,,	,,	,,	,,	,,	1739 ,,	12	24	
1	,,	,,	V. Hoa-yn H.	華陰縣	*34° 35'.*	*109° 57'.*	193 ,,	7-8		(1)
2	,,	,,	,,	,,	,,	,,	438 ,,	5	19	(2)
3	,,	,,	,,	,,	,,	,,	996 ,,	11-12		
4	,,	,,	,,	,,	,,	,,	1504 ,,	1-2		
5	,,	,,	V. P'ou-tch'eng H.	蒲城縣	*34° 58'.*	*109° 28'.*	1366 ,,	12	25	(3)
6	,,	,,	,,	,,	,,	,,	1367 ,,	1	14	(4)
7	,,	,,	V. T'ong-koan t.	潼關廳	*31° 09'.*	*105° 11'.*	1501 ,,	1	19	
8	,,	,,	V. Hoa T.	華州	*34° 30'.*	*109° 51'.*	515 ,,	2	8	
9	,,	,,	,,	,,	,,	,,	1072 ,,	11	3	(5)
190	,,	,,	,,	,,	,,	,,	1087 ,,	1	21	(6)
1	,,	,,	,,	,,	,,	,,	1501 ,,	1	19	
2	,,	,,	,,	,,	,,	,,	1556 ,,	1	23	
3	,,	,,	,,	,,	,,	,,	1558 ,,	11	12	
4	,,	,,	,,	,,	,,	,,	,, ,,	,,	18	
5	,,	,,	,,	,,	,,	,,	,, ,,	,,	24	
6	V. K'ien T'.	乾州			*34° 37'.*	*108° 20'.*	7 av. J.-C.	11	11 (7)	
7	V. Fong-siang F.	鳳翔府			*34° 35'.*	*107° 50'.*	602 ap. J.-C.	4	29	
198	,,	,,			,,	,,	1327 ,,	8-9		

(1) (2) Aff. mont. Hoa Chan 華山.
(3) (4) Aff. mont.
(5) Aff. mont. Chao-hoa Chan 少華山.
(6) Aff. mont.
(7) Styl. jul. Nov. 13.

	P. CHEN-SI 陝西				LATITUDE.	LONG. E. G.	ANNÉE.	M. SOL.	JOUR.	NOTE.
199	V. Fong-siang F.	鳳翔府			34° 35'.	107° 50'.	1530 ap. J.-C.	1		
200	,,	,,			,,	,,	1542 ,,	12	17	
1	,,	,,			,,	,,	1568 ,,	4	1	
2	,,	,,			,,	,,	,, ,,	5	2	
3	,,	,,			,,	,,	1596 ,,	1	24	
4	,,	,,			,,	,,	1617 ,,	6	13	
5	,,	,,			,,	,,	,, ,,	,,	14	
6	,,	,,			,,	,,	1622 ,,	9-10		
7	,,	,,			,,	,,	1654 ,,	7	21	Gr.
8	,,	,,			,,	,,	1666 ,,	Aut.		
9	,,	,,			,,	,,	1695 ,,	5-6		
210	,,	,,			,,	,,	1708 ,,	10-11		
1	,,	,,			,,	,,	1713 ,,			
2	,,	,,			,,	,,	1718 ,,	6		
3	,,	,,			,,	,,	1765 ,,	8	16	
4	,,	,,			,,	,,	,, ,,	9	2	
5	,,	,,	V. K'i-chan H.	岐山縣	34° 20'.	107° 40'.	780 av. J.-C.			(1)
6	,,	,,	,,	,,	,,	,,	124 ap. J.-C.			
7	,,	,,	,,	,,	,,	,,	880 ,,	2-3		
8	,,	,,	,,	,,	,,	,,	1307 ,,			
9	,,	,,	,,	,,	,,	,,	1461 ,,	8-9		(2)
220	,,	,,	,,	,,	,,	,,	1556 ,,	1		

(1) Aff. mont. K'i Chan 岐山.

(2) Aff. mont. Nan Chan 南山.

	P. CHEN-SI 陜西				LATITUDE.	LONG. E. G.	ANNÉE.		M. SOL.	JOUR.	NOTE.
221	Fong-siang F.	鳳翔府	V. K'i-chan H.	岐山縣	34° 20'.	107° 40'.	1654	ap. J.-C.	7	22	
2	,,	,,	,,	,,	,,	,,	1715	,,	6	22	
3	,,	,,	,,	,,	,,	,,	1739	,,	12	24	
4	,,	,,	,,	,,	,,	,,	1815	,,	10	21	Gr.
5	,,	,,	,,	,,	,,	,,	1879	,,	6	30	Lég.
6	,,	,,	,,	,,	,,	,,	,,	,,	7	1	Gr.
7	,,	,,	,,	,,	,,	,,	1881	,,	7	20	
8	,,	,,	,,	,,	,,	,,	1884	,,	6	20	
9	,,	,,	,,	,,	,,	,,	,,	,,	12	25	
230	,,	,,	,,	,,	,,	,,	1885	,,	1	14	Gr.
1	V. Han-tchong F.	漢中府			32° 56'.	107° 12'.	160	,,	7	2	(1)
2	,,	,,			,,	,,	1327	,,	8-9		
3	,,	,,			,,	,,	1568	,,	4	2	
4	,,	,,			,,	,,	,,	,,	,,	12	
5	,,	,,			,,	,,	,,	,,	,,	13	
6	,,	,,	V. Tch'eng-kou H.	城固縣	33°	107° 37'.	1537	,,	Pr.		
7	,,	,,	,,	,,	,,	,,	1545	,,			
8	,,	,,	,,	,,	,,	,,	1624	,,	9-10		
9	,,	,,	,,	,,	,,	,,	1635	,,	10	26	Gr.
240	,,	,,	,,	,,	,,	,,	1636	,,			,,
1	,,	,,	,,	,,	,,	,,	1654	,,	6-7		
242	,,	,,	,,	,,	,,	,,	1704	,,	9	28	

(1) Aff. mont.

	P. CHEN-SI 陝西				LATITUDE.	LONG. E. G.	ANNÉE.	M. SOL.	JOUR.	NOTE.
243	V. Han-tchong F.	漢中府	V. Tch'eng-kou H.	城固縣	*33°*	*107° 37'.*	1709 ap. J.-C.	10	14	
4	,,	,,	Fong H.	鳳縣	*33° 55'.*	*106° 42'.*	1333 ,,	11	13	(1)
5	,,	,,	V. Lio-yang H.	略陽縣	*33° 22'.*	*106° 8'.*	1537 ,,	3-4		
6	,,	,,	,,	,,	,,	,,	1653 ,,			
7	,,	,,	V. Ting-yoen t.	定遠廳	*33° 20'.*	*108° 15'.*	,, ,,			
8	,,	,,	,,	,,	,,	,,	1654 ,,	6	22	
9	,,	,,	,,	,,	,,	,,	1718 ,,	6	19	
250	,,	,,	,,	,,	,,	,,	1823 ,,	8-9		
1	,,	,,	,,	,,	,,	,,	1879 ,,	7	1	
2	,,	,,	V. Ning-kiang T.	寧羌州	*38° 33'.*	*106° 08'.*	1232 ,,	2-3		
3	,,	,,	,,	,,	,,	,,	1368 ,,	6-7		
4	,,	,,	,,	,,	,,	,,	,, ,,	11	24	
5	,,	,,	,,	,,	,,	,,	1654 ,,	6	22	
6	,,	,,	,,	,,	,,	,,	,, ,,	,,	23	
7	,,	,,	,,	,,	,,	,,	1879 ,,	6	29	
8	,,	,,	,,	,,	,,	,,	,, ,,	7	1	
9	V. Hing-ngan F.	興安府			*32° 31'.*	*109° 22'.*	1327 ,,	8-9		
260	,,	,,			,,	,,	1568 ,,	3-4		Gr.
1	,,	,,			,,	,,	1614 ,,	3-4		
2	,,	,,			,,	,,	1654 ,,	7-8		
3	,,	,,	V. Siun-yang H.	洵陽縣	*32° 40'.*	*109° 36'.*	1327 ,,	8-9		
464	,,	,,	,,	,,	,,	,,	1506 ,,	Hiv.		

(1) Aff. mont.

	P. CHEN-SI 陝西				LATITUDE.	LONG. E. G.	ANNÉE.	M. SOL.	JOUR.	NOTE.
265	V. Hing-ngan F.	興安府	V. Siun-yang H.	洵陽縣	*32° 40'.*	*109° 36'.*	1533 ap. J.-C.	Hiv.		
6	,,	,,	,,	,,	,,	,,	1537 ,,	Pr.		
7	,,	,,	,,	,,	,,	,,	1554 ,,	1		
8	,,	,,	,,	,,	,,	,,	1568 ,,	8-9		
9	,,	,,	,,	,,	,,	,,	1654 ,,	7-8		
270	,,	,,	V. Pé-ho H.	白河縣	*32° 35'.*	*110° 03'.*	1327 ,,	8-9		
1	,,	,,	,,	,,	,,	,,	1506 ,,	Hiv.		
2	,,	,,	,,	,,	,,	,,	1537 ,,	Pr.		
3	,,	,,	,,	,,	,,	,,	1554 ,,	1		
4	,,	,,	,,	,,	,,	,,	1568 ,,	8-9		
5	,,	,,	,,	,,	,,	,,	1614 ,,	3-4		
6	,,	,,	,,	,,	,,	,,	1654 ,,	7-8		
7	,,	,,	V. Tse-yang H.	紫陽縣	*32° 27'.*	*108° 46'.*	1568 ,,	3-4		
8	,,	,,	,,	,,	,,	,,	1614 ,,	4-5		
9	,,	,,	,,	,,	,,	,,	1654 ,,	7-8		
280	,,	,,	,,	,,	,,	,,	1803 ,,			
1	,,	,,	,,	,,	,,	,,	1821 ,,			
2	V. Yen-ngan F.	延安府・			*36° 42'.*	*109° 28'.*	7 av. J.-C.	11	11 (1)	
3	,,	,,			,,	,,	1501 ap. J.-C.	1	19	
4	,,	,,			,,	,,	1669 ,,			(2)
5	,,	,,			,,	,,	1614 ,,	10		
286	,,	,,			,,	,,	1616 ,,	7-8		(3)

(1) Styl. jul. Nov. 13.

(2) (3) Aff. mont.

	P. CHEN-SI 陝西				LATITUDE.	LONG. E. G.	ANNÉE.	M. SOL.	JOUR.	NOTE.
287	V. Yen-ngan F.	延安府			*36° 42'.*	*109° 28'.*	1627 ap. J.-C.			
8	,,	,,			,,	,,	1632 ,,	Ét.		
9	,,	,,			,,	,,	1651 ,,			
290	,,	,,			,,	,,	1653 ,,			
1	,,	,,			,,	,,	1679 ,,	8-9		
2	,,	,,			,,	,,	1695 ,,	5-6		
3	,,	,,			,,	,,	1760 ,,	2-3		
4	V. Yu-lin F.	楡林府			*38° 18'.*	*109° 33'.*	477 ,,	5-6		
5	,,	,,			,,	,,	849 ,,	10	20	
6	,,	,,			,,	,,	996 ,,	11-12		
7	,,	,,			,,	,,	1477 ,,	5	13	
8	,,	,,			,,	,,	1561 ,,	8	4	
9	,,	,,			,,	,,	1568 ,,	1-2		
300	,,	,,			,,	,,	,, ,,	4-5		
1	,,	,,			,,	,,	1614 ,,	10-11		
2	,,	,,			,,	,,	1621 ,,	5-6		
3	,,	,,	V. Fou-kou H.	府谷縣	*39° 08'.*	*110° 43'.*	1614 ,,	10-11		
4	,,	,,	,,	,,	,,	,,	1674 ,,	10	8	
5	,,	,,	,,	,,	,,	,,	1681 ,,	12	12	
6	,,	,,	,,	,,	,,	,,	1682 ,,	4	27	
7	,,	,,	,,	,,	,,	,,	1695 ,,	5	17	
308	,,	,,	,,	,,	,,	,,	1738 ,,	Hiv.		

	P. CHEN-SI 陝西				LATITUDE.	LONG. E. G.	ANNÉE.	M. SOL.	JOUR.	NOTE.
309	Yu-lin F.	楡林府	V. Fou-kou H.	府谷縣	*39° 08'.*	*110° 43'.*	1765 ap. J.-C.	8	16	
310	,,	,,	V. Hoai-yuen H.	懷遠縣	*37° 54'.*	*108° 50'.*	849 ,,	10	20	
311	,,	,,	,,	,,	,,	,,	996 ,,	11-12		

II. TREMBLEMENTS DE TERRE DANS LA PROVINCE DU KAN-SOU 甘肅.

	P. KAN-SOU 甘肅				LATITUDE.	LONG. E. G.	ANNÉE.	M. SOL.	JOUR.	NOTE.
312	V. Lan-tcheou F.	蘭州府			*36° 08'.*	*103° 55'.*	138 ap. J.-C.	3	1	
3	,,	,,			,,	,,	284 ,,	7		
4	,,	,,			,,	,,	1440 ,,	10	26	
5	,,	,,			,,	,,	,, ,,	11-12		Pl. jrs.
6	,,	,,			,,	,,	1485 ,,	5	16	
7	,,	,,	V. Ti-tao T.	狄道州	*35° 22'.*	*103° 59'.*	193 av. J.-C.	2	17 (1)	
8	,,	,,	,,	,,	,,	,,	47 ,,	4	17 (2)	(3)
9	,,	,,	,,	,,	,,	,,	,, ,,	8-9		
320	,,	,,	,,	,,	,,	,,	93 ap. J.-C.	4	9	
1	,,	,,	,,	,,	,,	,,	97 ,,	4	10	
2	,,	,,	,,	,,	,,	,,	138 ,,	3	1	(4)
3	,,	,,	,,	,,	,,	,,	1117 ,,	8	5	
4	,,	,,	,,	,,	,,	,,	1125 ,,	8	30	
5	,,	,,	,,	,,	,,	,,	1371 ,,	1	21	
6	,,	,,	,,	,,	,,	,,	1477 ,,	3	19	
7	,,	,,	,,	,,	,,	,,	1590 ,,	7	7	
8	,,	,,	,,	,,	,,	,,	1599 ,,	10	6	(5)
9	,,	,,	,,	,,	,,	,,	1600 ,,			(6)
330	,,	,,	,,	,,	,,	,,	1631 ,,	7	21	
1	,,	,,	V. Ho T.	河州	*35° 44'.*	*103°*	1117 ,,	8	5	
2	,,	,,	,,	,,	,,	,,	1125 ,,	8	30	
333	,,	,,	,,	,,	,,	,,	1381 ,,	1	13	

(1) Styl. jul. Fév. 20 (2) Styl. jul. Avr. 19 (3) (4) Tremb. terre et aff. mont. (5) (6) Aff. mont.

	P. KAN-SOU 甘肅				LATITUDE.	LONG. E. G.	ANNÉE.	M. SOL.	JOUR.	NOTE.
334	Lan-tcheou F.	蘭州府	V. Ho T.	河州	*35° 44'.*	*103°*	1485 ap. J.-C.	5	16	
5	,,	,,	,,	,,	,,	,,	1490 ,,	7	11	(1)
6	V. P'ing-liang F.	平涼府			*35° 35'.*	*106° 41'.*	1007 ,,	9	9	
7	,,	,,			,,	,,	1219 ,,	6	2	Gr.
8	,,	,,			,,	,,	,, ,,	7-8		
9	,,	,,			,,	,,	1568 ,,	5	2	
340	,,	,,			,,	,,	1622 ,,	10	25	Gr.
1	,,	,,	V. Long-té H.	隆德縣	*35° 40'.*	*106° 10'.*	,, ,,	,,	,,	,,
2	,,	,,	V. Tsing-ning T.	靜寧州	*35° 35'.*	*105° 45'.*	1352 ,,	4	18	
3	,,	,,	,,	,,	,,	,,	1353 ,,	4-5		
4	V. Kou-yuen T*.	固原州			*36° 04'.*	*106° 21'.*	1002 ,,	11	1	
5	,,	,,			,,	,,	1306 ,,	9	12	
6	,,	,,			,,	,,	1485 ,,	5	16	
7	,,	,,			,,	,,	1542 ,,	11	4	
8	,,	,,			,,	,,	,, ,,	12	17	
9	,,	,,			,,	,,	1561 ,,	8	4	
350	V. King T*.	涇州			*35° 22'.*	*107° 20'.*	1007 ,,	10	6	
1	,,	,,			,,	,,	1117 ,,	8	5	
2	,,	,,	V. Tchen-yuen H.	鎮原縣	*36° 02'.*	*107° 03'.*	1007 ,,	10	6	
3	,,	,,	,,	,,	,,	,,	1092 ,,	9-10		
4	,,	,,	,,	,,	,,	,,	1115 ,,	7-8		
355	,,	,,	,,	,,	,,	,,	1117 ,,	8	5	

(1) Aff. mont.

	P. KAN-SOU 甘肅				LATITUDE.	LONG. E. G.	ANNÉE.	M. SOL.	JOUR.	NOTE.
356	King T*.	涇州	V. Tchen-yuen H.	鎮原縣	36° 02'.	107° 03'.	1124 ap. J.-C.	4-5		
7	,,	,,	,,	,,	,,	,,	1160 ,,	3-4		
8	,,	,,	,,	,,	,,	,,	1219 ,,			
9	,,	,,	,,	,,	,,	,,	1556 ,,	1		
360	,,	,,	,,	,,	,,	,,	1622 ,,			
1	,,	,,	,,	,,	,,	,,	1654 ,,	6-7		
2	,,	,,	,,	,,	,,	,,	1695 ,,	5-6		
3	,,	,,	,,	,,	,,	,,	1704 ,,	8		
4	,,	,,	,,	,,	,,	,,	,, ,,	9		
5	,,	,,	,,	,,	,,	,,	1709 ,,	10-11		
6	,,	,,	,,	,,	,,	,,	1760 ,,	3	25	
7	,,	,,	,,	,,	,,	,,	1768 ,,	3-4		
8	,,	,,	,,	,,	,,	,,	1807 ,,	1	22	
9	,,	,,	,,	,,	,,	,,	1814 ,,	1	12	
370	,,	,,	,,	,,	,,	,,	1815 ,,	10-11		
1	,,	,,	,,	,,	,,	,,	1816 ,,	3		
2	,,	,,	,,	,,	,,	,,	1819 ,,	2	24	
3	,,	,,	,,	,,	,,	,,	1845 ,,	9		
4	,,	,,	V. Ling-t'ai H.	靈臺縣	34° 59'.	107° 23'.	1556 ,,	1	23	
5	,,	,,	,,	,,	,,	,,	1629 ,,	12		
6	,,	,,	,,	,,	,,	,,	1636 ,,	12	8	
377	,,	,,	,,	,,	,,	,,	1643 ,,	9-10		

	P. KAN-SOU 甘肅				LATITUDE.	LONG. E. G.	ANNÉE.	M. SOL.	JOUR.	NOTE.
378	King T*.	涇州	V. Ling-t'ai H.	靈臺縣	*34° 59'.*	*107° 23'.*	1654 ap. J.-C.	7	22	Gr.
9	V. Kong-tch'ang F.	鞏昌府			*34° 56'.*	*104° 44'.*	242 ,,	1		
380	,,	,,			,,	,,	,, ,,	8	31	
1	,,	,,			,,	,,	245 ,,	3	31	
2	,,	,,			,,	,,	286 ,,	8-9		
3	,,	,,			,,	,,	602 ,,	10	11	
4	,,	,,			,,	,,	1308 ,,	6	28	
5	,,	,,			,,	,,	1318 ,,	6	18	(1)
6	,,	,,			,,	,,	1332 ,,	9	2	
7	,,	,,			,,	,,	1338 ,,	8	9	(2)
8	,,	,,			,,	,,	1343 ,,	7	26	(3)
9	,,	,,			,,	,,	1352 ,,	4	18	
390	,,	,,			,,	,,	1371 ,,	1	21	
1	,,	,,			,,	,,	1477 ,,	3	19	
2	,,	,,			,,	,,	1477 ,,	5	13	
3	,,	,,			,,	,,	1485 ,,	5	16	
4	,,	,,			,,	,,	1542 ,,	12	17	
5	,,	,,			,,	,,	1544 ,,	8-9		(4)
6	,,	,,			,,	,,	1604 ,,	10	25	
7	,,	,,			,,	,,	1631 ,,	7	21	
8	,,	,,	V. Ngan-ting H.	安定縣	*37° 15'.*	*109° 29'.*	1352 ,,	4	18	
399	,,	,,	,,	,,	,,	,,	1353 ,,	4-5		

(1) (2) (3) Aff. mont.

(4) Aff. mont. Ki Chan 鷄山.

	P. KAN-SOU 甘肅				LATITUDE.	LONG. E. G.	ANNÉE.	M. SOL.	JOUR.	NOTE.
400	Kong-tch'ang F.	鞏昌府	V. Hoei-ning H.	會寧縣	42° 40'.	129° 20'.	1352 ap. J.-C.	4	18	
1	,,	,,	,,	,,	,,	,,	1353 ,,	4-5		
2	,,	,,	,,	,,	,,	,,	1524 ,,	9-10		
3	,,	,,	V. T'ong-wei H.	通渭縣	35° 06'.	105° 13'.	144 ,,	2-3		
4	,,	,,	,,	,,	,,	,,	600 ,,	12		
5	,,	,,	,,	,,	,,	,,	1308 ,,	6-7		Gr.
6	,,	,,	,,	,,	,,	,,	1327 ,,	8-9		(1)
7	,,	,,	,,	,,	,,	,,	1330 ,,	7	25	(2)
8	,,	,,	,,	,,	,,	,,	1332 ,,	8-9		
9	,,		,,	,,	,,	,,	1371 ,,			
410	,,	,,	,,	,,	,,	,,	1477 ,,	3-4		
1	,,	,,	,,	,,	,,	,,	1654 ,,	7-8		Gr.
2	,,	,,	,,	,,	,,	,,	1718 ,,	5-6		,,
3	,,	,,	,,	,,	,,	,,	1756 ,,	9-10		
4	,,	,,	,,	,,	,,	,,	1881 ,,	7-8		
5	,,	,,	V. Ning-yueng H.	寧遠縣	34° 38'.	104° 58'.	285 ,,	11-12		(3)
6	,,	,,	,,	,,	,,	,,	1308 ,,	6	28	
7	,,	,,	,,	,,	,,	,,	1318 ,,	8	26	(4)
8	,,	,,	,,	,,	,,	,,	1343 ,,	2-3		(5)
9	,,	,,	V. Fou-k'ang H.	伏羌縣	34° 38'.	105° 24'.	1319 ,,	8-9		(6)
420	,,	,,	,,	,,	,,	,,	1343 ,,	2-3		(7)
421	,,	,,	,,	,,	,,	,,	1373 ,,	2	12	(8)

(1) (2) Aff. mont. (3) Aff. mont. et perturb. riv. (4) Aff. mont. (5) Aff. mont. et perturb. riv.
(6) Aff. mont. (7) Aff. mont. et perturb. riv. (8) Aff. mont.

	P. KAN-SOU 甘肅				LATITUDE.	LONG. E. G.	ANNÉE.	M. SOL.	JOUR.	NOTE.
422	K'ong-tch'ang F.	鞏昌府	V. Si-houo H.	西和縣	34°	107° 53'.	319 ap. J.-C.	6-7		(1)
3	,,	,,	,,	,,	,,	,,	1407 ,,	4	11	
4	,,	,,	,,	,,	,,	,,	1633 ,,	12		
5	,,	,,	,,	,,	,,	,,	1654 ,,	7-8		
6	,,	,,	,,	,,	,,	,,	1672 ,,			
7	,,	,,	V. T'ao-tcheou t.	洮州廳	43° 35'.	103° 31'.	1485 ,,	5	16	
8	,,	,,	,,	,,	,,	,,	1540 ,,	5	14	
9	,,	,,	,,	,,	,,	,,	1542 ,,	11	4	
430	,,	,,	V. Min T.	岷州	34° 24'.	103° 58'.	1485 ,,	5	16	
1	,,	,,	,,	,,	,,	,,	1575 ,,	11	16	
2	,,	,,	,,	,,	,,	,,	,, ,,	,,	26	
3	V. Kiai T*.	階州	,,	,,	33° 19'.	105° 4'.	986 ,,			(2)
4	,,	,,	V. Wen H.	文縣	35° 55'.	105° 18'.	278 ,,	7	16	
5	,,	,,	,,	,,	,,	,,	,, ,,	8	2	
6	,,	,,	,,	,,	,,	,,	287 ,,	7-8		
7	,,	,,	,,	,,	,,	,,	1609 ,,	7	12	(3)
8	,,	,,	V. Tch'eng H.	成縣	33° 48'.	105° 45'.	186 av. J.-C.	1	22 (4)	Pl. jrs.
9	,,	,,	,,	,,	,,	,,	,, ,,	,,	,,	(5)
440	,,	,,	,,	,,	,,	,,	1633 ap. J.-C.	11	14	
1	,,	,,	,,	,,	,,	,,	1634 ,,	1	14	
2	,,	,,	,,	,,	,,	,,	,, ,,	8	6	
443	,,	,,	,,	,,	,,	,,	,, ,,	,,	7	

(1) Tremb. terre et aff. mont. K'i Chan 祁山. (2) Aff. mont. Chang-kia Chan 常峽山. (3) Aff. mont. Nan Chan 南山

(4) Styl. jul. Janv. 25. (5) Aff. mont.

	P. KAN-SOU 甘肅		LATITUDE.	LONG. E. G.	ANNÉE.	M. SOL.	JOUR.	NOTE.
444	V. Ts'in T'.	秦州	34° 36'.	105° 46'.	193 av. J.-C.	2-3		
5	,,	,,	,,	,,	186 ,,	1	22 (1)	
6	,,	,,	,,	,,	47 ,,	4	17 (2)	
7	,,	,,	,,	,,	93 ap. J.-C.	4	9	
8	,,	,,	,,	,,	97 ,,	4	10	
9	,,	,,	,,	,,	128 ,,	2	23	
450	,,	,,	,,	,,	138 ,,	3	1	
1	,,	,,	,,	,,	144 ,,	2-3		
2	,,	,,	,,	,,	161 ,,	7-8		
3	,,	,,	,,	,,	241 ,,	1	5	
4	,,	,,	,,	,,	242 ,,	10	6	
5	,,	,,	,,	,,	320 ,,	7	17	
6	,,	,,	,,	,,	429 ,,			
7	,,	,,	,,	,,	477 ,,	5-6		
8	,,	,,	,,	,,	478 ,,	1		
9	,,	,,	,,	,,	481 ,,	3	23	
460	,,	,,	,,	,,	482 ,,	7	1	
1	,,	,,	,,	,,	,, ,,	9	10	
2	,,	,,	,,	,,	,, ,,	,,	11	
3	,,	,,	,,	,,	483 ,,	4	8	
4	,,	,,	,,	,,	486 ,,	3	5	
465	,,	,,	,,	,,	,, ,,	4	4	

(1) Styl. jul. Janv. 25. (2) Styl. jul. Avr. 19.

	P. KAN-SOU 甘肅	LATITUDE.	LONG. E. G.	ANNÉE.	M. SOL.	JOUR.	NOTE.
466	V. Ts'in T*. 秦州	34° 36'.	105° 46'.	500 ap. J.-C.	7	13	
7	,, ,,	,,	,,	503 ,,	7	15	
8	,, ,,	,,	,,	504 ,,	1	5	
9	,, ,,	,,	,,	506 ,,	9	30	
470	,, ,,	,,	,,	508 ,,	2	22	
1	,, ,,	,,	,,	512 ,,	11	9	
2	,, ,,	,,	,,	518 ,,	1	15	
3	,, ,,	,,	,,	521 ,,	8	2	
4	,, ,,	,,	,,	600 ,,	12	13	
5	,, ,,	,,	,,	602 ,,	4	29	
6	,, ,,	,,	,,	734 ,,	3	19	
7	,, ,,	,,	,,	996 ,,	11	2	
8	,, ,,	,,	,,	1000 ,,	4	30	(1)
9	,, ,,	,,	,,	1001 ,,	1-2		(2)
480	,, ,,	,,	,,	1007 ,,	8-9		(3)
1	,, ,,	,,	,,	1027 ,,	4	16	
2	,, ,,	,,	,,	1308 ,,	6	28	
3	,, ,,	,,	,,	1317 ,,	9	1	(4)
4	,, ,,	,,	,,	1321 ,,	9	13	(5)
5	,, ,,	,,	,,	1324 ,,	9	18	(6)
6	,, ,,	,,	,,	1332 ,,	8-9		
487	,, ,,	,,	,,	1333 ,,	11	7	(7)

(1) (2) (3) (4) (5) (6) (7) Aff. mont.

	P. KAN-SOU 甘肅	LATITUDE.	LONG. E. G.	ANNÉE.	M. SOL.	JOUR.	NOTE.
488	V. Ts'in T*. 秦州	34° 36'.	105° 46'.	1333 ap. J.-C.	12	13	(1)
9	,, ,,	,,	,,	,, ,,	12	28	(2)
490	,, ,,	,,	,,	1336 ,,	7	6	(3)
1	,, ,,	,,	,,	1340 ,,	7	12	(4)
2	,, ,,	,,	,,	1343 ,,	2-3		(5)
3	,, ,,	,,	,,	1352 ,,	3-4		
4	,, ,,	,,	,,	1371 ,,	1-2		
5	,, ,,	,,	,,	1382 ,,	3-4		
6	,, ,,	,,	,,	1510 ,,	7	14	(6)
7	,, ,,	,,	,,	1542 ,,	12		
8	,, ,,	,,	,,	1555 ,,	1	29	
9	,, ,,	,,	,,	1558 ,,	7	12	
500	,, ,,	,,	,,	1566 ,,	8-9		
1	,, ,,	,,	,,	1631 ,,			
2	,, ,,	,,	,,	1634 ,,	Hiv.		Gr.
3	,, ,,	,,	,,	1641 ,,	6	21	
4	,, ,,	,,	,,	1718 ,,	6	10	
5	,, ,, V. Ts'in-ngan H. 秦安縣	34° 52'.	105° 50'.	1343 ,,	7	3	(7)
6	,, ,, ,, ,,	,,	,,	1542 ,,	12		
7	,, ,, ,, ,,	,,	,,	1545 ,,	9	28	
8	,, ,, ,, ,,	,,	,,	1546 ,,	8	29	
509	,, ,, ,, ,,	,,	,,	,, ,,	9	3	

(1) (2) Tremb. terre et aff. mont. (3) (4) Aff. mont. (5) Aff. mont. et perturb. riv. (6) (7) Aff. mont.

	P. KAN-SOU 甘肅				LATITUDE.	LONG. E. G.	ANNÉE.	M. SOL.	JOUR.	NOTE.
510	V. Ts'in T*.	秦州	V. Ts'in-ngan H.	秦安縣	*34° 52'.*	*105° 50'.*	1631 ap. J.-C.			
1	,,	,,	,,	,,	,,	,,	1634 ,,	Hiv.		
2	,,	,,	,,	,,	,,	,,	1718 ,,	6	10	
3	,,	,,	V. Ts'ing-choei H.	清水縣	*34° 42'.*	*106° 12'.*	1546 ,,			(1)
4	,,	,,	,,	,,	,,	,,	1609 ,,	7	12	
5	,,	,,	V. Li H.	禮縣	*34° 10'.*	*105° 10'.*	186 av. J.-C.	1	22 (2)	
6	,,	,,	,,	,,	,,	,,	1542 ap. J.-C.	12		
7	,,	,,	,,	,,	,,	,,	1631 ,,			
8	,,	,,	,,	,,	,,	,,	1634 ,,	Hiv.		
9	,,	,,	,,	,,	,,	,,	1641 ,,	6	21	
520	,,	,,	,,	,,	,,	,,	1653 ,,	9-10		
1	,,	,,	,,	,,	,,	,,	1654 ,,	7-8		
2	,,	,,	,,	,,	,,	,,	1718 ,,	6	10	
3	,,	,,	V. Hoei H.	徽縣	*33° 46'.*	*106° 07'.*	1333 ,,	9-10		(3)
4	V. K'ing-yang F.	慶陽府			*36° 03'.*	*107° 43'.*	1001 ,,	9-10		
5	,,	,,			,,	,,	1117 ,,	8	5	
6	,,	,,			,,	,,	1371 ,,	1	21	
7	,,	,,			,,	,,	1501 ,,	1	19	
8	,,	,,			,,	,,	1568 ,,	4	1	
9	,,	,,			,,	,,	,, ,,	5	2	
530	,,	,,	V. K'oan H.	環縣	*36° 39'.*	*107° 07'.*	1092 ,,	11	2	
531	,,	,,	,,	,,	,,	,,	1117 ,,	8	5	

(1) Aff. mont. (2) Styl. jul. Janv. 25. (3) Aff. mont.

	P. KAN-SOU 甘肅		LATITUDE.	LONG. E. G.	ANNÉE.		M. SOL.	JOUR.	NOTE.
532	V. Ning-hia F.	寧夏府	*38° 33'.*	*106° 08'.*	1311	ap. J.-C.	4	7	
3	,,	,,	,,	,,	,,	,,	9	9	
4	,,	,,	,,	,,	1318	,,	3	4	
5	,,	,,	,,	,,	1327	,,	1	10	
6	,,	,,	,,	,,	,,	,,	3	27	
7	,,	,,	,,	,,	,,	,,	9	22	
8	,,	,,	,,	,,	1328	,,	8	6	
9	,,	,,	,,	,,	1378	,,	4	30	
540	,,	,,	,,	,,	1403	,,	12	4	
1	,,	,,	,,	,,	1477	,,	5	13	
2	,,	,,	,,	,,	1493	,,	3-4		
3	,,	,,	,,	,,	1495	,,	4	10	
4	,,	,,	,,	,,	1497	,,			
5	,,	,,	,,	,,	1505	,,	7	10	
6	,,	,,	,,	,,	1542	,,	11	4	
7	,,	,,	,,	,,	1555	,,	4-5		
8	,,	,,	,,	,,	1561	,,	8	4	
9	,,	,,	,,	,,	1562	,,			
550	,,	,,	,,	,,	1568	,,	4	1	
1	,,	,,	,,	,,	,,	,,	,,	30	
2	,,	,,	,,	,,	1598	,,	2	6	
553	,,	,,	,,	,,	1621	,,	1	22	

	P. KAN-SOU 甘肅				LATITUDE.	LONG. E. G.	ANNÉE.	M. SOL.	JOUR.	NOTE.
554	V. Ning-hia F.	寧夏府			*38° 33'.*	*106° 08'.*	1627 ap. J.-C.	2	15	Gr.
5	,,	,,			,,	,,	,, ,,	2-3		Pl. jrs.
6	,,	,,	V. Ling T.	靈州	*37° 40'.*	*105° 11'.*	646 ,,	11	5	
7	,,	,,	,,	,,	,,	,,	849 ,,	10	20	
8	,,	,,	,,	,,	,,	,,	1474 ,,	11	24	Pl. jrs.
9	,,	,,	,,	,,	,,	,,	,, ,,	12	11	,,
560	,,	,,	,,	,,	,,	,,	1497 ,,			
1	V. Si-ning F.	西寧府			*36° 39'.*	*101° 48'.*	138 ,,	3	1	
2	,,	,,			,,	,,	318 ,,	5	25	
3	,,	,,			,,	,,	347 ,,	4-5		
4	,,	,,			,,	,,	,, ,,	11-12		
5	,,	,,			,,	,,	361 ,,	7-8		
6	,,	,,			,,	,,	366 ,,	2-3		
7	,,	,,			,,	,,	371 ,,			
8	,,	,,			,,	,,	374 ,,	7-8		
9	,,	,,			,,	,,	634 ,,	8	6	(1)
570	,,	,,			,,	,,	1588 ,,	9-10		
1	,,	,,			,,	,,	1590 ,,	7		Gr.
2	,,	,,			,,	,,	1709 ,,	10	14	
3	,,	,,	Tchan-pé H.	碾伯縣	*36° 30'.*	*102° 50'.*	362 ,,	5	26	(2)
4	V. Liang-tcheou F.	涼州府			*37° 59'.*	*102° 48'.*	143 ,,	9-10		
575	,,	,,			,,	,,	144 ,,	2-3		

(1) (2) Aff. mont.

	P. KAN-SOU 甘肅	LATITUDE.	LONG. E. G.	ANNÉE.	M. SOL.	JOUR.	NOTE.
576	V. Liang-tcheou F. 涼州府	37° 59'.	102° 48'.	161 ap. J.-C.	7-8		
7	,, ,,	,,	,,	361 ,,	9-10		
8	,, ,,	,,	,,	362 ,,	5	26	
9	,, ,,	,,	,,	366 ,,	2-3		
580	,, ,,	,,	,,	374 ,,	8	8	(1)
1	,, ,,	,,	,,	503 ,,	2	19	
2	,, ,,	,,	,,	506 ,,	8	30	
3	,, ,,	,,	,,	575 ,,	1	14	
4	,, ,,	,,	,,	1477 ,,	5	13	
5	V. Kan-tcheou F. 甘州府	39° 01'.	100° 56'.	143 ,,	9-10		
6	,, ,,	,,	,,	410 ,,			
7	,, ,,	,,	,,	756 ,,	11	27	
8	,, ,,	,,	,,	1311 ,,	7	29	
9	,, ,,	,,	,,	1477 ,,	5	13	
590	,, ,,	,,	,,	1523 ,,	4-5		
1	,, ,,	,,	,,	1590 ,,	7	7	
2	,, ,,	,,	,,	1591 ,,	11	21	
3	,, ,,	,,	,,	1609 ,,	7	12	
4	,, ,,	,,	,,	1641 ,,	6	21	
2	,, ,, V. Chan-tan H. 山丹縣	38° 50'.	101° 29'.	1561 ,,	2	21	
6	,, ,, ,, ,,	,,	,,	1591 ,,	11	21	
7	V. Sou T*. 肅州	39° 46'.	99° 07'.	180 ,,	7-8		
598	,, ,,	,,	,,	756 ,,	11	27	

(1) Tremb. terre et aff. mont.

III. TREMBLEMENTS DE TERRE DANS LA PROVINCE DU CHAN-TONG 山東.

	P. CHAN-TONG 山東	LATITUDE.	LONG. E. G.	ANNÉE.	M. SOL.	JOUR.	NOTE.
599	V. Yen-tcheou F. 兗州府	*35° 47'.*	*116° 59'.*	310 ap. J.-C.	5-6		
600	,, ,,	,,	,,	,, ,,	6-7		
1	,, ,,	,,	,,	438 ,,	12	23	
2	,, ,,	,,	,,	462 ,,	8	16	
3	,, ,,	,,	,,	478 ,,	3-4		
4	,, ,,	,,	,,	498 ,,	9		
5	,, ,,	,,	,,	1473 ,,	4-5		
6	,, ,,	,,	,,	1483 ,,	5-6		
7	,, ,,	,,	,,	1493 ,,	4	25	
8	,, ,,	,,	,,	1502 ,,	10	17	
9	,, ,,	,,	,,	1556 ,,	1		
610	,, ,,	,,	,,	1622 ,,	4	25	
1	,, ,,	,,	,,	1647 ,,	2	5	
2	,, ,,	,,	,,	1656 ,,	9-10		
3	,, ,,	,,	,,	1660 ,,	9-10		
4	,, ,,	,,	,,	1668 ,,	7	25	
5	,, ,,	,,	,,	1888 ,,	6	13	
6	,, ,, V. K'iu-feou H. 曲阜縣	*35° 36'.*	*117°*	687 av. J.-C.	3	16 (1)	
7	,, ,, ,, ,,	,,	,,	618 ,,	8	23 (2)	
8	,, ,, ,, ,,	,,	,,	557 ,,	3	27 (3)	
9	,, ,, ,, ,,	,,	,,	523 ,,	4	13 (4)	
620	,, ,, ,, ,,	,,	,,	519 ,,	8	6 (5)	

(1) Styl. jul. Mars. 23 (2) Styl. jul. Août. 30 (3) Styl. jul. Avr. 2 (4) Styl. jul. Avr. 19 (5) Styl. jul. Août. 12

	P. CHAN-TONG 山東				LATITUDE.	LONG. E. G.	ANNÉE.	M. SOL.	JOUR.	NOTE.
621	Yen-tcheou F.	兗州府	V. K'iu-feou H.	曲阜縣	35° 36'.	117°	492 av. J.-C.	3	17 (1)	
2	,,	,,	,,	,,	,,	,,	327 ap. J.-C.	5-6		
3	,,	,,	,,	,,	,,	,,	462 ,,	8	16	
4	,,	,,	,,	,,	,,	,,	478 ,,	3-4		
5	,,	,,	,,	,,	,,	,,	498 ,,	9		
6	,,	,,	,,	,,	,,	,,	600 ,,	12		
7	,,	,,	,,	,,	,,	,,	1346 ,,	3		
8	,,	,,	,,	,,	,,	,,	1347 ,,	2-3		
9	,,	,,	,,	,,	,,	,,	1390 ,,	1-2		
630	,,	,,	,,	,,	,,	,,	1481 ,,	3		
1	,,	,,	,,	,,	,,	,,	1490 ,,	4-5		
2	,,	,,	,,	,,	,,	,,	1502 ,,	10		
3	,,	,,	,,	,,	,,	,,	1523 ,,	1-2		
4	,,	,,	,,	,,	,,	,,	1524 ,,	2-3		
5	,,	,,	,,	,,	,,	,,	1622 ,,	4	25	
6	,,	,,	,,	,,	,,	,,	1626 ,,	6-7		
7	,,	,,	,,	,,	,,	,,	1668 ,,	7	25	
8	,,	,,	V. Ning-yang H.	寧陽縣	35° 55'.	117°	,, ,,	,,	,,	
9	,,	,,	,,	,,	,,	,,	1830 ,,	1	16	
640	,,	,,	,,	,,	,,	,,	,, ,,	6	12	
1	,,	,,	V. Tcheou H.	鄒縣	35° 30'.	117° 10'.	1656 ,,	9-10		
642	,,	,,	,,	,,	,,	,,	1668 ,,	7	25	

(1) Styl. jul. Mars. 22

	P. CHAN-TONG 山東				LATITUDE.	LONG. E. G.	ANNÉE.	M. SOL.	JOUR.	NOTE.
643	Yen-tcheou F.	兗州府	V. Tcheou H.	鄒 縣	*35° 30'.*	*117° 10'.*	1670 ap. J.-C.	12		
4	,,	,,	,,	,,	,,	,,	1671 ,,	9-10		
5	,,	,,	,,	,,	,,	,,	1672 ,,	6	17	
6	,,	,,	,,	,,	,,	,,	,, ,,	11	6	
7	,,	,,	,,	,,	,,	,,	1753 ,,	8-9		
8	,,	,,	,,	,,	,,	,,	1774 ,,	Hiv.		
9	,,	,,	,,	,,	,,	,,	1849 ,,	Ét.		
650	,,	,,	,,	,,	,,	,,	,, ,,	Aut.		
1	,,	,,	V. T'eng H.	滕 縣	*35° 23'.*	*117° 24'.*	1477 ,,	5	13	
2	,,	,,	,,	,,	,,	,,	1547 ,,	12		
3	,,	,,	V. I H.	嶧 縣	*34° 53'.*	*117° 51'.*	1477 ,,	5	13	
4	,,	,,	V. Wen-chang H.	汶上縣	*35° 50'.*	*116° 40'.*	1339 ,,	1		
5	,,	,,	,,	,,	,,	,,	1345 ,,	2-3		
6	,,	,,	,,	,,	,,	,,	1502 ,,			
7	,,	,,	,,	,,	,,	,,	1558 ,,	1		
8	,,	,,	,,	,,	,,	,,	1622 ,,	3-4		
9	,,	,,	,,	,,	,,	,,	1655 ,,	9	4	
660	,,	,,	,,	,,	,,	,,	1668 ,,	7	25	
1	,,	,,	V. Yang-kou H.	陽穀縣	*36° 09'.*	*115° 59'.*	1339 ,,	1		
2	,,	,,	,,	,,	,,	,,	1345 ,,	1		
3	,,	,,	,,	,,	,,	,,	1347 ,,	4-5		
664	,,	,,	,,	,,	,,	,,	1502 ,,	10	15	

	P. CHAN-TONG 山東				LATITUDE.	LONG. E. G.	ANNÉE.	M. SOL.	JOUR.	NOTE.
665	Yen-tcheou F.	兗州府	V. Cheou-tchang H.	壽張縣	36° 07'.	106° 05'.	'462 ap. J.-C.	8	16	
6	,,	,,	,,	,,	,,	,,	1502 ,,	10	15	
7	,,	,,	,,	,,	,,	,,	1557 ,,	1		Gr.
8	,,	,,	,,	,,	,,	,,	1829 ,,	3	27	
9	,,	,,	,,	,,	,,	,,	1830 ,,	1		
670	,,	,,	,,	,,	,,	,,	,, ,,	6	15	
1	,,	,,	,,	,,	,,	,,	1853 ,,	4	15	
2	,,	,,	,,	,,	,,	,,	1859 ,,	3	12	
3	,,	,,	,,	,,	,,	,,	1888 ,,	6	13	
4	V. Tsi-nan F.	濟南府			36° 40'.	117° 01'.	179 av. J.-C.	5-6		
5	,,	,,			,,	,,	1342 ap. J.-C.	7	15	(1)
6	,,	,,			,,	,,	1346 ,,	2-3		
7	,,	,,			,,	,,	1347 ,,	3	18	
8	,,	,,			,,	,,	1358 ,,	6		
9	,,	,,			,,	,,	1367 ,,	5-6		
680	,,	,,			,,	,,	1375 ,,	5	16	
1	,,	,,			,,	,,	1390 ,,	2	1	
2	,,	,,			,,	,,	1400 ,,	11-12		
3	,,	,,			,,	,,	1403 ,,	5-6		
4	,,	,,			,,	,,	1404 ,,	12	17	
5	,,	,,			,,	,,	1502 ,,	10	17	
686	,,	,,			,,	,,	1517 ,,	9	21	

(1) Aff. mont. et perturb. riv.

	P. CHAN-TONG 山東	LATITUDE.	LONG. E. G.	ANNÉE.	M. SOL.	JOUR.	NOTE.
687	V. Tsi-nan F. 濟南府	*36° 40'.*	*117° 01'.*	1520 ap. J.-C.	8	22	
8	,, ,,	,,	,,	1523 ,,	1-2		
9	,, ,,	,,	,,	1524 ,,	2	4	
690	,, ,,	,,	,,	1622 ,,	3	18	
1	,, ,,	,,	,,	,, ,,	4	17	
2	,, ,,	,,	,,	,, ,,	5-6		
3	,, ,,	,,	,,	,, ,,	Aut.		
4	,, ,,	,,	,,	1643 ,,	12	16	
5	,, ,,	,,	,,	1668 ,,	7	25	
6	,, ,,	,,	,,	1748 ,,	5-6		
7	,, ,,	,,	,,	1790 ,,	2	21	
8	,, ,,	,,	,,	1791 ,,	2	11	
9	,, ,,	,,	,,	1830 ,,	5	14	
700	,, ,, V. Tcheou-p'ing H. 鄒平縣	*35° 56'.*	*117° 50'.*	1480 ,,	10-11		
1	,, ,, ,, ,,	,,	,,	1629 ,,	2-3		
2	,, ,, V. Tche-tch'oan H. 淄川縣	*36° 43'.*	*118° 12'.*	1346 ,,	2-3		
3	,, ,, ,, ,,	,,	,,	1347 ,,	3	18	
4	,, ,, ,, ,,	,,	,,	1542 ,,	6-7		
5	,, ,, ,, ,,	,,	,,	1543 ,,	7		
6	,, ,, ,, ,,	,,	,,	1544 ,,	12		
7	,, ,, ,, ,,	,,	,,	1570 ,,			
708	,, ,, ,, ,,	,,	,,	1583 ,,	9-10		

	P. CHAN-TONG 山東				LATITUDE.	LONG. E. G.	ANNÉE.	M. SOL.	JOUR.	NOTE.
709	Tsi-nan F.	濟南府	V. Sin-tch'eng H.	新城縣	*37° 02'.*	*118° 08'.*	1585 ap. J.-C.			
710	,,	,,	,,	,,	,,	,,	1626 ,,	6	28	
1	,,	,,	,,	,,	,,	,,	1668 ,,	7	25	
2	,,	,,	,,	,,	,,	,,	1830 ,,	5	14	
3	,,	,,	V. Té-p'ing H.	德平縣	*37° 34'.*	*117° 04'.*	1487 ,,	3-4		
4	,,	,,	,,	,,	,,	,,	1622 ,,	3	2	
5	,,	,,	,,	,,	,,	,,	,, ,,	,,	18	
6	,,	,,	,,	,,	,,	,,	,, ,,	4	17	Pl. jrs.
7	,,	,,	,,	,,	,,	,,	1624 ,,	4	17	
8	,,	,,	V. Lin-i H.	臨邑縣	*37° 19'.*	*117° 04'.*	1568 ,,	3		
9	,,	,,	,,	,,	,,	,,	1585 ,,			
720	,,	,,	,,	,,	,,	,,	1624 ,,	4	17	
1	,,	,,	,,	,,	,,	,,	1668 ,,	7	25	
2	,,	,,	,,	,,	,,	,,	1830 ,,	12	4	
3	,,	,,	,,	,,	,,	,,	1831 ,,	5-6		
4	,,	,,	,,	,,	,,	,,	1832 ,,	9-10		
5	,,	,,	V. P'ing-yuen H.	平原縣	*37° 23'.*	*116° 34'.*	1346 ,,	2-3		
6	,,	,,	,,	,,	,,	,,	1347 ,,	4-5		
7	,,	,,	,,	,,	,,	,,	1358 ,,	6-7		
8	,,	,,	,,	,,	,,	,,	1367 ,,	5-6		
9	,,	,,	,,	,,	,,	,,	1404 ,,	12	17	
730	,,	,,	,,	,,	,,	,,	1502 ,,	10	17	

	P. CHAN-TONG 山東				LATITUDE.	LONG. E. G.	ANNÉE.	M. SOL.	JOUR.	NOTE.
731	Tsi-nan F.	濟南府	V. Ping-yuen H.	平原縣	*37° 23'.*	*116° 34'.*	1523 ap. J.-C.	1-2		
2	,,	,,	,,	,,	,,	,,	1524 ,,	2	4	
3	,,	,,	,,	,,	,,	,,	1626 ,,	6	28	
4	,,	,,	,,	,,	,,	,,	1668 ,,	7	25	Gr.
5	,,	,,	,,	,,	,,	,,	1679 ,,	9	2	
6	,,	,,	,,	,,	,,	,,	1730 ,,	9-10		
7	,,	,,	,,	,,	,,	,,	1736 ,,	8	21	
8	,,	,,	V. Ling H.	陵縣	*37° 27'.*	*116° 40'.*	1308 ,,	10	22	
9	,,	,,	,,	,,	,,	,,	1523 ,,	1-2		
740	,,	,,	,,	,,	,,	,,	1668 ,,	7	25	Gr.
1	,,	,,	,,	,,	,,	,,	1729 ,,			
2	,,	,,	,,	,,	,,	,,	1791 ,,	2-3		
3	,,	,,	V. Tch'ang-ts'ing H.	長淸縣	*36° 45'.*	*116° 44'.*	1346 ,,	2-3		
4	,,	,,	,,	,,	,,	,,	1347 ,,	4-5		
5	,,	,,	,,	,,	,,	,,	1668 ,,	7	25	Gr.
6	,,	,,	,,	,,	,,	,,	1829 ,,	11	24	,,
7	,,	,,	,,	,,	,,	,,	1830 ,,	6	12	
8	,,	,,	V. Té T.	德州	*37° 27'.*	*116° 23'.*	1346 ,,	2-3		
9	,,	,,	,,	,,	,,	,,	1347 ,,	4-5		
750	,,	,,	,,	,,	,,	,,	1555 ,,	3-4		
1	,,	,,	,,	,,	,,	,,	1720 ,,	7-8		
752	,,	,,	,,	,,	,,	,,	1729 ,,			

	P. CHAN-TONG 山東				LATITUDE.	LONG. E. G.	ANNÉE.	M. SOL.	JOUR.	NOTE.
753	V. T'ai-ngan F.	泰安府			36° 10'.	117° 15'.	161 ap. J.-C.	7	23	(1)
4	,,	,,			,,	,,	267 ,,	4-5		(2)
5	,,	,,			,,	,,	268 ,,	7-8		(3)
6	,,	,,			,,	,,	514 ,,	9	9	(4)
7	,,	,,			,,	,,	1318 ,,	3		(5)
8	,,	,,			,,	,,	1485 ,,	3	6	
9	,,	,,			,,	,,	,, ,,	,,	16	
760	,,	,,			,,	,,	,, ,,	,,	27	
1	,,	,,			,,	,,	,, ,,	,,	29	
2	,,	,,			,,	,,	,, ,,	4	3	
3	,,	,,			,,	,,	1597 ,,	7-8		(6)
4	,,	,,			,,	,,	1668 ,,	7	25	Gr.
5	,,	,,			,,	,,	1669 ,,	7	9	
6	,,	,,	V. Tong-ngo H.	東阿縣	36° 23'.	116° 22'.	1068 ,,	9		
7	,,	,,	,,	,,	,,	,,	1339 ,,	1		
8	,,	,,	,,	,,	,,	,,	1345 ,,	1		
9	,,	,,	,,	,,	,,	,,	1347 ,,	4-5		
770	,,	,,	V. Ping-yn H.	平陰縣	36° 23'.	116° 35'.	1345 ,,	1		
1	,,	,,	,,	,,	,,	,,	1347 ,,	4-5		
2	,,	,,	V. Sin-t'ai H.	新泰縣	36° 07'.	117° 56'.	1542 ,,	Ét.		
3	,,	,,	,,	,,	,,	,,	1611 ,,	,,		
774	,,	,,	,,	,,	,,	,,	1614 ,,	Hiv.		

(1) Aff. mont. Tai Chan 岱山 et Po-yeou-lai Chan 博尤來山. (2) (3) (4) (5) (6) Aff. mont. T'ai Chan 泰山.

	P. CHAN-TONG 山東				LATITUDE.	LONG. E. G.	ANNÉE.	M. SOL.	JOUR.	NOTE.
775	T'ai-ngan F.	泰安府	V. Sin-t'ai H.	新泰縣	*36° 07'.*	*117° 56'.*	1622 ap. J.-C.	3-4		
6	,,	,,	,,	,,	,,	,,	1638 ,,	Pr.		
7	,,	,,	,,	,,	,,	,,	,, ,,	Aut.		
8	,,	,,	,,	,,	,,	,,	1668 ,,	7	25	
9	,,	,,	,,	,,	,,	,,	1719 ,,	11-12		Pet.
780	,,	,,	,,	,,	,,	,,	1723 ,,	2-3		,,
1	,,	,,	V. Tong-p'ing T.	東平州	*36° 15'.*	*116° 27'.*	76 ,,	5	4	
2	,,	,,	,,	,,	,,	,,	1068 ,,	9		
3	,,	,,	,,	,,	,,	,,	1339 ,,	1		
4	,,	,,	,,	,,	,,	,,	1345 ,,	1		
5	,,	,,	,,	,,	,,	,,	1347 ,,	4-5		
6	,,	,,	,,	,,	,,	,,	1622 ,,	3	18	
7	,,	,,	,,	,,	,,	,,	1668 ,,	7	25	Gr.
8	,,	,,	,,	,,	,,	,,	,, ,,	8	24	
9	,,	,,	,,	,,	,,	,,	,, ,,	,,	25	
790	V. Ou-ting F.	武定府			*37° 32'.*	*117° 41'.*	1346 ,,	2-3		
1	,,	,,			,,	,,	1347 ,,	4-5		
2	,,	,,			,,	,,	1360 ,,			
3	,,	,,			,,	,,	1367 ,,	5-6		
4	,,	,,			,,	,,	1511 ,,	12	1	
5	,,	,,			,,	,,	1622 ,,	3	2	
796	,,	,,			,,	,,	1624 ,,	3-4		

	P. CHAN-TONG 山東				LATITUDE.	LONG. E. G.	ANNÉE.	M. SOL.	JOUR.	NOTE.
797	V. Ou-ting F.	武定府			37° 32'.	117° 41'.	1624 ap. J.-C.	4-5		
8	,,	,,			,,	,,	1626 ,,	6-7		
9	,,	,,			,,	,,	1668 ,,	7	25	
800	,,	,,			,,	,,	1830 ,,	11	29	
1	,,	,,			,,	,,	,, ,,	12	7	
2	,,	,,			,,	,,	1831 ,,	6	17	
3	,,	,,	V. Lo-ling H.	樂陵縣	37° 48'.	117° 18'.	600 ,,	12		
4	,,	,,	,,	,,	,,	,,	1587 ,,			
5	,,	,,	,,	,,	,,	,,	1654 ,,	Pr.		
6	,,	,,	,,	,,	,,	,,	,, ,,	9-10		
7	,,	,,	,,	,,	,,	,,	1730 ,,	Aut.		
8	,,	,,	V. Li-tsin H.	利津縣	37° 43'.	118° 26'.	1557 ,,	9	10	
9	,,	,,	,,	,,	,,	,,	1668 ,,	7	25	
810	,,	,,	V. P'ou-t'ai H.	蒲臺縣	37° 26'.	118° 10'.	1346 ,,	2-3		
1	,,	,,	,,	,,	,,	,,	1347 ,,	4-5		
2	,,	,,	,,	,,	,,	,,	1566 ,,	1		
3	,,	,,	,,	,,	,,	,,	1568 ,,	4	25	
4	,,	,,	,,	,,	,,	,,	1585 ,,	3-4		
5	,,	,,	,,	,,	,,	,,	1668 ,,	7	25	Gr.
6	,,	,,	V. Pin T.	濱州	37° 34'.	118° 05'.	1346 ,,	2-3		
7	,,	,,	,,	,,	,,	,,	1549 ,,	9	2'	
818	,,	,,	,,	,,	,,	,,	1585 ,,	3-4		

	P. CHAN-TONG 山東				LATITUDE.	LONG. E. G.	ANNÉE.	M. SOL.	JOUR.	NOTE.
819	Ou-ting F.	武定府	V. Pin T.	濵州	*37° 34'.*	*118° 05'.*	1668 ap. J.-C.	7	25	Gr.
820	,,	,,	,,	,,	,,	,,	1679 ,,	9	2	
1	V. Tsi-ning T*.	濟寧州			*36° 50'.*	*116° 58'.*	513 ,,	4	25	
2	,,	,,			,,	,,	1477 ,,			
3	,,	,,			,,	,,	1485 ,,			
4	,,	,,			,,	,,	1622 ,,	7	9	
5	,,	,,			,,	,,	1668 ,,	7	25	Gr.
6	,,	,,			,,	,,	1829 ,,	11	18	
7	,,	,,			,,	,,	1830 ,,	6	12	
8	,,	,,	V. Kin-hiang H.	金鄉縣	*35° 11'.*	*116° 35'.*	76 ,,	5	4	
9	,,	,,	,,	,,	,,	,,	600 ,,	12		
830	,,	,,	,,	,,	,,	,,	1044 ,,			
1	,,	,,	,,	,,	,,	,,	1358 ,,	6-7		
2	,,	,,	,,	,,	,,	,,	1477 ,,			
3	,,	,,	,,	,,	,,	,,	1485 ,,			
4	,,	,,	,,	,,	,,	,,	1504 ,,	10-11		
5	,,	,,	,,	,,	,,	,,	1573 ,,	5		
6	,,	,,	,,	,,	,,	,,	1622 ,,	3-4		
7	,,	,,	,,	,,	,,	,,	1660 ,,	9-10		
8	,,	,,	,,	,,	,,	,,	1668 ,,	7	25	
9	,,	,,	,,	,,	,,	,,	1852 ,,	3-4		
840	,,	,,	,,	,,	,,	,,	,, ,,	12	16	Lég.

	P. CHAN-TONG 山東				LATITUDE.	LONG. E. G.	ANNÉE.	M. SOL.	JOUR.	NOTE.
841	Tsi-ning T*.	濟寧州	V. Kin-hiang H.	金鄉縣	*35° 11'.*	*116° 35'.*	1853 ap. J.-C.	3	17	
2	,,	,,	,,	,,	,,	,,	1860 ,,	4	3	Lég.
3	V. I-tcheou F.	沂州府			*35° 15'.*	*118° 35'.*	1096 ,,	10	11	
4	,,	,,			,,	,,	1290 ,,	7-8		(1)
5	,,	,,			,,	,,	1367 ,,	7	19	(2)
6	,,	,,			,,	,,	1515 ,,	12		
7	,,	,,			,,	,,	1546 ,,	9	20	
8	,,	,,			,,	,,	1556 ,,	12		
9	,,	,,			,,	,,	1557 ,,	11-12		
850	,,	,,			,,	,,	1668 ,,	7	25	
1	,,	,,			,,	,,	1670 ,,	12		
2	,,	,,			,,	,,	1671 ,,	9-10		
3	,,	,,			,,	,,	1672 ,,	7-8		
4	,,	,,	V. T'an-tch'eng H.	郯城縣	*34° 47'.*	*118° 43'.*	1477 ,,	5	13	
5	,,	,,	,,	,,	,,	,,	1509 ,,	12		
6	,,	,,	,,	,,	,,	,,	1546 ,,	9	20	
7	,,	,,	V. Pi H.	費縣	*35° 18'.*	*118° 05'.*	1367 ,,			
8	,,	,,	,,	,,	,,	,,	1477 ,,	5-6		
9	,,	,,	,,	,,	,,	,,	1543 ,,	4	28	
860	,,	,,	,,	,,	,,	,,	1563 ,,	8-9		
1	,,	,,	,,	,,	,,	,,	1602 ,,	9-10		
862	,,	,,	,,	,,	,,	,,	1610 ,,	5-6		

(1) (2) Aff. mont.

	P. CHAN-TONG 山東				LATITUDE.	LONG. E. G.	ANNÉE.	M. SOL.	JOUR.	NOTE.
863	I-tcheou F.	沂州府	V. Pi H.	費 縣	*35° 18'.*	*118° 05'.*	1668 ap. J.-C.	7	25	Gr.
4	,,	,,	,,	,,	,,	,,	1670 ,,	12		
5	,,	,,	,,	,,	,,	,,	1671 ,,	9-10		
6	,,	,,	,,	,,	,,	,,	1672 ,,	5-6		
7	,,	,,	,,	,,	,,	,,	1690 ,,			
8	,,	,,	,,	,,	,,	,,	1829 ,,	10-11		
9	,,	,,	,,	,,	,,	,,	1841 ,,	9-10		
870	,,	,,	,,	,,	,,	,,	1856 ,,	Pr.		
1	,,	,,	,,	,,	,,	,,	1858 ,,	3-4		
2	,,	,,	,,	,,	,,	,,	,, ,,	6-7		
3	,,	,,	,,	,,	,,	,,	1860 ,,	2-3		
4	,,	,,	,,	,,	,,	,,	,, ,,	11-12		
5	,,	,,	,,	,,	,,	,,	1865 ,,	8-9		
6	,,	,,	,,	,,	,,	,,	1886 ,,	8		
7	,,	,,	,,	,,	,,	,,	1887 ,,	4-5		
8	,,	,,	,,	,,	,,	,,	1895 ,,	9-10		
9	,,	,,	V. I-choei H.	沂水縣	*35° 46'.*	*119°*	1668 ,,	7	25	Gr.
880	,,	,,	V. Mong-yn H.	蒙陰縣	*35° 53'.*	*118° 08'.*	1338 ,,	11-12		
1	,,	,,	,,	,,	,,	,,	1344 ,,	9-10		
2	,,	,,	,,	,,	,,	,,	1347 ,,	3-4		
3	,,	,,	,,	,,	,,	,,	1746 ,,	8-9		
884	,,	,,	V. Je-tchao H.	日照縣	*35° 27'.*	*119° 53'.*	1544 ,,	3-4		

	P. CHAN-TONG 山東				LATITUDE.	LONG. E. G.	ANNÉE.	M. SOL.	JOUR.	NOTE.
885	I-tcheou F.	沂州府	V. Je-tchao H.	日照縣	35° 27'.	119° 53'.	1668 ap. J.-C.	7	25	Gr.
6	,,	,,	,,	,,	,,	,,	1829 ,,	10-11		
7	,,	,,	V. Kiu T.	莒州	35° 35'.	119° 29'.	1338 ,,	11-12		
8	,,	,,	,,	,,	,,	,,	1344 ,,	9-10		
9	,,	,,	,,	,,	,,	,,	1523 ,,			
890	,,	,,	,,	,,	,,	,,	1541 ,,			
1	,,	,,	,,	,,	,,	,,	1610 ,,	5-6		
2	,,	,,	,,	,,	,,	,,	1668 ,,	7	25	
3	,,	,,	,,	,,	,,	,,	1669 ,,	12		
4	,,	,,	,,	,,	,,	,,	1670 ,,	9-10		
5	Ts'ao-tcheou F.	曹州府	V. Ts'ao H.	曹縣	34° 56'.	115° 38'.	1305 ,,	8-9		
6	,,	,,	,,	,,	,,	,,	1504 ,,	10-11		
7	,,	,,	,,	,,	,,	,,	1622 ,,	3	18	
8	,,	,,	,,	,,	,,	,,	1668 ,,	7	25	Gr.
9	,,	,,	,,	,,	,,	,,	1830 ,,	6	14	,,
900	,,	,,	V. Chan H.	單縣	34° 57'.	116° 18'.	1493 ,,	4-5		
1	,,	,,	,,	,,	,,	,,	1556 ,,	1		
2	,,	,,	,,	,,	,,	,,	1668 ,,	7	25	Gr.
3	,,	,,	V. Ting-t'ao H.	定陶縣	35° 11'.	115° 45'.	1504 ,,	10-11		
4	,,	,,	,,	,,	,,	,,	1520 ,,	8-9		
5	,,	,,	,,	,,	,,	,,	1556 ,,	1	23	
906	,,	,,	,,	,,	,,	,,	1622 ,,	3	15	

	P. CHAN-TONG 山東				LATITUDE.	LONG. E. G.	ANNÉE.	M. SOL.	JOUR.	NOTE.
907	Ts'ao-tcheou F.	曹州府	V. Ting-t'ao H.	定陶縣	*35° 11'.*	*115° 45'.*	1655 ap. J.-C.	9	4	
8	,,	,,	,,	,,	,,	,,	1668 ,,	7	25	Gr.
9	,,	,,	V. Kiu-yé H.	鉅野縣	*35° 29'.*	*116° 19'.*	1473 ,,	4-5		
910	,,	,,	V. Pou T.	濮州	*35° 48'.*	*115° 33'.*	871 ,,	7-8		
1	,,	,,	,,	,,	,,	,,	1492 ,,	5-6		
2	,,	,,	,,	,,	,,	,,	1502 ,,	10	17	
3	V. Tong-tch'ang F.	東昌府			*36° 37'.*	*116° 12'.*	1493 ,,	4	25	
4	,,	,,			,,	,,	1502 ,,	10	17	
5	,,	,,			,,	,,	1520 ,,	8	22	
6	,,	,,			,,	,,	1622 ,,	3	18	
7	,,	,,			,,	,,	,, ,,	4	17	
8	Lin-ts'ing T*.	臨清州	V. Hia-tsin H.	夏津縣	*37° 03'.*	*116° 10'.*	1520 ,,	8	22	
9	,,	,,	,,	,,	,,	,,	1668 ,,	7	25	Gr.
920	V. Tsing-tcheou F.	青州府			*36° 44'.*	*118° 44'.*	179 av. J.-C.	5-6		(1)
1	,,	,,			,,	,,	70 ,,	6	1 (2)	
2	,,	,,			,,	,,	36 ,,	1		
3	,,	,,			,,	,,	508 ap. J.-C.	10	21	
4	,,	,,			,,	,,	509 ,,	2	28	
5	,,	,,			,,	,,	1046 ,,	4	6	
6	,,	,,			,,	,,	1346 ,,	2-3		
7	,,	,,			,,	,,	1347 ,,	3-4		
928	,,	,,			,,	,,	1358 ,,	6-7		

(1) Tremb. terre et aff. mont.

(2) Styl. jul. Juin. 3.

	P. CHAN-TONG 山東				LATITUDE.	LONG. E. G.	ANNÉE.	M. SOL.	JOUR.	NOTE.
929	V. Tsing-tcheou F.	青州府			*36° 44'.*	*118° 44'.*	1447 ap. J.-C.	10-11		
930	,,	,,			,,	,,	1532 ,,	2-3		
1	,,	,,			,,	,,	1548 ,,	8-9		
2	,,	,,			,,	,,	1615 ,,	1		
3	,,	,,			,,	,,	1668 ,,	7	25	
4	,,	,,			,,	,,	1670 ,,	2-3		
5	,,	,,	V. Lin-the H.	臨淄縣	*36° 55'.*	*118° 32'.*	1347 ,,	3	18	
6	,,	,,	,,	,,	,,	,,	,, ,,	6-7		Pl. jrs.
7	,,	,,	,,	,,	,,	,,	1621 ,,	11-12		
8	,,	,,	,,	,,	,,	,,	1668 ,,	7	25	
9	,,	,,	V. Kao-yuen H.	高苑縣	*37° 10'.*	*118° 12'.*	1346 ,,	3-4		
940	,,	,,	,,	,,	,,	,,	1668 ,,	7	25	
1	,,	,,	V. Lo-ngan H.	樂安縣	*37° 05'.*	*118° 38'.*	1570 ,,	3-4		
2	,,	,,	,,	,,	,,	,,	1576 ,,	3		
3	,,	,,	,,	,,	,,	,,	1621 ,,	11-12		
4	,,	,,	,,	,,	,,	,,	1668 ,,	7	25	
5	,,	,,	V. Cheou-koang H.	壽光縣	*36° 55'.*	*119°*	173 ,,	6-7		
6	,,	,,	,,	,,	,,	,,	1346 ,,	2-3		
7	,,	,,	,,	,,	,,	,,	1621 ,,	11-12		
8	,,	,,	,,	,,	,,	,,	1668 ,,	7	25	
9	,,	,,	V. Tch'ang-lo H.	昌樂縣	*36° 42'.*	*118° 58'.*	1346 ,,	2-3		
950	,,	,,	,,	,,	,,	,,	1499 ,,	10-11		

	P. CHAN-TONG 山東				LATITUDE.	LONG. E. G.	ANNÉE.	M. SOL.	JOUR.	NOTE.
951	Tsing-tcheou F.	青州府	V. Tch'ang-lo H.	昌樂縣	36° 42'.	118° 58'.	1524 ap. J.-C.	Pr.		
2	,,	,,	,,	,,	,,	,,	1621 ,,	11-12		
3	,,	,,	,,	,,	,,	,,	1666 ,,	9		
4	,,	,,	,,	,,	,,	,,	1668 ,,	7	25	
5	,,	,,	V. Lin-k'iu H.	臨朐縣	36° 35'.	118° 50'.	70 av. J.-C.	6	1 (1)	
6	,,	,,	,,	,,	,,	,,	173 ap. J.-C.	6-7		
7	,,	,,	,,	,,	,,	,,	1046 ,,	4-5		
8	,,	,,	,,	,,	,,	,,	1347 ,,	3-4		
9	,,	,,	,,	,,	,,	,,	1517 ,,	9	21	
960	,,	,,	,,	,,	,,	,,	1582 ,,	10-11		
1	,,	,,	,,	,,	,,	,,	1614 ,,	11		
2	,,	,,	,,	,,	,,	,,	1621 ,,	11-12		
3	,,	,,	,,	,,	,,	,,	1638 ,,	11-12		
4	,,	,,	,,	,,	,,	,,	1651 ,,	11-12		
5	,,	,,	,,	,,	,,	,,	1668 ,,	7	25	Gr.
6	,,	,,	,,	,,	,,	,,	,, ,,	8-9		
7	,,	,,	,,	,,	,,	,,	1730 ,,	9-10		
8	,,	,,	,,	,,	,,	,,	1829 ,,	11	19	Gr.
9	,,	,,	,,	,,	,,	,,	1837 ,,	11	4	
970	,,	,,	,,	,,	,,	,,	1862 ,,	7-8		
1	,,	,,	V. Ngan-k'ieou H.	安邱縣	36° 23'.	119° 42'.	1338 ,,	8-9		
972	,,	,,	,,	,,	,,	,,	,, ,,	11-12		

(1) Styl. jul. Juin. 3.

	P. CHAN-TONG 山東				LATITUDE.	LONG. E. G.	ANNÉE.		M. SOL.	JOUR.	NOTE.
973	Tsing-tcheou F.	青州府	V. Ngan-k'ieou H.	安邱縣	*36° 23'.*	*119° 42'.*	1583	ap. J.-C.	12		
4	,,	,,	,,	,,	,,	,,	1621	,,	11-12		
5	,,	,,	,,	,,	,,	,,	1668	,,	7	25	
6	,,	,,	,,	,,	,,	,,	1669	,,	2		
7	,,	,,	,,	,,	,,	,,	,,	,,	3		
8	,,	,,	,,	,,	,,	,,	,,	,,	9-10		
9	,,	,,	,,	,,	,,	,,	1671	,,	2-3		
980	,,	,,	,,	,,	,,	,,	,,	,,	9-10		
1	,,	,,	,,	,,	,,	,,	1672	,,	4-5		
2	,,	,,	,,	,,	,,	,,	,,	,,	9-10		
3	,,	,,	V. Tchou-tch'eng H.	諸城縣	*36°*	*119° 58'.*	70	av. J.-C.	6	1 (1)	
4	,,	,,	,,	,,	,,	,,	1548	ap. J.-C.	9	6	
5	,,	,,	,,	,,	,,	,,	1585	,,	3	7	
6	,,	,,	,,	,,	,,	,,	1636	,,	11-12		
7	,,	,,	,,	,,	,,	,,	1668	,,	7	25	Gr.
8	,,	,,	,,	,,	,,	,,	1798	,,	11-12		
9	,,	,,	,,	,,	,,	,,	1802	,,	11-12		
990	,,	,,	,,	,,	,,	,,	1841	,,	1	11	
1	,,	,,	,,	,,	,,	,,	1846	,,	8	4	
2	,,	,,	,,	,,	,,	,,	,,	,,	,,	10	
3	,,	,,	,,	,,	,,	,,	1847	,,	10	6	
994	,,	,,	,,	,,	,,	,,	,,	,,	,,	31	

(1) Styl. jul. Juin. 3.

	P. CHAN-TONG 山東	LATITUDE.	LONG. E. G.	ANNÉE.	M. SOL.	JOUR.	NOTE.
995	Tsing-tcheou F. 青州府 V. Tchou-tch'eng H. 諸城縣	*36°*	*119° 58'.*	1852 ap. J.-C.	11	17	
6	,, ,, ,, ,,	,,	,,	1853 ,,	3	16	
7	,, ,, ,, ,,	,,	,,	,, ,,	,,	17	
8	,, ,, ,, ,,	,,	,,	1854 ,,	6	4	
9	,, ,, ,, ,,	,,	,,	1856 ,,	1	8	
1000	,, ,, ,, ,,	,,	,,	1859 ,,	3	12	
1	,, ,, ,, ,,	,,	,,	1861 ,,	7	19	
2	,, ,, ,, ,,	,,	,,	1862 ,,	12	26	
3	,, ,, ,, ,,	,,	,,	1866 ,,	10	23	
4	,, ,, ,, ,,	,,	,,	1876 ,,	3-4		
5	,, ,, ,, ,,	,,	,,	1879 ,,	4	14	
6	,, ,, ,, ,,	,,	,,	1881 ,,	2	1	
7	,, ,, ,, ,,	,,	,,	1889 ,,	6	2	
8	,, ,, ,, ,,	,,	,,	,, ,,	12	24	
9	V. Teng-tcheou F. 登州府	*37° 45'.*	*120° 42'.*	495 ,,	3	31	
1010	,, ,,	,,	,,	1046 ,,	4	18	
1	,, ,,	,,	,,	1344 ,,	2-3		
2	,, ,,	,,	,,	1408 ,,	2	19	
3	,, ,,	,,	,,	1409 ,,	2	4	
4	,, ,,	,,	,,	1445 ,,	3	21	Gr.
5	,, ,,	,,	,,	1447 ,,	10-11		
1016	,, ,,	,,	,,	1548 ,,	9	13	Gr.

	P. CHAN-TONG 山東				LATITUDE.	LONG. E. G.	ANNÉE.		M. SOL.	JOUR.	NOTE.
1017	V. Teng-tcheou F.	登州府			*37° 45'.*	*120° 42'.*	1568	ap. J.-C.	4	25	
8	,,	,,			,,	,,	1642	,,	8		
9	,,	,,			,,	,,	1668	,,	7	25	Gr.
1020	,,	,,			,,	,,	1669	,,	4	9	
1	,,	,,			,,	,,	,,	,,	,,	10	
2	,,	,,			,,	,,	,,	,,	,,	14	
3	,,	,,			,,	,,	,,	,,	,,	15	
4	,,	,,			,,	,,	1672	,,			
5	,,	,,			,,	,,	1686	,,	1	18	
6	,,	,,			,,	,,	,,	,,	,,	20	
7	,,	,,			,,	,,	1687	,,	11-12		
8	,,	,,			,,	,,	1858	,,	2	9	Pl. jrs.
9	,,	,,			,,	,,	,,	,,	3	12	
1030	,,	,,			,,	,,	,,	,,	,,	14	Gr.
1	,,	,,			,,	,,	1879	,,	8	27	
2	,,	,,			,,	,,	,,	,,	,,	29	
3	,,	,,	V. Hoang H.	黃縣	*37° 37'.*	*120° 47'.*	1668	,,	7	25	Gr.
4	,,	,,	,,	,,	,,	,,	1736	,,	12	25	Pl. jrs.
5	,,	,,	,,	,,	,,	,,	1741	,,	1	17	
6	,,	,,	,,	,,	,,	,,	,,	,,	2	9	
7	,,	,,	,,	,,	,,	,,	1785	,,	9	13	
1038	,,	,,	,,	,,	,,	,,	1806	,,	11	23	

	P. CHAN-TONG 山東				LATITUDE.	LONG. E. G.	ANNÉE.	M. SOL.	JOUR.	NOTE.
1039	Teng-tcheou F.	登州府	V. Hoang H.	黃 縣	*37° 37'.*	*120° 47'.*	1806 ap. J.-C.	12	27	
1040	,,	,,	,,	,,	,,	,,	1819 ,,	11	29	
1	,,	,,	,,	,,	,,	,,	,, ,,	12	3	
2	,,	,,	,,	,,	,,	,,	1829 ,,	11	19	
3	,,	,,	,,	,,	,,	,,	1846 ,,	8	3	Gr.
4	,,	,,	,,	,,	,,	,,	1856 ,,	1	12	
5	,,	,,	V. Fou-chan H.	福山縣	*37° 33'.*	*121° 35'.*	1408 ,,	2	19	
6	,,	,,	,,	,,	,,	,,	1668 ,,	7	25	Gr.
7	,,	,,	,,	,,	,,	,,	1669 ,,	4	9	
8	,,	,,	,,	,,	,,	,,	1671 ,,	11	3	
9	,,	,,	,,	,,	,,	,,	1698 ,,	1	18	
1050	,,	,,	,,	,,	,,	,,	,, ,,	,,	20	
1	,,	,,	,,	,,	,,	,,	1712 ,,	4	23	
2	,,	,,	,,	,,	,,	,,	1736 ,,	12	25	Pl. jrs.
3	,,	,,	V. Si-hia H.	棲霞縣	*37° 17'.*	*121° 18'.*	1046 ,,			
4	,,	,,	,,	,,	,,	,,	1408 ,,	2	19	
5	,,	,,	,,	,,	,,	,,	1624 ,,	Pr.		
6	,,	,,	,,	,,	,,	,,	1634 ,,	6		
7	,,	,,	,,	,,	,,	,,	1668 ,,	7	25	
8	,,	,,	,,	,,	,,	,,	1687 ,,	11		
9	,,	,,	,,	,,	,,	,,	1688 ,,	1	16	
1060	,,	,,	,,	,,	,,	,,	1713 ,,	3-4		Pl. jrs.

	P. CHAN-TONG 山東				LATITUDE.	LONG. E. G.	ANNÉE.	M. SOL.	JOUR.	NOTE.
1061	V. Teng-tcheou F.	登州府	V. Si-hia H.	棲霞縣	*37° 17'.*	*121° 18'.*	1713 ap. J.-C.	4-5		Pl. jrs.
2	,,	,,	,,	,,	,,	,,	1843 ,,	4	7	
3	,,	,,	,,	,,	,,	,,	1853 ,,	4	14	
4	,,	,,	,,	,,	,,	,,	1856 ,,	1	8	
5	,,	,,	,,	,,	,,	,,	1861 ,,	7	2	
6	,,	,,	V. Lai-yang H.	萊陽縣	*37°*	*120° 59'.*	1634 ,,	5-6		
7	,,	,,	,,	,,	,,	,,	1642 ,,	7-8		
8	,,	,,	,,	,,	,,	,,	1664 ,,	10	6	
9	,,	,,	,,	,,	,,	,,	1668 ,,	7	25	
1070	,,	,,	V. Wen-teng H.	文登縣	*37° 12'.*	*122° 30'.*	1408 ,,	2	19	
1	,,	,,	,,	,,	,,	,,	1546 ,,	9	26	
2	,,	,,	,,	,,	,,	,,	1621 ,,	Aut.		
3	,,	,,	,,	,,	,,	,,	1665 ,,	Pr.		
4	,,	,,	,,	,,	,,	,,	1668 ,,	7	25	
5	,,	,,	,,	,,	,,	,,	1679 ,,	7	8	
6	,,	,,	,,	,,	,,	,,	1685 ,,	1	18	
7	,,	,,	,,	,,	,,	,,	,, ,,	,,	20	
8	,,	,,	,,	,,	,,	,,	1687 ,,	11-12		
9	,,	,,	,,	,,	,,	,,	1688 ,,	1	19	
1080	,,	,,	,,	,,	,,	,,	1689 ,,	7	17	
1	,,	,,	,,	,,	,,	,,	1736 ,,	12	25	
1082	,,	,,	,,	,,	,,	,,	1765 ,,	3	2	

	P. CHAN-TONG 山東				LATITUDE.	LONG. E. G.	ANNÉE.	M. SOL.	JOUR.	NOTE.
1083	Teng-tcheou F.	登州府	V. Wen-teng H.	文登縣	*37° 12'.*	*122° 30'.*	1767 ap. J.-C.	7	15	
4	,,	,,	,,	,,	,,	,,	1783 ,,	9	13	
5	,,	,,	,,	,,	,,	,,	1790 ,,	11	12	
6	,,	,,	,,	,,	,,	,,	1791 ,,	11	4	
7	,,	,,	,,	,,	,,	,,	1799 ,,	3	1	
8	,,	,,	,,	,,	,,	,,	1811 ,,	5	30	
9	,,	,,	,,	,,	,,	,,	,, ,,	6	23	Pl. jrs.
1090	,,	,,	,,	,,	,,	,,	,, ,,	,,	24	
1	,,	,,	,,	,,	,,	,,	,, ,,	,,	25	
2	,,	,,	,,	,,	,,	,,	,, ,,	,,	28	
3	,,	,,	,,	,,	,,	,,	,, ,,	7	4	
4	,,	,,	,,	,,	,,	,,	,, ,,	8	11	
5	,,	,,	,,	,,	,,	,,	,, ,,	11	11	
6	,,	,,	,,	,,	,,	,,	1823 ,,	7-8		
7	,,	,,	V. Yong-tch'eng H.	榮城縣	*37° 30'.*	*122° 30'.*	1668 ,,	7	25	Gr.
8	,,	,,	,,	,,	,,	,,	1765 ,,	3	2	
9	,,	,,	,,	,,	,,	,,	1767 ,,	7	15	
1100	,,	,,	,,	,,	,,	,,	1783 ,,	9	13	
1	,,	,,	,,	,,	,,	,,	1790 ,,	11	12	
2	,,	,,	,,	,,	,,	,,	1791 ,,	11	14	
3	,,	,,	,,	,,	,,	,,	1799 ,,	3	1	
1104	,,	,,	,,	,,	,,	,,	1817 ,,	5	23	

	P. CHAN-TONG 山東				LATITUDE.	LONG. E. G.	ANNÉE.	M. SOL.	JOUR.	NOTE.
1105	Teng-tcheou F.	登州府	V. Ning-hai T.	寧海州	37° 25'.	121° 40'.	1408 ap. J.-C.	2	19	
6	,,	,,	,,	,,	,,	,,	1546 ,,	9	26	
7	,,	,,	,,	,,	,,	,,	1622 ,,	3	18	
8	,,	,,	,,	,,	,,	,,	1668 ,,	7	25	
9	,,	,,	,,	,,	,,	,,	1679 ,,	7	8	
1110	,,	,,	,,	,,	,,	,,	1844 ,,	10	6	Gr.
1	,,	,,	,,	,,	,,	,,	1846 ,,	8	3	,,
2	V. Lai-tcheou F.	萊州府			37° 10'.	120° 10'.	495 ,,	3	31	
3	,,	,,			,,	,,	1217 ,,	3	21	
4	,,	,,			,,	,,	1367 ,,	5-6		Gr.
5	,,	,,			,,	,,	1506 ,,	9-10		Pl. jrs.
6	,,	,,			,,	,,	1584 ,,	Pr.		
7	,,	,,			,,	,,	1621 ,,	11	22	Lég.
8	,,	,,			,,	,,	1668 ,,	7	25	Gr.
9	,,	,,			,,	,,	,, ,,	,,	26	
1120	,,	,,			,,	,,	,, ,,	8	24	
1	,,	,,			,,	,,	,, ,,	9	23	
2	,,	,,			,,	,,	1672 ,,	5-6		Pl. jrs.
3	,,	,,	V. Tch'ang-y H.	昌邑縣	36° 52'.	119° 42'.	1347 ,,	3-4		
4	,,	,,	,,	,,	,,	,,	1584 ,,	3-4		
5	,,	,,	,,	,,	,,	,,	1588 ,,	6-7		
1126	,,	,,	,,	,,	,,	,,	1597 ,,	9-10		

	P. CHAN-TONG 山東				LATITUDE.	LONG. E. G.	ANNÉE.		M. SOL.	JOUR.	NOTE.
1127	Lai-tcheou F.	莱州府	V. Tch'ang-y H.	昌邑縣	*36° 52'.*	*119° 43'.*	1621	ap. J.-C.	11-12		
8	,,	,,	,,	,,	,,	,,	1668	,,	7	25	Gr.
9	,,	,,	,,	,,	,,	,,	,,	,,	,,	26	
1130	,,	,,	,,	,,	,,	,,	,,	,,	8	24	
1	,,	,,	,,	,,	,,	,,	,,	,,	9	23	Pl. jrs.
2	,,	,,	V. Kao-mi H.	高密縣	*36° 23'.*	*120° 11'.*	1343	,,	12		
3	,,	,,	,,	,,	,,	,,	1347	,,	3-4		
4	,,	,,	,,	,,	,,	,,	1517	,,	9-10		
5	,,	,,	,,	,,	,,	,,	1668	,,	7	25	Gr.
6	,,	,,	,,	,,	,,	,,	,,	,,	,,	26	
7	,,	,,	,,	,,	,,	,,	,,	,,	8	24	
8	,,	,,	,,	,,	,,	,,	,,	,,	9	23	
9	,,	,,	,,	,,	,,	,,	1672	,,	6	24	
1140	,,	,,	,,	,,	,,	,,	1841	,,	7-8		
1	,,	,,	V. Tsi-mé H.	即墨縣	*34° 15'.*	*120° 44'.*	1340	,,	3		
2	,,	,,	,,	,,	,,	,,	1506	,,	8	28	
3	,,	,,	,,	,,	,,	,,	1507	,,	1	1	(1)
4	,,	,,	,,	,,	,,	,,	1524	,,	2-3		
5	,,	,,	,,	,,	,,	,,	1668	,,	7	25	Gr.
6	,,	,,	,,	,,	,,	,,	1672	,,	5-6		
7	,,	,,	,,	,,	,,	,,	1829	,,	11	19	
1148	,,	,,	,,	,,	,,	,,	1842	,,	10-11		

(1) Aff. mont.

	P. CHAN-TONG 山東				LATITUDE.	LONG. E. G.	ANNÉE.	M. SOL.	JOUR.	NOTE.
1149	Lai-tcheou F.	萊州府	V. Kiao T.	膠州	*36° 14'.*	*110° 24'.*	179 av. J.-C.	5-6		
1150	,,	,,	,,	,,	,,	,,	70 ,,	6	1 (1)	
1	,,	,,	,,	,,	,,	,,	600 ap. J.-C.	12		
2	,,	,,	,,	,,	,,	,,	1343 ,,	12		
3	,,	,,	,,	,,	,,	,,	1346 ,,	2-3		
4	,,	,,	,,	,,	,,	,,	1347 ,,	3-4		
1155	,,	,,	,,	,,	,,	,,	1668 ,,	7	25	Gr.

(1) Styl. jul. Juin. 3.

IV. TREMBLEMENTS DE TERRE DANS LA PROVINCE DU CHAN-SI 山西.

	P. CHAN-SI 山西		LATITUDE.	LONG. E. G.	ANNÉE.		M. SOL.	JOUR.	NOTE.
1156	V. T'ai-yuen F.	太原府	*37° 54'.*	*112° 31'.*	144	ap. J.-C.	10	26	
7	,,	,,	,,	,,	436	,,	12	13	
8	,,	,,	,,	,,	480	,,	6	7	
9	,,	,,	,,	,,	484	,,	12	30	
1160	,,	,,	,,	,,	486	,,	1	29	
1	,,	,,	,,	,,	496	,,	2	7	
2	,,	,,	,,	,,	498	,,	10	13	
3	,,	,,	,,	,,	503	,,	3	2	
4	,,	,,	,,	,,	512	,,	5	21	
5	,,	,,	,,	,,	545	,,	Hiv.		
6	,,	,,	,,	,,	549	,,	Ét.		
7	,,	,,	,,	,,	563	,,			
8	,,	,,	,,	,,	712	,,	2	15	
9	,,	,,	,,	,,	858	,,	10	9	
1170	,,	,,	,,	,,	931	,,	8	12	
1	,,	,,	,,	,,	1038	,,	1	24	
2	,,	,,	,,	,,	,,	,,	3	1	
3	,,	,,	,,	,,	1095	,,	1	7	
4	,,	,,	,,	,,	1097	,,	8	7	
5	,,	,,	,,	,,	1099	,,	8	22	
6	,,	,,	,,	,,	1100	,,	6	12	
1177	,,	,,	,,	,,	1102	,,	1	15	

	P. CHAN-SI 山西		LATITUDE.	LONG. E. G.	ANNÉE.	M. SOL.	JOUR.	NOTE.
1178	V. T'ai-yuen F.	太原府	*37° 54'.*	*112° 31'.*	1102 ap. J.-C.	2	10	
9	,,	,,	,,	,,	1303 ,,	9	17	
1180	,,	,,	,,	,,	1305 ,,	2-3		
1	,,	,,	,,	,,	1306 ,,	3	8	
2	,,	,,	,,	,,	1307 ,,	9	23	
3	,,	,,	,,	,,	1310 ,,	1	14	
4	,,	,,	,,	,,	,, ,,	12	26	
5	,,	,,	,,	,,	1314 ,,	10	5	
6	,,	,,	,,	,,	1316 ,,	10	6	
7	,,	,,	,,	,,	1317 ,,	2	6	
8	,,	,,	,,	,,	,, ,,	9	3	
9	,,	,,	,,	,,	1328 ,,	1	9	
1190	,,	,,	,,	,,	1342 ,,	5	6	
1	,,	,,	,,	,,	1351 ,,	4-5		
2	,,	,,	,,	,,	1372 ,,	7	28	
3	,,	,,	,,	,,	,, ,,	8	5	
4	,,	,,	,,	,,	,, ,,	9	21	
5	,,	,,	,,	,,	,, ,,	10	15	
6	,,	,,	,,	,,	,, ,,	10	31	
7	,,	,,	,,	,,	1403 ,,	12	4	
8	,,	,,	,,	,,	1472 ,,	8		
1199	,,	,,	,,	,,	1476 ,,	5	10	

	P. CHAN-SI 山西	LATITUDE.	LONG. E. G.	ANNÉE.	M. SOL.	JOUR.	NOTE.
1200	V. T'ai-yuen F. 太原府	37° 54'.	112° 31'.	1497 ap. J.-C.	2	17	
1	,, ,,	,,	,,	,, ,,	6		
2	,, ,,	,,	,,	1502 ,,	11	24	
3	,, ,,	,,	,,	1508 ,,	11	20	
4	,, ,,	,,	,,	1522 ,,	8-9		
5	,, ,,	,,	,,	1525 ,,	8	16	(1)
6	,, ,,	,,	,,	1543 ,,	4	4	
7	,, ,,	,,	,,	1544 ,,	3	23	
8	,, ,,	,,	,,	1552 ,,	3	28	
9	,, ,,	,,	,,	1556 ,,	1	23	
1210	,, ,,	,,	,,	1561 ,,	8	4	
1	,, ,,	,,	,,	1580 ,,	6-7		
2	,, ,,	,,	,,	1609 ,,	5	15	
3	,, ,,	,,	,,	,, ,,	8	1	
4	,, ,,	,,	,,	1614 ,,	10	23	
5	,, ,,	,,	,,	1632 ,,	11	14	
6	,, ,,	,,	,,	1635 ,,	Hiv.		
7	,, ,, V. T'ai-yuen H. 太原縣	37° 45'.	112° 20'.	1342 ,,	5	5	
8	,, ,, ,, ,,	,,	,,	1350 ,,	8-9		
9	,, ,, ,, ,,	,,	,,	1351 ,,	4-5		
1220	,, ,, V. Yu-ts'e H. 榆次縣	37° 42'.	112° 45'.	,, ,,	,,		
1221	,, ,, ,, ,,	,,	,,	1514 ,,	10	20	

(1) Aff. mont.

	P. CHAN-SI 山西				LATITUDE.	LONG. E. G.	ANNÉE.	M. SOL.	JOUR.	NOTE.
1222	T'ai-yuen F.	太原府	V. T'ai-kou H.	太谷縣	37° 25'.	112° 33'.	1524 ap. J.-C.	8-9		(1)
3	,,	,,	V. Siu-keou H.	徐溝縣	37° 35'.	112° 40'.	1350 ,,	8-9		
4	,,	,,	,,	,,	,,	,,	1351 ,,	4-5		
5	,,	,,	,,	,,	,,	,,	1366 ,,	8	7	
6	,,	,,	,,	,,	,,	,,	,, ,,	9	6	
7	,,	,,	,,	,,	,,	,,	1368 ,,	6	16	
7bis	,,	,,	,,	,,	,,	,,	1372 ,,	9	6	Pl. jrs.
8	,,	,,	,,	,,	,,	,,	,, ,,	9	8	,,
9	,,	,,	V. Wen-choei H.	文水縣	37° 29'.	111° 58'.	1351 ,,	4-5		
1230	,,	,,	,,	,,	,,	,,	1368 ,,	6	16	
1	,,	,,	,,	,,	,,	,,	1537 ,,	2-3		
2	,,	,,	,,	,,	,,	,,	1580 ,,	9-10		
3	,,	,,	V. Lan H.	嵐縣	38° 25'.	111° 35'.	1102 ,,	1	15	
4	,,	,,	V. K'o-lan T.	岢嵐州	38° 52'.	111° 23'.	,, ,,	,,	,,	
5	P'ing-ting T*.	平定州	V. Cheou-yang H.	壽陽縣	37° 55'.	113° 10'.	1351 ,,	5		
6	,,	,,	,,	,,	,,	,,	1481 ,,	12	21	(2)
7	V. Hin T*.	忻州			38° 26'.	112° 43'.	483 ,,	4-5		
8	,,	,,			,,	,,	512 ,,	5	21	
9	,,	,,			,,	,,	,, ,,	12	16	
1240	,,	,,			,,	,,	652 ,,	1	5	
1	,,	,,			,,	,,	1038 ,,	1	24	
1242	,,	,,			,,	,,	,, ,,	3	1	

(1) (2) Aff. mont.

	P. CHAN-SI 山西	LATITUDE.	LONG. E. G.	ANNÉE.	M. SOL.	JOUR.	NOTE.
1243	V. Hin T*. 忻州	*38° 26'.*	*112° 43'.*	1038 ap. J.-C.	11-12		
4	,, ,,	,,	,,	1043 ,,	6	17	Gr.
5	,, ,,	,,	,,	1044 ,,	6	7	
6	,, ,,	,,	,,	,, ,,	,,	22	
7	,, ,,	,,	,,	1351 ,,	4-5		
8	,, ,,	,,	,,	1366 ,,	8	7	
9	,, ,,	,,	,,	1477 ,,	5-6		
1250	,, ,, V. Tsing-lo H. 靜樂縣	*38° 31'.*	*111° 57'.*	998 ,,	8	8	(1)
1	V. Tai T*. 代州	*39° 06'.*	*112° 58'.*	144 ,,	10	26	
2	,, ,,	,,	,,	278 ,,	7	16	
3	,, ,,	,,	,,	,, ,,	8	2	
4	,, ,,	,,	,,	474 ,,	6		
5	,, ,,	,,	,,	512 ,,	5	21	
6	,, ,,	,,	,,	1009 ,,	3-4		
7	,, ,,	,,	,,	1009 ,,	5-6		
8	,, ,,	,,	,,	1038 ,,	1	24	
9	,, ,,	,,	,,	,, ,,	3	1	
1260	,, ,,	,,	,,	1087 ,,	4	4	
1	,, ,,	,,	,,	1102 ,,	1	15	
2	,, ,,	,,	,,	1484 ,,	6	21	
3	,, ,,	,,	,,	1502 ,,	11	24	
1264	,, ,,	,,	,,	1514 ,,	10	20	

(1) Aff. mont.

IV. DANS LA PROVINCE DU CHAN-SI 山西.

	P. CHAN-SI 山西	LATITUDE.	LONG. E. G.	ANNÉE.	M. SOL.	JOUR.	NOTE.
1265	V. Pao-té T*. 保德州	*39° 05'.*	*110° 49'.*	1102 ap. J.-C.	1	15	
6	,, ,,	,,	,,	1355 ,,	8	1	
7	,, ,,	,,	,,	1368 ,,	6	16	
8	,, ,,	,,	,,	1368 ,,	7	8	
9	,, ,,	,,	,,	1614 ,,	10	23	
1270	V. Ping-yang F. 平陽府	*36° 06'.*	*111° 33'.*	276 ,,	8	28	
1	,, ,,	,,	,,	649 ,,	9	12	
2	,, ,,	,,	,,	,, ,,	,,	14	
3	,, ,,	,,	,,	650 ,,	1	2	
4	,, ,,	,,	,,	,, ,,	5	6	
5	,, ,,	,,	,,	,, ,,	7	15	
6	,, ,,	,,	,,	,, ,,	,,	16	
7	,, ,,	,,	,,	651 ,,	11	19	
8	,, ,,	,,	,,	866 ,,	1-2		
9	,, ,,	,,	,,	867 ,,	2	14	
1280	,, ,,	,,	,,	883 ,,	Aut.		
1	,, ,,	,,	,,	996 ,,	11	2	
2	,, ,,	,,	,,	1102 ,,	1	15	
3	,, ,,	,,	,,	1207 ,,	12	15	
4	,, ,,	,,	,,	,, ,,	,,	17	
5	,, ,,	,,	,,	1291 ,,	8	25	Gr.
1286	,, ,,	,,	,,	1303 ,,	9	11	

	P. CHAN-SI 山西		LATITUDE.	LONG. E. G.	ANNÉE.	M. SOL.	JOUR.	NOTE.
1287	V. Ping-yang F. 平陽府		*36° 06'.*	*111° 33'.*	1303 ap. J.-C.	10		
8	,, ,,		,,	,,	1304 ,,	2-3		
9	,, ,,		,,	,,	1305 ,,	3		
1290	,, ,,		,,	,,	1306 ,,	3	8	
1	,, ,,		,,	,,	1316 ,,	10	6	
2	,, ,,		,,	,,	1502 ,,	10	17	
3	,, ,,		,,	,,	1514 ,,	10	20	
4	,, ,,		,,	,,	1542 ,,	11	4	
5	,, ,,		,,	,,	1556 ,,	1	23	
6	,, ,,		,,	,,	1614 ,,	10	23	
7	,, ,,		,,	,,	1695 ,,	5-6		
8	,, ,,	V. Hong-tong H. 洪洞縣	*36° 17'.*	*111° 42'.*	1485 ,,	1-2		
9	,, ,,	V. Yo-yang H. 岳陽縣	*36° 15'.*	*112° 06'.*	1580 ,,	9-10		
1300	,, ,,	V. Ki T. 吉 州	*36° 06'.*	*110° 35'.*	1561 ,,	7-8		
1	V. Ho T*. 霍 州		*36° 34'.*	*111° 43'.*	1352 ,,	2	27	
2	,, ,,		,,	,,	1352 ,,	11	13	(1)
3	,, ,,		,,	,,	1470 ,,			(2)
4	,, ,,		,,	,,	1555 ,,			
5	,, ,,	V. Tchao-tch'eng H. 趙城縣	*36° 23'.*	*111° 42'.*	1485 ,,	1-2		
6	,, ,,	V. Ling-che H. 靈石縣	*36° 53'.*	*110° 46'.*	1352 ,,	2	27	
7	V. P'ou-tcheou F. 蒲州府		*34° 54'.*	*110° 15'.*	440 ,,	7	4	
1308	,, ,,		,,	,,	576 ,,	12	10	

(1) (2) Aff. mont. Ho Chan 霍山.

	P. CHAN-SI 山西	LATITUDE.	LONG. E. G.	ANNÉE.	M. SOL.	JOUR.	NOTE.
1309	V. P'ou-tcheou F. 蒲州府	*34° 54'.*	*110° 15'.*	649 ap. J.-C.	9	12	
1310	,, ,,	,,	,,	,, ,,	,,	14	
1	,, ,,	,,	,,	650 ,,	1	2	
2	,, ,,	,,	,,	783 ,,	1	12	
3	,, ,,	,,	,,	793 ,,	5	27	
4	,, ,,	,,	,,	867 ,,	2	14	
5	,, ,,	,,	,,	895 ,,	4	11	
6	,, ,,	,,	,,	1100 ,,	3	31	
7	,, ,,	,,	,,	1102 ,,	1	15	
8	,, ,,	,,	,,	1126 ,,	5-6		
9	,, ,,	,,	,,	1485 ,,	1-2		Gr. Pl. jrs.
1320	,, ,,	,,	,,	1501 ,,	1	19	Pl. jrs.
1	,, ,,	,,	,,	,, ,,	,,	27	,,
2	,, ,,	,,	,,	,, ,,	3	5	
3	,, ,,	,,	,,	1505 ,,	10	16	
4	,, ,,	,,	,,	1556 ,,	1	23	
5	,, ,,	,,	,,	1558 ,,	6	6	
6	,, ,,	,,	,,	,, ,,	,,	23	
7	,, ,,	,,	,,	1568 ,,	4	1	
8	,, ,, V. Ling-tsing H. 臨晉縣	*35° 10'.*	*110° 36'.*	1556 ,,	1	23	Gr.
9	,, ,, V. Yong-ho H. 榮河縣	*35° 23'.*	*110° 25'.*	1501 ,,	1	19	
1330	,, ,, ,, ,,	,,	,,	1505 ,,	10	16	

	P. CHAN-SI 山西				LATITUDE.	LONG. E. G.	ANNÉE.	M. SOL.	JOUR.	NOTE.
1331	P'ou-tcheou F.	蒲州府	V. Y-che H.	猗氏縣	35° 11'.	110° 43'.	1505 ap. J.-C.	10	16	
2	,,	,,	,,	,,	,,	,,	1587 ,,	6-7		
3	,,	,,	,,	,,	,,	,,	1588 ,,	10-11		
4	V. Kiai T*.	解州			34° 59'.	110° 50'.	276 ,,	8	28	
5	,,	,,			,,	,,	314 ,,	1-2		
6	,,	,,			,,	,,	1505 ,,	10	16	
7	,,	,,	V. Ngan-y H.	安邑縣	35° 05'.	110° 58'.	1501 ,,	1	19	
8	,,	,,	,,	,,	,,	,,	1505 ,,	10	16	
9	,,	,,	,,	,,	,,	,,	1568 ,,	4	1	
1340	,,	,,	,,	,,	,,	,,	1642 ,,	8	11	
1	,,	,,	V. Hia H.	夏縣	35° 10'.	111° 12'.	1767 av. J.-C.			(1)
2	,,	,,	,,	,,	,,	,,	276 ap. J.-C.	8	28	
3	,,	,,	,,	,,	,,	,,	314 ,,	1-2		
4	,,	,,	,,	,,	,,	,,	1505 ,,	10	16	
5	,,	,,	V. P'ing-lou H.	平陸縣	34° 47'.	111° 03'.	1089 ,,	Pr.		
6	,,	,,	,,	,,	,,	,,	1505 ,,	10	16	
7	,,	,,	V. Joei-tch'eng H.	芮城縣	34° 50'.	110° 22'.	,, ,,	,,	,,	
8	V. Kiang T*.	絳州			35° 37'.	111° 29'.	712 ,,	2	15	
9	,,	,,			,,	,,	866 ,,	1-2		
1350	,,	,,			,,	,,	867 ,,	2	14	
1	,,	,,	V. Wen-hi H.	聞喜縣	35° 25'.	111° 03'.	1505 ,,	10	16	
1352	,,	,,	V. Kiang H.	絳縣	35° 29'.	111° 40'.	265 ,,	3-4		(2)

(1) Tremb. terre et aff. mont.

(2) Aff. mont. T'ai-hang Chan 太行山.

	P. CHAN-SI 山西				LATITUDE.	LONG. E. G.	ANNÉE.	M. SOL.	JOUR.	NOTE.
1353	Kiang T*.	絳州	V. Kiang H.	絳縣	35° 29'.	111° 40'.	500 ap. J.-C.	7	8	(1)
4	,,	,,	,,	,,	,,	,,	1505 ,,	10	16	
5	V. Che T*.	隰州			36° 40'.	110° 56'.	1102 ,,	1	15	
6	,,	,,	V. P'ou H.	蒲縣	36° 18'.	111° 06'.	1297 ,,	9	23	
7	,,	,,	,,	,,	,,	,,	,, ,,	10	20	
8	,,	,,	,,	,,	,,	,,	1505 ,,	10	16	
9	,,	,,	,,	,,	,,	,,	1568 ,,	4	1	
1360	V. Lou-ngan F.	潞安府			36° 07'.	113° 13'.	1102 ,,	1	15	
1	,,	,,			,,	,,	1302 ,,			
2	,,	,,			,,	,,	1316 ,,			
3	,,	,,			,,	,,	1502 ,,	10	17	
4	,,	,,			,,	,,	1555 ,,	3	5	
5	,,	,,			,,	,,	1556 ,,	1	23	
6	,,	,,			,,	,,	1580 ,,	10	4	
7	,,	,,			,,	,,	1613 ,,	11	3	
8	,,	,,			,,	,,	1668 ,,	7-8		
9	,,	,,			,,	,,	1682 ,,	11	4	
1370	,,	,,			,,	,,	1719 ,,			
1	,,	,,			,,	,,	1760 ,,	12	26	
2	,,	,,	V. Tch'ang-tse H.	長子縣	36° 05'.	112° 50'.	1701 ,,	4-5		
3	,,	,,	,,	,,	,,	,,	1737 ,,	9-10		
1374	,,	,,	V. T'oen-lieou H.	屯留縣	36° 15'.	112° 46'.	1497 ,,	6		

(1) Aff. mont. T'ai-yn Chan 太陰山.

	P. CHAN-SI 山西				LATITUDE.	LONG. E. G.	ANNÉE.	M. SOL.	JOUR.	NOTE.
1375	Lou-ngan F.	潞安府	V. Siang-yuen H.	襄垣縣	*36° 27'.*	*113° 06'.*	1645 ap. J.-C.	6	18	
6	,,	,,	,,	,,	,,	,,	,, ,,	8	20	
7	,,	,,	,,	,,	,,	,,	1646 ,,	10-11		
8	,,	,,	,,	,,	,,	,,	1648 ,,	9-10		
9	,,	,,	,,	,,	,,	,,	1678 ,,			
1380	,,	,,	,,	,,	,,	,,	1683 ,,	11-12		
1	V. Fen-tcheou F.	汾州府			*37° 19'.*	*111° 41'.*	712 ,,	2	15	
2	,,	,,			,,	,,	1102 ,,	1-2		
3	,,	,,			,,	,,	1303 ,,			
4	,,	,,			,,	,,	1304 ,,	2-3		
5	,,	,,			,,	,,	,, ,,	6-7		
6	,,	,,			,,	,,	1351 ,,	4-5		
7	,,	,,			,,	,,	1353 ,,	7-8		(1)
8	,,	,,			,,	,,	1354 ,,	4	24	
9	,,	,,			,,	,,	,, ,,	8	11	
1390	,,	,,			,,	,,	1556 ,,	1-2		
1	,,	,,			,,	,,	1653 ,,	3-4		
2	,,	,,			,,	,,	1679 ,,			
3	,,	,,			,,	,,	1830 ,,	5-6		
4	,,	,,	V. Hiao-y H.	孝義縣	*37° 10'.*	*111° 45'.*	1303 ,,			
5	,,	,,	,,	,,	,,	,,	1354 ,,	7	24	
1396	,,	,,	,,	,,	,,	,,	1366 ,,	8	7	

(1) Aff. mont. Pé-piao Chan 白彪山.

	P. CHAN-SI 山西				LATITUDE.	LONG. E. G.	ANNÉE.		M. SOL.	JOUR.	NOTE.
1397	Fen-tcheou F.	汾州府	V. Hiao-y H.	孝義縣	37° 10'.	111° 45'.	1368	ap. J.-C.	6	16	
8	,,	,,	,,	,,	,,	,,	1529	,,			
9	,,	,,	,,	,,	,,	,,	1545	,,			
1400	,,	,,	,,	,,	,,	,,	1680	,,	3		
1	,,	,,	,,	,,	,,	,,	,,	,,	5-6		
2	,,	,,	,,	,,	,,	,,	,,	,,	11-12		
3	,,	,,	,,	,,	,,	,,	1694	,,			
4	,,	,,	,,	,,	,,	,,	1695	,,			
5	,,	,,	V. P'ing-yao H.	平遙縣	37° 12'.	112° 08'.	1366	,,	8	7	
6	,,	,,	,,		,,	,,	1614	,,	10	23	
7	,,	,,	V. Kiai-hieou H.	介休縣	37° 05'.	111° 51'.	1354	,,	4	24	
8	,,	,,	,,	,,	,,	,,	1366	,,	7	9	
9	,,	,,	,,	,,	,,	,,	1368	,,	6	16	
1410	,,	,,	V. Che-leou H.	石樓縣	37° 05'.	110° 49'.	,,	,,	,,		
1	,,	,,	,,	,,	,,	,,	1473	,,	3-4		
2	,,	,,	,,	,,	,,	,,	,,	,,	7-8		
3	,,	,,	,,	,,	,,	,,	1368	,,	6	16	
4	,,	,,	V. Lin H.	臨縣	38° 05'.	110° 58'.	1366	,,	8	7	
5	,,	,,	,,	,,	,,	,,	1368	,,	6	16	
6	,,	,,	,,	,,	,,	,,	1368	,,	7	8	
7	,,	,,	V. Yong-ning T.	永寧州	37° 34'.	111° 04'.	1004	,,	12	17	
1418	,,	,,	,,	,,	,,	,,	,,	,,	,,	28	

	P. CHAN-SI 山西				LATITUDE.	LONG. E. G.	ANNÉE.	M. SOL.	JOUR.	NOTE.
1419	V. Fen-tcheou F.	汾州府	V. Yong-ning T.	永寧州	*37° 34'.*	*111° 04'.*	1005 ap. J.-C.	1	1	
1420	,,	,,	,,	,,	,,	,,	1366 ,,	8	7	
1	,,	,,	,,	,,	,,	,,	1568 ,,	5	27	(1)
2	Ts'in T*.	沁 州	V. Ou-hiang H.	武鄉縣	*36° 50'.*	*112° 50'.*	1563 ,,	9-10		
3	,,	,,	,,	,,	,,	,,	1583 ,,			(2)
4	,,	,,	,,	,,	,,	,,	1614 ,,	10	23	
5	V. Tché-tcheou F.	澤州府			*35° 30'.*	*112° 50'.*	275 ,,	9-10		
6	,,	,,			,,	,,	314 ,,	1-2		
7	,,	,,			,,	,,	576 ,,	12	10	
8	,,	,,			,,	,,	1125 ,,	6-7		
9	,,	,,			,,	,,	1303 ,,	9	13	
1430	,,	,,			,,	,,	1307 ,,	5	18	
1	,,	,,			,,	,,	1502 ,,	10	17	
2	,,	,,			,,	,,	1526 ,,	11	13	
3	,,	,,			,,	,,	1556 ,,	1-2		
4	,,	,,			,,	,,	,, ,,	Aut.		
5	,,	,,			,,	,,	1588 ,,	Pr.		
6	,,	,,			,,	,,	1695 ,,	5-6		
7	,,	,,			,,	,,	1813 ,,	5		
8	,,	,,			,,	,,	1815 ,,			
9	,,	,,			,,	,,	1830 ,,			
1440	,,	,,			,,	,,	1841 ,,			

(1) (2) Aff. mont.

	P. CHAN-SI 山西				LATITUDE.	LONG. E. G.	ANNÉE.		M. SOL.	JOUR.	NOTE.
1441	V. Tché-tcheou F.	澤州府			*35° 30'.*	*112° 50'.*	1862	ap. J.-C.	Hiv.		
2	,,	,,			,,	,,	1864	,,			
3	,,	,,	V. Kao-p'ing H.	高平縣	*35° 45'.*	*112° 43'.*	1125	,,	6-7		
4	,,	,,	,,	,,	,,	,,	1303	,,	9	13	
5	,,	,,	,,	,,	,,	,,	1307	,,	5	18	
6	,,	,,	,,	,,	,,	,,	1526	,,	11	13	
7	,,	,,	,,	,,	,,	,,	1585	,,	2	16	Gr.
8	,,	,,	,,	,,	,,	,,	,,	,,	4		
9	,,	,,	,,	,,	,,	,,	1615	,,	10-11		
1450	,,	,,	,,	,,	,,	,,	1651	,,	7-8		
1	,,	,,	V. Yang-tch'eng H.	陽城縣	*35° 26'.*	*112° 36'.*	1526	,,	11	13	
2	,,	,,	,,	,,	,,	,,	1649	,,	5-6		
3	,,	,,	V. Ling-tch'oan H.	陵川縣	*35° 42'.*	*113° 17'.*	1558	,,	3	16	
4	,,	,,	,,	,,	,,	,,	1587	,,	4	10	
5	,,	,,	,,	,,	,,	,,	1611	,,	3-4		
6	,,	,,	,,	,,	,,	,,	1649	,,	3	18	
7	,,	,,	,,	,,	,,	,,	1668	,,	7	25	
8	,,	,,	,,	,,	,,	,,	1695	,,	7-8		
9	,,	,,	,,	,,	,,	,,	1773	,,	9	15	
1460	,,	,,	,,	,,	,,	,,	1776	,,	1	1	
1	,,	,,	,,	,,	,,	,,	1830	,,			
1462	,,	,,	,,	,,	,,	,,	1851	,,			

	P. CHAN-SI 山西		LATITUDE.	LONG. E. G.	ANNÉE.	M. SOL.	JOUR.	NOTE.
1463	V. Liao T*.	遼州	*37° 03'.*	*113° 28'.*	1576 ap. J.-C.	3	16	
4	,,	,,	,,	,,	,, ,,	,,	17	
5	,,	,,	,,	,,	1597 ,,	10	6	
6	,,	,, V. Yu-ché H. 楡社縣	*37° 04'.*	*113° 01'.*	1351 ,,	4-5		
7	V. Ta-t'ong F.	大同府	*40° 06'.*	*113° 13'.*	183 ,,	6-7		(1)
8	,,	,,	,,	,,	419 ,,	3	15	
9	,,	,,	,,	,,	438 ,,	5	5	
1470	,,	,,	,,	,,	474 ,,	10	27	
1	,,	,,	,,	,,	477 ,,	5	6	
2	,,	,,	,,	,,	479 ,,	11		
3	,,	,,	,,	,,	480 ,,	6	7	
4	,,	,,	,,	,,	486 ,,	3	23	
5	,,	,,	,,	,,	,, ,,	,,	25	
6	,,	,,	,,	,,	,, ,,	5	10	
7	,,	,,	,,	,,	505 ,,	11	3	
8	,,	,,	,,	,,	511 ,,	6	26	
9	,,	,,	,,	,,	,, ,,	11	12	
1480	,,	,,	,,	,,	512 ,,	5	21	
1	,,	,,	,,	,,	1022 ,,	4-5		(2)
2	,,	,,	,,	,,	1305 ,,	5	3	Gr.
3	,,	,,	,,	,,	,, ,,	11	26	
1484	,,	,,	,,	,,	1316 ,,	10	6	

(1) Aff. mont.

(2) Tremb. terre, aff. mont. et perturb. riv.

	P. CHAN-SI 山西				LATITUDE.	LONG. E. G.	ANNÉE.	M. SOL.	JOUR.	NOTE.
1485	V. Ta-t'ong F.	大同府			40° 06'.	113° 13'.	1467 ap. J.-C.	6	9	
6	,,	,,			,,	,,	1514 ,,	10	20	
7	,,	,,			,,	,,	1561 ,,	8	4	
8	,,	,,			,,	,,	1581 ,,	5	18	
9	,,	,,			,,	,,	1582 ,,	2-3		
1490	,,	,,			,,	,,	1626 ,,	6	28	
1	,,	,,	V. Hoai-jen H.	懷仁縣	39° 54'.	113° 07'.	1305 ,,	5	3	Gr.
2	,,	,,	V. Chan-yn H.	山陰縣	39° 33'.	112° 58'.	1502 ,,	11	24	
3	,,	,,	,,	,,	,,	,,	1514 ,,	10	20	
4	,,	,,	,,	,,	,,	,,	1585 ,,	4	6	
5	,,	,,	V. Koang-ling H.	廣靈縣	38° 46'.	114° 21'.	1581 ,,	5-6		
6	,,	,,	V. Ling-k'ieou H.	靈邱縣	39° 28'.	114° 15'.	1626 ,,	6	28	Pl. jrs.
7	,,	,,	V. Hoen-yuen T.	渾源州	39° 41'.	113° 45'.	409 ,,	4		(1)
8	,,	,,	,,	,,	,,	,,	503 ,,	12	12	(2)
9	,,	,,	,,	,,	,,	,,	504 ,,	12	12	(3)
1500	,,	,,	V. Yng T.	應州	39° 39'.	113° 14'.	1022 ,,	4-5		
1	,,	,,	,,	,,	,,	,,	1502 ,,	11	24	
2	,,	,,	,,	,,	,,	,,	1514 ,,	10	20	
3	V. Cho-p'ing F.	朔平府			40° 10'.	112° 13'.	1580 ,,	9	5	Gr.
4	,,	,,	V. Cho T.	朔州	39° 25'.	112° 27'.	512 ,,	5	21	
5	,,	,,	,,	,,	,,	,,	1467 ,,	6		
6	,,	,,	,,	,,	,,	,,	1502 ,,	11	24	
1507	,,	,,	,,	,,	,,	,,	1514 ,,	10	20	

(1) (2) (3) Aff. mont. Heng Chan 桓山, signalé à ces trois dates dans les documents.

V. TREMBLEMENTS DE TERRE DANS LA PROVINCE DU HO-NAN 河南.

	P. HO-NAN 河南	LATITUDE.	LONG. E. G.	ANNÉE.	M. SOL.	JOUR.	NOTE.
1508	V. Ho-nan F. 河南府	34° 43'.	112° 28'.	46 ap. J.-C.	10	23	
9	,, ,, et dans d'autres provinces de l'empire	,,	,,	92 ,,	8	10	
1510	,, ,, ,, ,,	,,	,,	95 ,,	11	10	
1	,, ,, ,, ,,	,,	,,	107 ,,			
2	,, ,, ,, ,,	,,	,,	108 ,,			
3	,, ,, ,, ,,	,,	,,	110 ,,	1	13	
4	,, ,, ,, ,,	,,	,,	,, ,,	4	15	
5	,, ,, ,, ,,	,,	,,	111 ,,	2	2	
6	,, ,, ,, ,,	,,	,,	113 ,,	2	6	
7	,, ,, ,, ,,	,,	,,	,, ,,	3		
8	,, ,, ,, ,,	,,	,,	114 ,,			
9	,, ,, ,, ,,	,,	,,	115 ,,	7	11	
1520	,, ,, ,, ,,	,,	,,	,, ,,	12	12	
1	,, ,, ,, ,,	,,	,,	116 ,,	3		
2	,, ,, ,, ,,	,,	,,	117 ,,	1	18	
3	,, ,, ,, ,,	,,	,,	,, ,,			
4	,, ,, ,, ,,	,,	,,	118 ,,			
5	,, ,, ,, ,,	,,	,,	119 ,,	3	11	
6	,, ,, ,, ,,	,,	,,	120 ,,	1		
7	,, ,, ,, ,,	,,	,,	,, ,,			
8	,, ,, ,, ,,	,,	,,	121 ,,	10	10	
1529	,, ,, ,, ,,	,,	,,	121 ,,	12	9	

	P. HO-NAN 河南	LATITUDE.	LONG. E. G.	ANNÉE.	M. SOL.	JOUR.	NOTE.
1530	V. Ho-nan F. 河南府 et dans d'autres provinces de l'empire	34° 43'.	112° 28'.	122 ap. J.-C.	8	20	
1	,, ,, ,, ,,	,,	,,	,, ,,	10-11		
2	,, ,, ,, ,,	,,	,,	123 ,,			
3	,, ,, ,, ,,	,,	,,	124 ,,			
4	,, ,, ,, ,,	,,	,,	125 ,,	11-12		
5	,, ,,	,,	,,	128 ,,	2	23	
6	,, ,,	,,	,,	133 ,,	6	19	
7	,, ,,	,,	,,	136 ,,	2	19	
8	,, ,,	,,	,,	137 ,,	5	26	
9	,, ,,	,,	,,	,, ,,	12	23	
1540	,, ,,	,,	,,	138 ,,	3	1	
1	,, ,,	,,	,,	,, ,,	6	3	
2	,, ,,	,,	,,	139 ,,	4	25	
3	,, ,,	,,	,,	140 ,,	3	23	
4	,, ,,	,,	,,	144 ,,	2-3		
5	,, ,,	,,	,,	,, ,,	10	26	
6	,, ,,	,,	,,	147 ,,	5	28	
7	,, ,,	,,	,,	,, ,,	11	1	
8	,, ,,	,,	,,	149 ,,			(1)
9	,, ,,	,,	,,	149 ,,	11	2	
1550	,, ,,	,,	,,	,, ,,	,,	13	
1551	,, ,,	,,	,,	151 ,,	12	24	

(1) Aff. mont.

	P. HO-NAN 河南		LATITUDE.	LONG. E. G.	ANNÉE.	M. SOL.	JOUR.	NOTE.
1552	V. Ho-nan F.	河南府	*34° 43'.*	*112° 28'.*	152 ap. J.-C.	1	28	
3	,,	,,	,,	,,	,, ,,	12	12	
4	,,	,,	,,	,,	154 ,,	3	5	
5	,,	,,	,,	,,	157 ,,	1		
6	,,	,,	,,	,,	162 ,,	6	23	
7	,,	,,	,,	,,	165 ,,	11	6	
8	,,	,,	,,	,,	171 ,,	4	5	
9	,,	,,	,,	,,	177 ,,	11-12		
1560	,,	,,	,,	,,	178 ,,	3	15	
1	,,	,,	,,	,,	,, ,,	,,	27	
2	,,	,,	,,	,,	,, ,,	5	11	
3	,,	,,	,,	,,	234 ,,	12		
4	,,	,,	,,	,,	237 ,,	6	22	
5	,,	,,	,,	,,	269 ,,	5	18	
6	,,	,,	,,	,,	271 ,,	8	11	
7	,,	,,	,,	,,	276 ,,	8	28	
8	,,	,,	,,	,,	284 ,,	3	31	
9	,,	,,	,,	,,	288 ,,	5	9	
1570	,,	,,	,,	,,	290 ,,	1-2		
1	,,	,,	,,	,,	292 ,,	1	18	
2	,,	,,	,,	,,	294 ,,	11-12		
1573	,,	,,	,,	,,	295 ,,	1-2		

	P. HO-NAN 河南		LATITUDE.	LONG. E. G.	ANNÉE.	M. SOL.	JOUR.	NOTE.
1574	V. Ho-nan F.	河南府	34° 43'.	112° 28'.	295 ap. J.-C.	6		
5	,,	,,	,,	,,	296 ,,	3	13	
6	,,	,,	,,	,,	298 ,,	2	10	
7	,,	,,	,,	,,	302 ,,	11-12		
8	,,	,,	,,	,,	303 ,,	1-2		
9	,,	,,	,,	,,	304 ,,	1	10	
1580	,,	,,	,,	,,	314 ,,	5	5	
1	,,	,,	,,	,,	351 ,,	10-11		
2	,,	,,	,,	,,	356 ,,	12		
3	,,	,,	,,	,,	499 ,,	6-7		
4	,,	,,	,,	,,	504 ,,	5	3	
5	,,	,,	,,	,,	,, ,,	7	27	
6	,,	,,	,,	,,	512 ,,	5	20	
7	,,	,,	,,	,,	513 ,,	1	7	
8	,,	,,	,,	,,	516 ,,	1	15	
9	,,	,,	,,	,,	,, ,,	,,	18	
1590	,,	,,	,,	,,	688 ,,	9	12	
1	,,	,,	,,	,,	737 ,,	1	1	
2	,,	,,	,,	,,	788 ,,	1	12	
3	,,	,,	,,	,,	924 ,,	12	21	
4	,,	,,	,,	,,	925 ,,	10-11		
1595	,,	,,	,,	,,	927 ,,	11	2	

	P. HO-NAN 河南				LATITUDE.	LONG. E. G.	ANNÉE.	M. SOL.	JOUR.	NOTE.
1596	V. Ho-nan F.	河南府			*34° 43'.*	*112° 28'.*	927 ap. J.-C.	12	20	
7	,,	,,			,,	,,	,, ,,	,,	21	
8	,,	,,			,,	,,	928 ,,	1	1	
9	,,	,,			,,	,,	931 ,,	8	12	
1600	,,	,,			,,	,,	1019 ,,	3	16	
1	,,	,,			,,	,,	1095 ,,	11	28	
2	,,	,,			,,	,,	1316 ,,	10	29	
3	,,	,,			,,	,,	1337 ,,	9	10	
4	,,	,,			,,	,,	1470 ,,	2	8	
5	,,	,,			,,	,,	1638 ,,	10	23	
6	,,	,,			,,	,,	1640 ,,	4-5		
7	,,	,,			,,	,,	1664 ,,	9-10		
8	,,	,,			,,	,,	1668 ,,			
9	,,	,,	V. Yen-che H.	偃師縣	*34° 45'.*	*112° 43'.*	116 ,,	7-8		
1610	,,	,,	V. Kong H.	鞏　縣	*34° 53'.*	*113° 06'.*	1366 ,,	8-9		(1)
1	,,	,,	V. Mong-tsin H.	孟津縣	*34° 52'.*	*112° 38'.*	230 av. J.-C.			
2	,,	,,	,,	,,	,,	,,	1606 ap. J.-C.	3	20	
3	,,	,,	V. Y-yang H.	宜陽縣	*34° 31'.*	*112° 10'.*	1662 ,,			
4	,,	,,	V. Teng-fong H.	登封縣	*34° 30'.*	*114° 23'.*	1695 ,,	5	18	
5	,,	,,	V. Yong-ning H.	永寧縣	*34° 22'.*	*111° 43'.*	1501 ,,	1	19	
6	V. K'ai-fong F.	開封府			*34° 52'.*	*114° 33'.*	908 ,,	5	16	
1617	,,	,,			,,	,,	909 ,,	4-5		

(1) Tremb. terre et aff. mont.

	P. HO-NAN 河南		LATITUDE.	LONG. E. G.	ANNÉE.	M. SOL.	JOUR.	NOTE.
1618	V. K'ai-fong F.	開封府	*34° 52'.*	*114° 33'.*	964 ap. J.-C.			
9	,,	,,	,,	,,	967 ,,			
1620	,,	,,	,,	,,	1004 ,,	2	4	
1	,,	,,	,,	,,	,, ,,	2	11	
2	,,	,,	,,	,,	,, ,,	,,	15	
3	,,	,,	,,	,,	,, ,,	12	16	
4	,,	,,	,,	,,	1029 ,,	11	29	
5	,,	,,	,,	,,	1038 ,,	12	30	
6	,,	,,	,,	,,	1046 ,,	6	11	
7	,,	,,	,,	,,	1060 ,,	6	2	
8	,,	,,	,,	,,	1067 ,,	10	4	
9	,,	,,	,,	,,	1068 ,,	8	14	
1630	,,	,,	,,	,,	,, ,,	,,	15	
1	,,	,,	,,	,,	,, ,,	,,	21	
2	,,	,,	,,	,,	,, ,,	9	1	
3	,,	,,	,,	,,	,, ,,	,,	3	
4	,,	,,	,,	,,	,, ,,	12	23	
5	,,	,,	,,	,,	1085 ,,	6	8	
6	,,	,,	,,	,,	1097 ,,	8-9		
7	,,	,,	,,	,,	1098 ,,	8	25	
8	,,	,,	,,	,,	1124 ,,	1-2		Pl. jrs.
1639	,,	,,	,,	,,	1227 ,,	7	23	

	P. HO-NAN 河南	LATITUDE.	LONG. E. G.	ANNÉE.	M. SOL.	JOUR.	NOTE.
1640	V. K'ai-fong F. 開封府	*34° 52'.*	*114° 33'.*	1314 ap. J.-C.	10	5	
1	,, ,,	,,	,,	1341 ,,	3	29	
2	,, ,,	,,	,,	1404 ,,	12	17	
3	,, ,,	,,	,,	1493 ,,	4	25	
4	,, ,,	,,	,,	1502 ,,	10	17	
5	,, ,,	,,	,,	1520 ,,	8	22	
6	,, ,,	,,	,,	1525 ,,	9	3	
7	,, ,,	,,	,,	1587 ,,	4	10	
8	,, ,,	,,	,,	1614 ,,	10	23	
9	,, ,,	,,	,,	1626 ,,	8	17	
1650	,, ,,	,,	,,	1667 ,,	7-8		
1	,, ,,	,,	,,	1668 ,,	7-8		
2	,, ,,	,,	,,	1679 ,,	8-9		
3	,, ,, V. K'i H 杞縣	*34° 42'.*	*114° 55'.*	1524 ,,	2	4	
4	,, ,, ,, ,,	,,	,,	,, ,,	,,	5	
5	,, ,, ,, ,,	,,	,,	1525 ,,	8-9		
6	,, ,, ,, ,,	,,	,,	1528 ,,	1-2		
7	,, ,, ,, ,,	,,	,,	1539 ,,	10-11		
8	,, ,, ,, ,,	,,	,,	1551 ,,	11-12		
9	,, ,, ,, ,,	,,	,,	1556 ,,	2-3		
1660	,, ,, ,, ,,	,,	,,	1557 ,,	1-2		
1661	,, ,, ,, ,,	,,	,,	1587 ,,	4	10	

	P. HO-NAN 河南				LATITUDE.	LONG. E. G.	ANNÉE.	M. SOL.	JOUR.	NOTE.
1662	V. K'ai-fong F.	開封府	V. K'i H.	杞 縣	34° 42'.	114° 55'.	1594 ap. J.-C.	3-4		
3	,,	,,	,,	,,	,,	,,	1610 ,,	3-4		
4	,,	,,	,,	,,	,,	,,	1622 ,,	3	18	
5	,,	,,	,,	,,	,,	,,	1654 ,,	9-10		
6	,,	,,	,,	,,	,,	,,	1662 ,,	7-8		
7	,,	,,	,,	,,	,,	,,	1668 ,,	7-8		
8	,,	,,	,,	,,	,,	,,	1683 ,,	11-12		
9	,,	,,	,,	,,	,,	,,	1780 ,,	7		
1670	,,	,,	,,	,,	,,	,,	1785 ,,	Ét.		
1	,,	,,	V. Wei-che H.	尉氏縣 &c.	34° 30'.	114° 23'.	70 av. J.-C.	6	1 (1)	
2	,,	,,	,,	,,	,,	,,	149 ap. J.-C.	11	2	
3	,,	,,	,,	,,	,,	,,	,, ,,	,,	13	
4	,,	,,	,,	,,	,,	,,	151 ,,	12	24	
5	,,	,,	,,	,,	,,	,,	152 ,,	1	28	
6	,,	,,	,,	,,	,,	,,	276 ,,	8	28	
7	,,	,,	,,	,,	,,	,,	288 ,,	5	9	
8	,,	,,	,,	,,	,,	,,	294 ,,	12		
9	,,	,,	,,	,,	,,	,,	1093 ,,	11-12		
1680	,,	,,	,,	,,	,,	,,	1067 ,,	10	4	
1	,,	,,	,,	,,	,,	,,	1068 ,,	8	14	
2	,,	,,	,,	,,	,,	,,	,, ,,	,,	15	
1683	,,	,,	,,	,,	,,	,,	,, ,,	,,	21	

(1) Styl. jul. Juin. 3.

	P. HO-NAN 河南				LATITUDE.	LONG. E. G.	ANNÉE.		M. SOL.	JOUR.	NOTE.
1684	K'ai-fong F.	開封府	V. Wei-che H.	尉氏縣	*34° 30'.*	*114° 23'.*	1068	ap. J.-C.	9	1	
5	,,	,,	,,	,,	,,	,,	,,	,,	,,	3	
6	,,	,,	,,	,,	,,	,,	,,	,,	12	23	
7	,,	,,	,,	,,	,,	,,	1097	,,	8-9		
8	,,	,,	,,	,,	,,	,,	1227	,,	7	23	
9	,,	,,	,,	,,	,,	,,	1314	,,	3-4		
1690	,,	,,	,,	,,	,,	,,	1343	,,	2-3		
1	,,	,,	,,	,,	,,	,,	1522	,,	1	28	Gr.
2	,,	,,	,,	,,	,,	,,	1524	,,	2	4	
3	,,	,,	,,	,,	,,	,,	,,	,,	,,	5	
4	,,	,,	,,	,,	,,	,,	1525	,,	8-9		
5	,,	,,	,,	,,	,,	,,	1528	,,	1-2		
6	,,	,,	,,	,,	,,	,,	1536	,,	3	24	
7	,,	,,	,,	,,	,,	,,	1539	,,	10-11		
8	,,	,,	,,	,,	,,	,,	1551	,,	11-12		
9	,,	,,	,,	,,	,,	,,	1555	,,	11-12		
1700	,,	,,	,,	,,	,,	,,	1556	,,	2-3		
1	,,	,,	,,	,,	,,	,,	1557	,,	1-2		
2	,,	,,	,,	,,	,,	,,	1587	,,	4	10	
3	,,	,,	,,	,,	,,	,,	1594	,,	3-4		
4	,,	,,	,,	,,	,,	,,	1610	,,	3-4		
1705	,,	,,	,,	,,	,,	,,	1622	,,	3	18	

	P. HO-NAN 河南				LATITUDE.	LONG. E. G.	ANNÉE.	M. SOL.	JOUR.	NOTE.
1706	K'ai-fong F.	開封府	V. Wei-che H.	尉氏縣	*34° 30'.*	*114° 23'.*	1654 ap. J.-C.	9-10		
7	,,	,,	,,	,,	,,	,,	1668 ,,	7	25	Gr.
8	,,	,,	,,	,,	,,	,,	1678 ,,	4	5	
9	,,	,,	,,	,,	,,	,,	1679 ,,	8-9		
1710	,,	,,	,,	,,	,,	,,	1683 ,,	11	22	
1	,,	,,	,,	,,	,,	,,	1695 ,,	5	18	
2	,,	,,	,,	,,	,,	,,	1782 ,,	5-6		
3	,,	,,	,,	,,	,,	,,	1802 ,,	1	29	
4	,,	,,	,,	,,	,,	,,	1817 ,,	4-5		
5	,,	,,	V. Wei-tch'oan H.	洧川縣	*34° 18'.*	*114° 05'.*	1678 ,,	4	5	
6	,,	,,	V. Tchong-meou H.	中牟縣	*34° 43'.*	*114° 11'.*	1314 ,,	3-4		
7	,,	,,	,,	,,	,,	,,	1502 ,,			
8	,,	,,	,,	,,	,,	,,	1522 ,,	1	28	
9	,,	,,	,,	,,	,,	,,	1524 ,,	2	4	
1720	,,	,,	,,	,,	,,	,,	1525 ,,	9	3	
1	,,	,,	,,	,,	,,	,,	1587 ,,	3	11	
2	,,	,,	,,	,,	,,	,,	1668 ,,	8-9		
3	,,	,,	,,	,,	,,	,,	1709 ,,	10	14	
4	,,	,,	,,	,,	,,	,,	1722 ,,	5	3	
5	,,	,,	,,	,,	,,	,,	1830 ,,	3-4		
6	,,	,,	V. Yong-yang H.	滎陽縣	*34° 53'.*	*113° 35'.*	294 ,,	12		
1727	,,	,,	,,	,,	,,	,,	1668 ,,	7-8		

	P. HO-NAN 河南				LATITUDE.	LONG. E. G.	ANNÉE.	M. SOL.	JOUR.	NOTE.
1728	K'ai-fong F.	開封府	V. Mi H.	密　縣	34° 34'.	113° 27'.	1343 ap. J.-C.	2-3		
9	,,	,,	V. Sin-tcheng H.	新鄭縣	34° 26'.	113° 56'.	,, ,,	,,		
1730	,,	,,	V. Yu T.	禹　州	34° 15'.	113° 35'.	1343 ,,	2-3		
1	,,	,,	,,	,,	,,	,,	1465 ,,	5	2	Pl. jrs.
2	Tch'en-tcheou F.	陳州府	V. Hiang-tch'eng H.	項城縣	33° 20'.	114° 53'.	1662 ,,	9-10		
3	,,	,,	V. T'ai-k'ang H.	太康縣	34° 07'.	114° 54'.	,, ,,	10-11		
4	V. Hiu T*.	許　州			34° 06'.	114°	1047 ,,	11	14	
5	,,	,,	V. Siang-tch'eng H.	襄城縣	33° 52'.	113° 36'.	294 ,,	12		
6	V. Koei-té F.	歸德府			34° 28'.	115° 51'.	294 ,,	12		
7	,,	,,			,,	,,	603 ,,			(1)
8	,,	,,			,,	,,	842 ,,	3	13	
9	,,	,,	V. Yu-tch'eng H.	虞城縣	34° 38'.	116° 09'.	466 av. J.-C.			
1740	,,	,,	V. K'ao-tch'eng H.	考城縣	34° 47'.	110° 26'.	1502 ap. J.-C.			
1	,,	,,	,,	,,	,,	,,	1688 ,,	7-8		
2	V. Tchang-té F.	彰德府			36° 07'.	114° 30'.	512 ,,	5	20	
3	,,	,,			,,	,,	1502 ,,	10	17	
4	,,	,,			,,	,,	1587 ,,	4	10	
5	,,	,,	V. Lin-tchang H.	臨漳縣	36° 30'.	114° 46'.	243 ,,	1-2		
6	,,	,,	V. Ou-ngan H.	武安縣	36° 46'.	114° 24'.	1314 ,,	10	5	
7	,,	,,	V. Ché H.	涉　縣	36° 42'.	113° 48'.	,, ,,	,,	,,	
8	V. Wei-hoei F.	衛輝府			35° 28'.	114° 16'.	1493 ,,	4	25	
1749	,,	,,			,,	,,	1587 ,,	4	10	

(1) Aff. mont.

	P. HO-NAN 河南				LATITUDE.	LONG. E. G.	ANNÉE.	M. SOL.	JOUR.	NOTE.
1750	V. Wei-hoei F.	衞輝府			*35° 28'.*	*114° 16'.*	1668 ap. J.-C.	7-8		
1	,,	,,	V. Sin-hiang H.	新鄉縣	*35° 22'.*	*114° 04'.*	1679 ,,	8-9		
2	,,	,,	V. Houo-kia H.	獲嘉縣	*35° 20'.*	*113° 47'.*	1677 ,,	4-5		
3	,,	,,	V. K'i H.	淇　縣	*35° 38'.*	*114° 21'.*	1679 ,,	8-9		
4	V. Hoai-k'ing F.	懷慶府			*35° 07'.*	*113°*	1351 ,,	4-5		
5	,,	,,			,,	,,	1525 ,,	9	3	
6	,,	,,			,,	,,	1568 ,,	4	30	
7	,,	,,			,,	,,	1587 ,,	4	10	
8	,,	,,			,,	,,	1679 ,,	8-9		
9	,,	,,	V. Ts'i-yuen H.	濟源縣	*35° 07'.*	*112° 39'.*	1089 ,,			
1760	,,	,,	,,	,,	,,	,,	1667 ,,	2	20	
1	,,	,,	,,	,,	,,	,,	1668 ,,	7-8		
2	,,	,,	,,	,,	,,	,,	1679 ,,	9	2	
3	,,	,,	,,	,,	,,	,,	1684 ,,	8-9		
4	,,	,,	,,	,,	,,	,,	1695 ,,	5	18	
5	,,	,,	,,	,,	,,	,,	1805 ,,	8	27	
6	,,	,,	,,	,,	,,	,,	1806 ,,	6	13	
7	,,	,,	V. Sieou-ou H.	修武縣	*35° 16'.*	*113° 38'.*	1351 ,,	4-5		
8	,,	,,	,,	,,	,,	,,	1555 ,,			
9	,,	,,	,,	,,	,,	,,	1587 ,,			
1770	,,	,,	,,	,,	,,	,,	1668 ,,	7	24	
1771	,,	,,	,,	,,	,,	,,	1684 ,,	11-12		

	P. HO-NAN 河南				LATITUDE.	LONG. E. G.	ANNÉE.	M. SOL.	JOUR.	NOTE.
1772	Hoai-k'ing F.	懷慶府	V. Sieou-ou H.	修武縣	*35° 16'.*	*113° 38'.*	1722 ap. J.-C.	5	3	
3	,,	,,	,,	,,	,,	,,	1737 ,,	10	13	
4	,,	,,	,,	,,	,,	,,	1815 ,,	10	22	
5	,,	,,	,,	,,	,,	,,	1830 ,,	6	12	
6	,,	,,	,,	,,	,,	,,	,, ,,	,,	13	
7	,,	,,	V. Ou-ché H.	武陟縣	*35° 07'.*	*113° 31'.*	1331 ,,	6	5	
8	,,	,,	,,	,,	,,	,,	1678 ,,	7-8		
9	,,	,,	V. Mong H.	孟 縣	*34° 55'.*	*112° 50'.*	1047 ,,	11	14	
1780	,,	,,	,,	,,	,,	,,	1351 ,,	5	14	
1	,,	,,	,,	,,	,,	,,	1556 ,,	1		
2	,,	,,	,,	,,	,,	,,	1587 ,,	4-5		
3	,,	,,	,,	,,	,,	,,	1666 ,,	10-11		
4	,,	,,	,,	,,	,,	,,	1695 ,,	5	18	
5	,,	,,	,,	,,	,,	,,	,, ,,	12	18	Lég.
6	V. Chen T*.	陝 州			*34° 45'.*	*111° 03'.*	1327 ,,	8-9		
7	,,	,,			,,	,,	1665 ,,	4-5		
8	,,	,,			,,	,,	1676 ,,	7-8		
9	,,	,,	V. Ling-pao H.	靈寶縣	*34° 42'.*	*110° 50'.*	999 ,,	8	23	(1)
1790	,,	,,	V. Lou-che H.	盧氏縣	*34° 01'.*	*110° 56'.*	1501 ,,	1	19	
1	V. Nan-yang F.	南陽府 &c.			*33° 06'.*	*112° 34'.*	46 ,,	10	23	
2	,,	,,			,,	,,	294 ,,	12		
1793	,,	,,			,,	,,	1511 ,,	Hiv.		

(1) Aff. mont.

	P. HO-NAN 河南				LATITUDE.	LONG. E. G.	ANNÉE.	M. SOL.	JOUR.	NOTE.
1794	V. Ngan-yang F.	南陽府			*33° 06'.*	*112° 34'.*	1522 ap. J.-C.	1-2		
5	,,	,,			,,	,,	1547 ,,	1		
6	,,	,,			,,	,,	1556 ,,	1		
7	,,	,,			,,	,,	1558 ,,	7-8		
8	,,	,,			,,	,,	1568 ,,	4	30	
9	,,	,,			,,	,,	1575 ,,	6	8	
1800	,,	,,			,,	,,	1660 ,,	6	8	Gr.
1	,,	,,			,,	,,	1668 ,,	7-8		
2	,,	,,	V. Sin-yé H.	新野縣	*32° 40'.*	*112° 05'.*	1521 ,,	2	7	
3	,,	,,	,,	,,	,,	,,	1558 ,,	4		
4	,,	,,	,,	,,	,,	,,	1668 ,,	7-8		
5	,,	,,	V. Ou-yang H.	舞陽縣	*33° 32'.*	*113° 38'.*	1522 ,,	1-2		
6	,,	,,	,,	,,	,,	,,	1545 ,,	3	24	Gr.
7	,,	,,	,,	,,	,,	,,	1668 ,,	7	25	
8	,,	,,	,,	,,	,,	,,	,, ,,	10	16	
9	,,	,,	,,	,,	,,	,,	1787 ,,	1-2		
1810	,,	,,	,,	,,	,,	,,	1830 ,,	6	12	
1	V. Jou-ning F.	汝寧府			*33° 01'.*	*114° 21'.*	372 ,,	11	23	
2	,,	,,			,,	,,	1470 ,,	1	8	
3	,,	,,			,,	,,	1568 ,,	4	30	
4	,,	,,			,,	,,	1652 ,,			
1815	,,	,,			,,	,,	1653 ,,	2	12	

	P. HO-NAN 河南				LATITUDE.	LONG. E. G.	ANNÉE.		M. SOL.	JOUR.	NOTE.
1816	V. Jou-ning F.	汝寧府			*33° 01'.*	*114° 21'.*	1654	ap. J.-C.	Hiv.		
7	,,	,,			,,	,,	1668	,,	7-8		
8	,,	,,	V. Si-p'ing H.	西平縣	*33° 37'.*	*114° 08'.*	318	,,	5	25	
9	,,	,,	V. Sin-yang T.	信陽州	*32° 12'.*	*114°*	1575	,,	6	8	
1820	V. Koang T*.	光州			*32° 13'.*	*115°*	294	,,	12		
1	,,	,,			,,	,,	495	,,	3	31	
2	,,	,,	V. Chang-tch'eng H.	商城縣	*31° 56'.*	*115° 18'.*	1652	,,	3	24	
3	,,	,,	,,	,,	,,	,,	,,	,,	,,	25	
4	,,	,,	,,	,,	,,	,,	1654	,,	11-12		
5	,,	,,	,,	,,	,,	,,	1668	,,	6	9	Gr.
1826	,,	,,	,,	,,	,,	,,	1669	,,	6	30	

VI. TREMBLEMENTS DE TERRE DANS LA PROVINCE DU KIANG-SOU 江蘇.

	P. KIANG-SOU 江蘇		LATITUDE.	LONG. E. G.	ANNÉE.		M. SOL.	JOUR.	NOTE.
1827	V. Kiang-ning F.	江寧府	*32° 05'.*	*118° 47'.*	225	ap. J.-C.	8-9		Pl. jrs.
8	,,	,,	,,	,,	237	,,	6	24	
9	,,	,,	,,	,,	239	,,	2	21	
1830	,,	,,	,,	,,	,,	,,	3	19	
1	,,	,,	,,	,,	248	,,	3-4		Pl. jrs.
2	,,	,,	,,	,,	281	,,	3	15	
3	,,	,,	,,	,,	287	,,	8-9		
4	,,	,,	,,	,,	288	,,	2-3		
5	,,	,,	,,	,,	290	,,	1	11	
6	,,	,,	,,	,,	320	,,	7	18	
7	,,	,,	,,	,,	345	,,	8	9	
8	,,	,,	,,	,,	346	,,	11		
9	,,	,,	,,	,,	347	,,	1		
1840	,,	,,	,,	,,	347	,,	2	17	
1	,,	,,	,,	,,	,,	,,	5		
2	,,	,,	,,	,,	,,	,,	10		
3	,,	,,	,,	,,	348	,,	11	17	
4	,,	,,	,,	,,	349	,,	2	16	
5	,,	,,	,,	,,	353	,,	9	30	
6	,,	,,	,,	,,	354	,,	2	27	
7	,,	,,	,,	,,	355	,,	5	11	
1848	,,	,,	,,	,,	,,	,,	6	2	

	P. KIANG-SOU 江蘇		LATITUDE.	LONG. E. G.	ANNÉE.		M. SOL.	JOUR.	NOTE.
1849	V. Kiang-ning F.	江寧府	*32° 05'.*	*118° 47'.*	358	ap. J.-C.	12		
1850	,,	,,	,,	,,	363	,,	5	21	
1	,,	,,	,,	,,	373	,,	11	18	
2	,,	,,	,,	,,	374	,,	3	4	
3	,,	,,	,,	,,	376	,,	6	17	
4	,,	,,	,,	,,	377	,,	5	12	
5	,,	,,	,,	,,	,,	,,	7	6	
6	,,	,,	,,	,,	386	,,	7	21	
7	,,	,,	,,	,,	390	,,	4	1	
8	,,	,,	,,	,,	390	,,	9	8	
9	,,	,,	,,	,,	391	,,	2	5	
1860	,,	,,	,,	,,	392	,,	7	13	
1	,,	,,	,,	,,	393	,,	1	25	
2	,,	,,	,,	,,	,,	,,	,,	29	
3	,,	,,	,,	,,	,,	,,	3	2	
4	,,	,,	,,	,,	400	,,	5	24	
5	,,	,,	,,	,,	,,	,,	10	9	
6	,,	,,	,,	,,	408	,,	2	29	
7	,,	,,	,,	,,	,,	,,	11	6	
8	,,	,,	,,	,,	414	,,	4	24	
9	,,	,,	,,	,,	421	,,	9	5	
1870	,,	,,	,,	,,	430	,,	5	8	

	P. KIANG-SOU 江蘇		LATITUDE.	LONG. E. G.	ANNÉE.	M. SOL.	JOUR.	NOTE.
1871	V. Kiang-ning F.	江寧府	*32° 05'.*	*118° 47'.*	435 ap. J.-C.	6	11	
2	,,	,,	,,	,,	438 ,,	8	9	
3	,,	,,	,,	,,	458 ,,	5	26	
4	,,	,,	,,	,,	462 ,,	8	16	
5	,,	,,	,,	,,	477 ,,	6	22	
6	,,	,,	,,	,,	495 ,,	3	27	
7	,,	,,	,,	,,	499 ,,	7-8		Pl. jrs.
8	,,	,,	,,	,,	,, ,,	11	7	
9	,,	,,	,,	,,	506 ,,	12	3	
1880	,,	,,	,,	,,	522 ,,	2	28	
1	,,	,,	,,	,,	526 ,,	1	20	
2	,,	,,	,,	,,	533 ,,	3	2	
3	,,	,,	,,	,,	536 ,,	12	12	
4	,,	,,	,,	,,	537 ,,	12	12	
5	,,	,,	,,	,,	539 ,,	10-11		
6	,,	,,	,,	,,	541 ,,	3	25	
7	,,	,,	,,	,,	543 ,,	2	24	
8	,,	,,	,,	,,	545 ,,	1-2		
9	,,	,,	,,	,,	548 ,,	10	27	
1890	,,	,,	,,	,,	549 ,,	5	16	
1	,,	,,	,,	,,	,, ,,	,,	23	
1892	,,	,,	,,	,,	,, ,,	11	30	

	P. KIANG-SOU 江蘇		LATITUDE.	LONG. E. G.	ANNÉE.		M. SOL.	JOUR.	NOTE.
1893	V. Kiang-ning F.	江寧府	32° 05'.	118° 47'.	558	ap. J.-C.	6	4	
4	,,	,,	,,	,,	572	,,	11	21	
5	,,	,,	,,	,,	587	,,	3	4	
6	,,	,,	,,	,,	1372	,,	8	16	
7	,,	,,	,,	,,	1375	,,	8	7	
8	,,	,,	,,	,,	,,	,,	12	25	
9	,,	,,	,,	,,	1399	,,	4	29	
1900	,,	,,	,,	,,	1404	,,	12	17	
1	,,	,,	,,	,,	1408	,,	6	8	
2	,,	,,	,,	,,	1413	,,	9	12	
3	,,	,,	,,	,,	1416	,,	10	5	
4	,,	,,	,,	,,	1424	,,	7	24	
5	,,	,,	,,	,,	1425	,,	3	23	
6	,,	,,	,,	,,	1426	,,	3-4		
7	,,	,,	,,	,,	1427	,,	Pr.		
8	,,	,,	,,	,,	1428	,,			
9	,,	,,	,,	,,	1429	,,	2-3		
1910	,,	,,	,,	,,	1430	,,	2	3	
1	,,	,,	,,	,,	,,	,,	,,	12	
2	,,	,,	,,	,,	1451	,,	9	1	
3	,,	,,	,,	,,	1452	,,	9-10		
1914	,,	,,	,,	,,	1457	,,	11	1	

	P. KIANG-SOU 江蘇		LATITUDE.	LONG. E. G.	ANNÉE.	M. SOL.	JOUR.	NOTE.
1915	V. Kiang-ning F.	江寧府	32° 05'.	118° 47'.	1476 ap. J.-C.	2	1	
6	,,	,,	,,	,,	1481 ,,	3	9	
7	,,	,,	,,	,,	1491 ,,	9	28	
8	,,	,,	,,	,,	1495 ,,	10-11		
9	,,	,,	,,	,,	1496 ,,			
1920	,,	,,	,,	,,	1500 ,,	11	18	
1	,,	,,	,,	,,	1501 ,,	11	26	
2	,,	,,	,,	,,	1502 ,,	10	17	
3	,,	,,	,,	,,	,, ,,	11	27	
4	,,	,,	,,	,,	1503 ,,	3	20	
5	,,	,,	,,	,,	1505 ,,	10	9	
6	,,	,,	,,	,,	1516 ,,	9	15	
7	,,	,,	,,	,,	1523 ,,	1-2		
8	,,	,,	,,	,,	1524 ,,	2	4	
9	,,	,,	,,	,,	,, ,,	3	19	
1930	,,	,,	,,	,,	1525 ,,	1		
1	,,	,,	,,	,,	1559 ,,	8	14	
2	,,	,,	,,	,,	1560 ,,	12		
3	,,	,,	,,	,,	1585 ,,	3	6	
4	,,	,,	,,	,,	1624 ,,	2	10	
5	,,	,,	,,	,,	1625 ,,	1	31	
1936	,,	,,	,,	,,	1627 ,,	1	26	

	P. KIANG-SOU 江蘇				LATITUDE.	LONG. E. G.	ANNÉE.	M. SOL.	JOUR.	NOTE.
1937	V. Kiang-ning F.	江寧府			*32° 05'.*	*118° 47'.*	1627 ap. J.-C.	11	27	
8	,,	,,			,,	,,	1630 ,,	10	27	
9	,,	,,			,,	,,	1632 ,,	6	17	
1940	,,	,,			,,	,,	1637 ,,	1	31	
1	,,	,,			,,	,,	1640 ,,	12	23	
2	,,	,,			,,	,,	1644 ,,	3	4	
3	,,	,,	V. Kiu-yong H	句容縣	*31° 58'.*	*119° 09'.*	250 ,,	9-10		(1)
4	,,	,,	,,	,,	,,	,,	536 ,,	12	12	
5	,,	,,	,,	,,	,,	,,	1605 ,,	9	16	(2)
6	,,	,,	V. Li-choei H.	溧水縣	*31° 43'.*	*119° 07'.*	1611 ,,	11	20	
7	,,	,,	,,	,,	,,	,,	1625 ,,	3	27	
8	,,	,,	,,	,,	,,	,,	,, ,,	12	24	
9	,,	,,	,,	,,	,,	,,	1638 ,,	1	13	
1950	,,	,,	,,	,,	,,	,,	1640 ,,	11	24	
1	,,	,,	,,	,,	,,	,,	1644 ,,	1	21	
2	,,	,,	,,	,,	,,	,,	1668 ,,	7	25	
3	,,	,,	,,	,,	,,	,,	1764 ,,	6	27	
4	,,	,,	,,	,,	,,	,,	1770 ,,	1	26	
5	,,	,,	,,	,,	,,	,,	,, ,,	2	24	
6	,,	,,	,,	,,	,,	,,	1831 ,,	8-9		
7	,,	,,	,,	,,	,,	,,	1853 ,,	2-3		
1958	,,	,,	,,	,,	,,	,,	,, ,,	4-5		

(1) Aff. mont. et perturb. riv.

(2) Aff. mont. Hoa Chan 華山.

	P. KIANG-SOU 江蘇				LATITUDE.	LONG. E. G.	ANNÉE.		M. SOL.	JOUR.	NOTE.
1959	Kiang-ning F.	江寧府	V. Kiang-p'ou H.	江浦縣	32° 05'.	118° 39'.	1567	ap. J.-C.			
1960	,,	,,	,,	,,	,,	,,	1585	,,	3	6	
1	,,	,,	,,	,,	,,	,,	1667	,,	7-8		
2	,,	,,	,,	,,	,,	,,	1712	,,	10		
3	,,	,,	,,	,,	,,	,,	,,	,,	11-12		
4	,,	,,	,,	,,	,,	,,	1852	,,	4-5		
5	,,	,,	,,	,,	,,	,,	,,	,,	12		
6	,,	,,	,,	,,	,,	,,	1853	,,	4-5		
7	,,	,,	,,	,,	,,	,,	1857	,,	1-2		
8	,,	,,	,,	,,	,,	,,	1872	,,	7-8		
9	,,	,,	V. Lou-ho H.	六合縣	32° 20'.	118° 50'.	1556	,,	3-4		
1970	,,	,,	,,	,,	,,	,,	1585	,,	3	6	
1	,,	,,	,,	,,	,,	,,	1616	,,	4	1	
2	,,	,,	,,	,,	,,	,,	1851	,,	5	3	
3	,,	,,	,,	,,	,,	,,	1853	,,	4-5		
4	,,	,,	,,	,,	,,	,,	1857	,,	1-2		
5	,,	,,	,,	,,	,,	,,	1872	,,	7-8		
6	,,	,,	V. Kao-choen H.	高淳縣	31° 28'.	118° 58'.	1524	,,	2	4	
7	,,	,,	,,	,,	,,	,,	1525	,,	Ét.		
8	,,	,,	,,	,,	,,	,,	1580	,,	3-4		
9	,,	,,	,,	,,	,,	,,	1585	,,	3		
1980	,,	,,	,,	,,	,,	,,	1596	,,	8-9		

	P. KIANG-SOU 江蘇				LATITUDE.	LONG. E. G.	ANNÉE.	M. SOL.	JOUR.	NOTE.
1981	Kiang-ning F.	江寧府	V. Kao-choen H.	高淳縣	31° 28'.	118° 58'.	1597 ap. J.-C.			
2	,,	,,	,,	,,	,,	,,	1604 ,,	12	29	
3	,,	,,	,,	,,	,,	,,	1607 ,,	12		
4	,,	,,	,,	,,	,,	,,	1624 ,,	2	10	
5	,,	,,	,,	,,	,,	,,	1625 ,,	1	31	
6	,,	,,	,,	,,	,,	,,	1650 ,,	9	5	
7	,,	,,	,,	,,	,,	,,	1651 ,,	2-3		
8	,,	,,	,,	,,	,,	,,	1668 ,,	7	24	Gr.
9	,,	,,	,,	,,	,,	,,	1673 ,,			
1990	,,	,,	,,	,,	,,	,,	1712 ,,	12	22	
1	,,	,,	,,	,,	,,	,,	1743 ,,	6	30	
2	,,	,,	,,	,,	,,	,,	1745 ,,	6	5	
3	,,	,,	,,	,,	,,	,,	1835 ,,	8	26	
4	,,	,,	,,	,,	,,	,,	1839 ,,	10	12	
5	,,	,,	,,	,,	,,	,,	1842 ,,	2	23	
6	,,	,,	,,	,,	,,	,,	1853 ,,	1	14	
7	,,	,,	,,	,,	,,	,,	1872 ,,	7	24	
8	V. Sou-tcheou F.	蘇州府			31° 28'.	120° 44'.	320 ,,	7	18	
9	,,	,,			,,	,,	701 ,,	8	12	
2000	,,	,,			,,	,,	832 ,,	3-4		
1	,,	,,			,,	,,	1095 ,,	Ét.		
2002	,,	,,			,,	,,	1107 ,,	10	26	

	P. KIANG-SOU 江蘇		LATITUDE.	LONG. E. G.	ANNÉE.	M. SOL.	JOUR.	NOTE.
2003	V. Sou-tcheou F.	蘇州府	*31° 28'.*	*120° 44'.*	1132 ap. J.-C.	9	15	
4	,,	,,	,,	,,	1133 ,,	9	22	
5	,,	,,	,,	,,	1505 ,,	10	9	
6	,,	,,	,,	,,	1524 ,,	2	19	
7	,,	,,	,,	,,	1561 ,,	2	8	
8	,,	,,	,,	,,	1658 ,,	9	9	
9	,,	,,	,,	,,	1666 ,,	12	26	
2010	,,	,,	,,	,,	1667 ,,	1	2	
1	,,	,,	,,	,,	1668 ,,	7	25	
2	,,	,,	,,	,,	,, ,,	,,	30	
3	,,	,,	,,	,,	1669 ,,	1	13	
4	,,	,,	,,	,,	1670 ,,	8	19	
5	,,	,,	,,	,,	1672 ,,	10	11	
6	,,	,,	,,	,,	1676 ,,	12		
7	,,	,,	,,	,,	1678 ,,	5-6		
8	,,	,,	,,	,,	1707 ,,	8	1	
9	,,	,,	,,	,,	1731 ,,	1	6	
2020	,,	,,	,,	,,	1756 ,,	1	2	
1	,,	,,	,,	,,	1763 ,,	7	8	
2	,,	,,	,,	,,	1764 ,,	2	6	
3	,,	,,	,,	,,	1764 ,,	6	27	
2024	,,	,,	,,	,,	1765 ,,	1	28	

	P. KIANG-SOU 江蘇	LATITUDE.	LONG. E. G.	ANNÉE.	M. SOL.	JOUR.	NOTE.
2025	V. Sou-tcheou F. 蘇州府	*31° 28'.*	*120° 44'.*	1782 ap. J.-C.	8	3	
6	,, ,,	,,	,,	1792 ,,	6	24	
7	,, ,,	,,	,,	1846 ,,	8	3	
8	,, ,,	,,	,,	1847 ,,	11	12	
9	,, ,,	,,	,,	1853 ,,	4	14	Pl. jrs.
2030	,, ,,	,,	,,	,, ,,	,,	15	,,
1	,, ,,	,,	,,	,, ,,	,,	24	
2	,, ,,	,,	,,	,, ,,	5	19	
3	,, ,,	,,	,,	,, ,,	,,	26	
4	,, ,,	,,	,,	1855 ,,	11	20	
5	,, ,, V. { K'oen-chan H. 崑山縣 / Sin-yang H. 新陽縣 }	*31° 28'.*	*120° 48'.*	1505 ,,	10	9	
6	,, ,, ,, ,,	,,	,,	1625 ,,	1-2		
7	,, ,, ,, ,,	,,	,,	1651 ,,	2	14	
8	,, ,, ,, ,,	,,	,,	1655 ,,	3	12	
9	,, ,, ,, ,,	,,	,,	1658 ,,	9	20	
2040	,, ,, ,, ,,	,,	,,	1664 ,,	11	10	
1	,, ,, ,, ,,	,,	,,	1668 ,,	7	25	
2	,, ,, ,, ,,	,,	,,	,, ,,	8	4	
3	,, ,, ,, ,,	,,	,,	,, ,,	12	15	
4	,, ,, ,, ,,	,,	,,	1670 ,,	8	19	
2045	,, ,, ,, ,,	,,	,,	1731 ,,	1	6	

	P. KIANG-SOU 江蘇				LATITUDE.	LONG. E. G.	ANNÉE.	M. SOL.	JOUR.	NOTE.
2046	Sou-tcheou F.	蘇州府	V. K'oen-chan H. / Sin-yang H.	崑山縣 / 新陽縣	*31° 28'.*	*120° 48'.*	1731 ap. J.-C.	11		
7	,,	,,	,,	,,	,,	,,	1782 ,,	8	3	
8	,,	,,	,,	,,	,,	,,	1783 ,,	10	25	
9	,,	,,	,,	,,	,,	,,	1846 ,,	7-8		
2050	,,	,,	,,	,,	,,	,,	1853 ,,	4	14	
1	,,	,,	,,	,,	,,	,,	,, ,,	,,	16	
2	,,	,,	V. Tch'ang-chou H. / Tchao-wen H.	常熟縣 / 昭文縣	*31° 45'.*	*120° 36'.*	1479 ,,	10	5	
3	,,	,,	,,	,,	,,	,,	1538 ,,	3		
4	,,	,,	,,	,,	,,	,,	1624 ,,	8-9		
5	,,	,,	,,	,,	,,	,,	1651 ,,	2	8	
6	,,	,,	,,	,,	,,	,,	1666 ,,	12	26	
7	,,	,,	,,	,,	,,	,,	1668 ,,	7	25	
8	,,	,,	V. Ou-kiang H. / Tchen-tché H.	吳江縣 / 震澤縣	*31° 12'.*	*120° 20'.*	1752 ,,	5-6		
9	,,	,,	,,	,,	,,	,,	1755 ,,	11	3	
2060	,,	,,	,,	,,	,,	,,	1763 ,,	7	8	
1	,,	,,	,,	,,	,,	,,	1782 ,,	8	3	
2	,,	,,	,,	,,	,,	,,	1792 ,,	6	24	
3	,,	,,	,,	,,	,,	,,	1839 ,,	10	29	
4	,,	,,	,,	,,	,,	,,	1846 ,,	8	3	
2065	,,	,,	,,	,,	,,	,,	1853 ,,	4	14	

	P. KIANG-SOU 江蘇				LATITUDE.	LONG. E. G.	ANNÉE.		M. SOL.	JOUR.	NOTE.
2066	V. T'ai-ts'ang T*.	太倉州			*31° 39'.*	*120° 52'.*	1479	ap. J.-C.	10	5	
7	,,	,,			,,	,,	1624	,,	3	10	
8	,,	,,			,,	,,	1653	,,			
9	,,	,,			,,	,,	1658	,,	9	20	
2070	,,	,,			,,	,,	1667	,,	1	2	
1	,,	,,			,,	,,	1668	,,	7	25	Gr.
2	,,	,,			,,	,,	1678	,,	5	24	
3	,,	,,			,,	,,	1679	,,	5	3	
4	,,	,,	V. Tch'ong-ming H.	崇明縣	*31° 36'.*	*121° 19'.*	1600	,,	10	31	
5	,,	,,	,,	,,	,,	,,	1622	,,	1-2		
6	,,	,,	,,	,,	,,	,,	1658	,,	9	19	
7	,,	,,	,,	,,	,,	,,	1666	,,	12	26	
8	,,	,,	,,	,,	,,	,,	1667	,,	1	2	
9	,,	,,	,,	,,	,,	,,	1668	,,	3	19	
2080	,,	,,	,,	,,	,,	,,	,,	,,	7	25	
1	,,	,,	,,	,,	,,	,,	1672	,,	10	12	
2	,,	,,	,,	,,	,,	,,	1678	,,	5	24	
3	,,	,,	,,	,,	,,	,,	,,	,,	9	4	
4	,,	,,	,,	,,	,,	,,	1727	,,	9-10		
5	,,	,,	,,	,,	,,	,,	1764	,,	6	27	
6	,,	,,	,,	,,	,,	,,	1789	,,	10-11		
2087	,,	,,	,,	,,	,,	,,	1845	,,	12	17	

	P. KIANG-SOU 江蘇				LATITUDE.	LONG. E. G.	ANNÉE.	M. SOL.	JOUR.	NOTE.
2088	T'ai-ts'ang T'.	太倉州	V. Tch'ong-ming H.	崇明縣	*31° 36'.*	*121° 19'.*	1846 ap. J.-C.	8	4	
9	,,	,,	,,	,,	,,	,,	1847 ,,	11	12	
2090	,,	,,	,,	,,	,,	,,	1852 ,,	12	16	
1	,,	,,	,,	,,	,,	,,	1853 ,,	4	9	Gr.
2	,,	,,	,,	,,	,,	,,	,, ,,	,,	10	Lég. Pl. jrs.
3	,,	,,	,,	,,	,,	,,	,, ,,	,,	18	
4	,,	,,	,,	,,	,,	,,	1855 ,,	3	17	
5	,,	,,	,,	,,	,,	,,	,, ,,	11	27	
6	,,	,,	,,	,,	,,	,,	1872 ,,	9	21	
7	,,	,,	V. Kia-ting H.	嘉定縣	*31° 22'.*	*121° 03'.*	1509 ,,	6-7		
8	,,	,,	,,	,,	,,	,,	1554 ,,	3-4		
9	,,	,,	,,	,,	,,	,,	1555 ,,	12		
2100	,,	,,	,,	,,	,,	,,	1600 ,,	10-11		
1	,,	,,	,,	,,	,,	,,	1604 ,,	12	29	
2	,,	,,	,,	,,	,,	,,	1623 ,,	4	12	
3	,,	,,	,,	,,	,,	,,	,, ,,	,,	15	
4	,,	,,	,,	,,	,,	,,	1624 ,,	2	9	
5	,,	,,	,,	,,	,,	,,	1658 ,,	9	19	
6	,,	,,	,,	,,	,,	,,	1668 ,,	7	25	
7	,,	,,	,,	,,	,,	,,	1672 ,,	10	10	
8	,,	,,	,,	,,	,,	,,	1708 ,,	7	4	
2109	,,	,,	,,	,,	,,	,,	1757 ,,	1	20	

	P. KIANG-SOU 江蘇				LATITUDE.	LONG. E. G.	ANNÉE.		M. SOL.	JOUR.	NOTE.
2110	T'ai-ts'ang T'.	太倉州	V. Kia-ting H.	嘉定縣	*31° 22'.*	*121° 03'.*	1764	ap. J.-C.	6	17	
1	,,	,,	,,	,,	,,	,,	1770	,,	7-8		
2	,,	,,	,,	,,	,,	,,	1842	,,	6	20	
3	,,	,,	,,	,,	,,	,,	1844	,,	12	2	
4	,,	,,	,,	,,	,,	,,	1846	,,	8	4	Gr.
5	,,	,,	,,	,,	,,	,,	,,	,,	11	23	
6	,,	,,	,,	,,	,,	,,	1847	,,	7	24	
7	,,	,,	,,	,,	,,	,,	1851	,,	2	17	
8	,,	,,	,,	,,	,,	,,	1852	,,	12	12	Gr.
9	,,	,,	,,	,,	,,	,,	1853	,,	4	14	,,
2120	,,	,,	,,	,,	,,	,,	,,	,,	5	24	
1	,,	,,	,,	,,	,,	,,	1854	,,	7-8		
2	,,	,,	,,	,,	,,	,,	,,	,,	11	24	
3	,,	,,	,,	,,	,,	,,	1856	,,	1	19	
4	,,	,,	,,	,,	,,	,,	1864	,,	5	5	
5	,,	,,	,,	,,	,,	,,	1866	,,	10	23	
6	,,	,,	,,	,,	,,	,,	1867	,,	1	12	
7	,,	,,	,,	,,	,,	,,	1868	,,	9-10		
8	,,	,,	V. Pao-chan H.	寶山縣	*31° 15'.*	*121° 30'.*	1509	,,	6-7		
9	,,	,,	,,	,,	,,	,,	1554	,,	3-4		
2130	,,	,,	,,	,,	,,	,,	1600	,,	10-11		
2131	,,	,,	,,	,,	,,	,,	1604	,,	12	29	

	P. KIANG-SOU 江蘇				LATITUDE.	LONG. E. G.	ANNÉE.		M. SOL.	JOUR.	NOTE.
2132	T'ai-ts'ang T*.	太倉州	V. Pao-chan H.	寶山縣	*31° 15'.*	*121° 30'.*	1623	ap. J.-C.	4	12	Gr.
3	,,	,,	,,	,,	,,	,,	,,	,,	,,	15	
4	,,	,,	,,	,,	,,	,,	1624	,,	2	9	Gr.
5	,,	,,	,,	,,	,,	,,	1658	,,	9	19	
6	,,	,,	,,	,,	,,	,,	1672	,,	10	10	
7	,,	,,	,,	,,	,,	,,	1708	,,	7	4	
8	,,	,,	,,	,,	,,	,,	1717	,,	12	2	
9	,,	,,	,,	,,	,,	,,	1752	,,	4	27	
2140	,,	,,	,,	,,	,,	,,	1844	,,	12	2	
1	,,	,,	,,	,,	,,	,,	1846	,,	8	4	
2	,,	,,	,,	,,	,,	,,	1847	,,	11	12	
3	,,	,,	,,	,,	,,	,,	1852	,,	12	16	
4	,,	,,	,,	,,	,,	,,	1853	,,	4	14	Pl. jrs.
5	,,	,,	,,	,,	,,	,,	1872	,,	9	21	
6	,,	,,	,,	,,	,,	,,	1879	,,	4	4	
7	Song-kiang F.	松江府			*31° 03'.*	*121° 15'.*	1475	,,	5-6		Gr.
8	,,	,,			,,	,,	1501	,,	11	24	
9	,,	,,			,,	,,	1505	,,	10	9	Gr.
2150	,,	,,			,,	,,	1524	,,	3-4		
1	,,	,,			,,	,,	1583	,,	1	24	
2	,,	,,			,,	,,	1591	,,	12	15	Gr.
2153	,,	,,			,,	,,	1592	,,	11	23	

	P. KIANG-SOU 江蘇		LATITUDE.	LONG. E. G.	ANNÉE.		M. SOL.	JOUR.	NOTE.
2154	V. Song-kiang F.	松江府	*31° 03'.*	*121° 15'.*	1595	ap. J.-C.	2	13	
5	,,	,,	,,	,,	1623	,,	4	12	Gr.
6	,,	,,	,,	,,	,,	,,	,,	15	
7	,,	,,	,,	,,	1624	,,	2	10	Gr.
8	,,	,,	,,	,,	,,	,,	9	1	
9	,,	,,	,,	,,	1655	,,	3	12	
2160	,,	,,	,,	,,	,,	,,	7	11	
1	,,	,,	,,	,,	1658	,,	Pr.		
2	,,	,,	,,	,,	1668	,,	7	25	
3	,,	,,	,,	,,	1677	,,	5		
4	,,	,,	,,	,,	1678	,,	5	24	
5	,,	,,	,,	,,	1679	,,	9	2	
6	,,	,,	,,	,,	1720	,,	6-7		
7	,,	,,	,,	,,	1731	,,	1	16	
8	,,	,,	,,	,,	1755	,,	12		
9	,,	,,	,,	,,	1764	,,	6		
2170	,,	,,	,,	,,	1774	,,	10-11		
1	,,	,,	,,	,,	1782	,,	7-8		
2	,,	,,	,,	,,	1841	,,	3	18	
3	,,	,,	,,	,,	1842	,,	1		
4	,,	,,	,,	,,	1844	,,	12	2	
2175	,,	,,	,,	,,	1845	,,	7-8		

	P. KIANG-SOU 江蘇	LATITUDE.	LONG. E. G.	ANNÉE.	M. SOL.	JOUR.	NOTE.
2176	V. Song-kiang F. 松江府	31° 03'.	121° 15'.	1846 ap. J.-C.	3-4		
7	,, ,,	,,	,,	,, ,,	8	5	Gr.
8	,, ,,	,,	,,	,, ,,	8-9		,,
9	,, ,,	,,	,,	,, ,,	11	23	
2180	,, ,,	,,	,,	1847 ,,	7	4	
1	,, ,,	,,	,,	1848 ,,	7-8		Pl. jrs.
2	,, ,,	,,	,,	1851 ,,	2	17	
3	,, ,,	,,	,,	,, ,,	12	27	Gr.
4	,, ,,	,,	,,	1853 ,,	4	14	,,
5	,, ,,	,,	,,	,, ,,	,,	15	
6	,, ,,	,,	,,	,, ,,	,,	16	Gr.
7	,, ,,	,,	,,	1854 ,,	7-8		,,
8	,, ,,	,,	,,	1855 ,,	1-2		Pl. jrs.
9	,, ,,	,,	,,	,, ,,	11	21	
2190	,, ,,	,,	,,	1856 ,,	1	20	
1	,, ,,	,,	,,	1864 ,,	5	5	
2	,, ,,	,,	,,	1866 ,,	10	23	
3	,, ,,	,,	,,	1867 ,,	1	12	
4	,, ,,	,,	,,	1872 ,,	9	21	
5	,, ,, V. Fong-hien H. 奉賢縣	29° 50'.	121° 19'.	1475 ,,	5-6		
6	,, ,, ,, ,,	,,	,,	1524 ,,	3-4		
2197	,, ,, ,, ,,	,,	,,	1583 ,,	1	24	

	P. KIANG-SOU 江蘇				LATITUDE.	LONG. E. G.	ANNÉE.	M. SOL.	JOUR.	NOTE.
2198	Song-kiang F.	松江府	V. Fong-hien H.	奉賢縣	*29° 50'.*	*121° 19'.*	1595 ap. J.-C.	2-3		
9	,,	,,	,,	,,	,,	,,	1623 ,,	4	12	Gr.
2200	,,	,,	,,	,,	,,	,,	1624 ,,	9	1	
1	,,	,,	,,	,,	,,	,,	1655 ,,	3	12	
2	,,	,,	,,	,,	,,	,,	,, ,,	7	11	
3	,,	,,	,,	,,	,,	,,	1842 ,,	1-2		
4	,,	,,	,,	,,	,,	,,	1846 ,,	8	10	
5	,,	,,	,,	,,	,,	,,	,, ,,	,,	18	
6	,,	,,	,,	,,	,,	,,	1847 ,,	7-8		
7	,,	,,	,,	,,	,,	,,	1851 ,,	2	17	
8	,,	,,	,,	,,	,,	,,	1852 ,,	11	17	
9	,,	,,	,,	,,	,,	,,	1853 ,,	4-5		Pl. jrs.
2210	,,	,,	,,	,,	,,	,,	1877 ,,	7	14	
1	,,	,,	V. Kin-chan H.	金山縣	*30° 45'.*	*121° 30'.*	1731 ,,	1	16	Lég.
2	,,	,,	,,	,,	,,	,,	1842 ,,	1	11	
3	,,	,,	,,	,,	,,	,,	1844 ,,	12	2	
4	,,	,,	,,	,,	,,	,,	1846 ,,	8	4	
5	,,	,,	,,	,,	,,	,,	1847 ,,	11	12	
6	,,	,,	,,	,,	,,	,,	1852 ,,	12	16	Gr.
7	,,	,,	,,	,,	,,	,,	1853 ,,	4	15	,,
8	,,	,,	,,	,,	,,	,,	,, ,,	,,	24	
2219	,,	,,	,,	,,	,,	,,	,, ,,	5	20	

	P. KIANG-SOU 江蘇				LATITUDE.		LONG. E. G.		ANNÉE.		M. SOL.	JOUR.	NOTE.
2220	Song-kiang F.	松江府	V. Kin-chan H.	金山縣	*30°*	*45'.*	*121°*	*30'.*	1855	ap. J.-C.	3	13	
1	,,	,,	,,	,,	,,	,,	,,	,,	,,	12	20		
2	,,	,,	,,	,,	,,	,,	,,	1869	,,	1	5		
3	,,	,,	V. Chang-hai H.	上海縣	*31°*	*15'.*	*121°*	*27'.*	691	,,	10	1	
4	,,	,,	,,	,,	,,		,,		1481	,,	3		
5	,,	,,	,,	,,	,,		,,		1501	,,	11	24	
6	,,	,,	,,	,,	,,		,,		1505	,,	10	9	
7	,,	,,	,,	,,	,,		,,		1524	,,	1-2		
8	,,	,,	,,	,,	,,		,,		,,	,,	3	19	
8bis	,,	,,	,,	,,	,,		,,		1551	,,			
9	,,	,,	,,	,,	,,		,,		1583	,,	1	24	
2230	,,	,,	,,	,,	,,		,,		1595	,,	1-2		
1	,,	,,	,,	,,	,,		,,		1623	,,	4	12	Gr.
2	,,	,,	,,	,,	,,		,,		1624	,,	2	10	,,
3	,,	,,	,,	,,	,,		,,		1654	,,	8	16	
4	,,	,,	,,	,,	,,		,,		1656	,,	10	27	
5	,,	,,	,,	,,	,,		,,		,,	,,	12	1	
6	,,	,,	,,	,,	,,		,,		1658	,,	9	20	
7	,,	,,	,,	,,	,,		,,		1668	,,	7	25	
8	,,	,,	,,	,,	,,		,,		1672	,,	9	6	Pl. jrs.
9	,,	,,	,,	,,	,,		,,		1678	,,	5	24	
2240	,,	,,	,,	,,	,,		,,		1707	,,	7-8		

	P. KIANG-SOU 江蘇				LATITUDE.	LONG. E. G.	ANNÉE.	M. SOL.	JOUR.	NOTE.
2241	Song-kiang F.	松江府	V. Chang-hai H.	上海縣	31° 15'.	121° 27'.	1720 ap. J.-C.	6-7		
2	,,	,,	,,	,,	,,	,,	1730 ,,	12	5	
3	,,	,,	,,	,,	,,	,,	1844 ,,	12	2	
4	,,	,,	,,	,,	,,	,,	1845 ,,	7-8		
5	,,	,,	,,	,,	,,	,,	1846 ,,	8	3	
6	,,	,,	,,	,,	,,	,,	,, ,,	11	23	
7	,,	,,	,,	,,	,,	,,	1847 ,,	7	24	
8	,,	,,	,,	,,	,,	,,	1848 ,,	7-8		Pl. jrs.
9	,,	,,	,,	,,	,,	,,	1851 ,,	2	17	
2250	,,	,,	,,	,,	,,	,,	1852 ,,	12		
1	,,	,,	,,	,,	,,	,,	1853 ,,	4	13	Gr. Pl. jrs.
2	,,	,,	,,	,,	,,	,,	1854 ,,	7-8		Gr.
3	,,	,,	,,	,,	,,	,,	1855 ,,	1-2		Pl. jrs.
4	,,	,,	,,	,,	,,	,,	1851 ,,	11	21	
5	,,	,,	,,	,,	,,	,,	1864 ,,	5	5	
6	,,	,,	,,	,,	,,	,,	1866 ,,	10	23	
7	,,	,,	,,	,,	,,	,,	1867 ,,	1	12	
8	,,	,,	V. Nan-hoei H.	南匯縣	30°	121° 30'.	1501 ,,	11	24	
9	,,	,,	,,	,,	,,	,,	1505 ,,	10	9	Gr.
2260	,,	,,	,,	,,	,,	,,	1551 ,,			
1	,,	,,	,,	,,	,,	,,	1583 ,,	1	24	
2262	,,	,,	,,	,,	,,	,,	1623 ,,	4		Gr. Pl. jrs.

	P. KIANG-SOU 江蘇				LATITUDE.	LONG. E. G.	ANNÉE.	M. SOL.	JOUR.	NOTE.
2263	Song-kiang F.	松江府	V. Nan-hoei H.	南匯縣	*30°*	*121° 30'.*	1624 ap. J.-C.	2	10	Gr.
4	,,	,,	,,	,,	,,	,,	1668 ,,	7	25.	,,
5	,,	,,	,,	,,	,,	,,	1842 ,,	1-2		
6	,,	,,	,,	,,	,,	,,	1846 ,,	8	5	Gr.
7	,,	,,	,,	,,	,,	,,	,, ,,	11	28	
8	,,	,,	,,	,,	,,	,,	1847 ,,	6-7		
9	,,	,,	,,	,,	,,	,,	1852 ,,	12	12	
2270	,,	,,	,,	,,	,,	,,	1853 ,,	4-5		Pl. jrs.
1	,,	,,	,,	,,	,,	,,	1861 ,,	6-7		
2	,,	,,	,,	,,	,,	,,	1864 ,,	5	5	
3	,,	,,	,,	,,	,,	,,	1872 ,,	9		
4	,,	,,	V. Ts'ing-p'ou H.	青浦縣	*31° 10'.*	*120° 53'.*	691 ,,	10	1	
5	,,	,,	,,	,,	,,	,,	1475 ,,	5-6		Gr.
6	,,	,,	,,	,,	,,	,,	1501 ,,	11	24	
7	,,	,,	,,	,,	,,	,,	1505 ,,	10	9	
8	,,	,,	,,	,,	,,	,,	1524 ,,	3-4		
9	,,	,,	,,	,,	,,	,,	1583 ,,	1	24	
2280	,,	,,	,,	,,	,,	,,	1592 ,,	11	23	
1	,,	,,	,,	,,	,,	,,	1595 ,,	2-3		
2	,,	,,	,,	,,	,,	,,	1624 ,,	9	1	
3	,,	,,	,,	,,	,,	,,	1655 ,,	3-4		
2284	,,	,,	,,	,,	,,	,,	1658 ,,	8-9		

	P. KIANG-SOU 江蘇				LATITUDE.	LONG. E. G.	ANNÉE.	M. SOL.	JOUR.	NOTE.
2285	Song-kiang F.	松江府	V. Ts'ing-p'ou H.	青浦縣	*31° 10'.*	*120° 53'.*	1664 ap. J.-C.	10-11		
6	,,	,,	,,	,,	,,	,,	1668 ,,	7-8		
7	,,	,,	,,	,,	,,	,,	,, ,,	11-12		
8	,,	,,	,,	,,	,,	,,	1669 ,,	6-7		
9	,,	,,	,,	,,	,,	,,	1678 ,,	5	24	
2290	,,	,,	,,	,,	,,	,,	1708 ,,	6-7		
1	,,	,,	,,	,,	,,	,,	1720 ,,	6-7		
2	,,	,,	,,	,,	,,	,,	1755 ,,	12		
3	,,	,,	,,	,,	,,	,,	1774 ,,	10-11		
4	,,	,,	,,	,,	,,	,,	1782 ,,	7-8		
5	,,	,,	,,	,,	,,	,,	1839 ,,	*10	29	
6	,,	,,	,,	,,	,,	,,	1842 ,,	Pr.		
7	,,	,,	,,	,,	,,	,,	1844 ,,	12	8	
8	,,	,,	,,	,,	,,	,,	1845 ,,	7	15	
9	,,	,,	,,	,,	,,	,,	,, ,,	8	2	
2300	,,	,,	,,	,,	,,	,,	1846 ,,	8	3	Gr.
1	,,	,,	,,	,,	,,	,,	,, ,,	11	23	
2	,,	,,	,,	,,	,,	,,	1847 ,,	7	24	
3	,,	,,	,,	,,	,,	,,	1849 ,,	7-8		Pl. jrs.
4	,,	,,	,,	,,	,,	,,	1851 ,,	2	17	
5	,,	,,	,,	,,	,,	,,	1852 ,,	12	16	
2306	,,	,,	,,	,,	,,	,,	1853 ,,	4	14	Gr.

	P. KIANG-SOU 江蘇				LATITUDE.	LONG. E. G.	ANNÉE.	M. SOL.	JOUR.	NOTE.
2307	Song-kiang F.	松江府	V. Ts'ing-p'ou H.	青浦縣	31° 10'.	120° 53'.	1855 ap. J.-C.	1	14	Gr.
8	,,	,,	,,	,,	,,	,,	,, ,,	2-3		
9	,,	,,	,,	,,	,,	,,	,, ,,	10	18	
2310	,,	,,	,,	,,	,,	,,	,, ,,	11	10	
1	,,	,,	,,	,,	,,	,,	1864 ,,	5	5	
2	,,	,,	,,	,,	,,	,,	1872 ,,	9	21	
3	,,	,,	,,	,,	,,	,,	1877 ,,	7	13	
4	,,	,,	V. Tch'oan-cha t.	川沙廳	31° 08'.	121° 20'.	1623 ,,	4		Pl. jrs. Gr.
5	,,	,,	,,	,,	,,	,,	1624 ,,	1-2		Gr.
6	,,	,,	,,	,,	,,	,,	1672 ,,	8-9		Pl. jrs.
7	V. Chang-tcheou F.	常州府			31° 47'.	119° 56'.	320 ,,	7	18	
8	,,	,,			,,	,,	694 ,,	5	8	
9	,,	,,			,,	,,	701 ,,	8	12	
2320	,,	,,			,,	,,	999 ,,	10-11		
1	,,	,,			,,	,,	1324 ,,			
2	,,	,,			,,	,,	1479 ,,	5	30	
3	,,	,,			,,	,,	,, ,,	10	8	
4	,,	,,			,,	,,	1482 ,,	10	23	
5	,,	,,			,,	,,	1501 ,,	11	27	
6	,,	,,			,,	,,	1504 ,,			
7	,,	,,			,,	,,	1505 ,,	10	9	
2328	,,	,,			,,	,,	1507 ,,	10-11		

	丞P. KIANG-SOU 江蘇	LATITUDE.	LONG. E. G.	ANNÉE.	M. SOL.	JOUR.	NOTE.
2329	V. Chang-tcheou F. 常州府	31° 47'.	119° 56'.	1519 ap. J.-C.			
2330	,, ,,	,,	,,	1524 ,,	2	19	
1	,, ,,	,,	,,	1528 ,,	10-11		
2	,, ,,	,,	,,	1561 ,,	8-9		
3	,, ,,	,,	,,	1608 ,,	1-2		
4	,, ,,	,,	,,	1624 ,,	2	10	
5	,, ,,	,,	,,	1644 ,,	1-2		
6	,, ,,	,,	,,	1655 ,,	2	12	
7	,, ,,	,,	,,	1658 ,,	6	23	
8	,, ,,	,,	,,	1764 ,,	6	27	
9	,, ,,	,,	,,	1831 ,,	10-11		
2340	,, ,,	,,	,,	1839 ,,	10	12	
1	,, ,,	,,	,,	1846 ,,	6	7	
2	,, ,,	,,	,,	1852 ,,	9-10		
3	,, ,,	,,	,,	1855 ,,	1		
4	,, ,,	,,	,,	1856 ,,	7	20	
5	,, ,,	,,	,,	1881 ,,	9	22	
6	,, ,, V. { Ou-si H. 無錫縣 / Kin-koei H. 金匱縣 }	31° 35'.	120° 20'.	1479 ,,	5	30	
7	,, ,, ,, ,,	,,	,,	,, ,,	10	8	
8	,, ,, V. Kiang-yn H. 江陰縣	31° 54'.	120° 18'.	1519 ,,	Pr.		
2349	,, ,, ,, ,,	,,	,,	1524 ,,	,,		

	P. KIANG-SOU 江蘇				LATITUDE.	LONG. E. G.	ANNÉE.	M. SOL.	JOUR.	NOTE.
2350	Chang-tcheou F.	常州府	V. Kiang-yn H.	江陰縣	*31° 54'.*	*120° 18'.*	1528 ap. J.-C.	Hiv.		
1	,,	,,	,,	,,	,,	,,	1590 ,,	3	7	
2	,,	,,	,,	,,	,,	,,	1607 ,,	2	21	
3	,,	,,	,,	,,	,,	,,	1624 ,,	2	10	
4	,,	,,	,,	,,	,,	,,	1668 ,,	7	25	
5	,,	,,	,,	,,	,,	,,	1712 ,,	Hiv.		
6	,,	,,	,,	,,	,,	,,	1764 ,,	6		
7	,,	,,	,,	,,	,,	,,	1843 ,,	4		
8	,,	,,	,,	,,	,,	,,	1844 ,,	11	22	
9	,,	,,	,,	,,	,,	,,	1848 ,,	9-10		
2360	,,	,,	,,	,,	,,	,,	1851 ,,	8-9		
1	,,	,,	,,	,,	,,	,,	1853 ,,	3-4		
2	,,	,,	,,	,,	,,	,,	,, ,,	9-10		
3	,,	,,	,,	,,	,,	,,	1856 ,,	Pr.		
4	,,	,,	,,	,,	,,	,,	1877 ,,	1-2		
5	,,	,,	V. { Y-hing H. King-k'i H.	宜興縣 荆溪縣	*31° 28'.*	*119° 29'.*	1846 ,,	Aut.		Gr.
6	,,	,,	,,	,,	,,	,,	1852 ,,	12	16	
7	,,	,,	,,	,,	,,	,,	1853 ,,	4	14	Gr.
8	,,	,,	,,	,,	,,	,,	1872 ,,	7	9	
9	,,	,,	V. Tsing-kiang H.	靖江縣	*32° 05'.*	*120° 14'.*	1519 ,,	2		
2370	,,	,,	,,	,,	,,	,,	1524 ,,	3-4		

	P. KIANG-SOU 江蘇				LATITUDE.	LONG. E. G.	ANNÉE.	M. SOL.	JOUR.	NOTE.
2371	Chang-tcheou F.	常州府	V. Tsing-kiang H.	靖江縣	32° 05'.	120° 14'.	1528 ap. J.-C.	10-11		
2	,,	,,	,,	,,	,,	,,	1551 ,,	10		
3	,,	,,	,,	,,	,,	,,	1573 ,,	6-7		
4	,,	,,	,,	,,	,,	,,	,, ,,	11-12		
5	,,	,,	,,	,,	,,	,,	1582 ,,	8-9		
6	,,	,,	,,	,,	,,	,,	1599 ,,	1		
7	,,	,,	,,	,,	,,	,,	1610 ,,			
8	,,	,,	,,	,,	,,	,,	1624 ,,	2	10	
9	,,	,,	,,	,,	,,	,,	1668 ,,	7	25	
2380	,,	,,	,,	,,	,,	,,	1771 ,,	8	13	
1	,,	,,	,,	,,	,,	,,	1845 ,,	10	24	Gr.
2	,,	,,	,,	,,	,,	,,	1846 ,,	12	29	
3	,,	,,	,,	,,	,,	,,	1852 ,,	12	16	
4	,,	,,	,,	,,	,,	,,	1853 ,,	4	14	Gr.
5	,,	,,	,,	,,	,,	,,	,, ,,	,,	15	
6	,,	,,	,,	,,	,,	,,	,, ,,	,,	24	Gr.
7	,,	,,	,,	,,	,,	,,	1855 ,,	1	14	
8	,,	,,	,,	,,	,,	,,	,, ,,	,,	15	
9	,,	,,	,,	,,	,,	,,	,, ,,	11	20	
2390	V. Tchen-kiang F.	鎮江府			32° 10'.	119° 29'.	320 ,,	7	18	
1	,,	,,			,,	,,	701 ,,	8	12	
2392	,,	,,			,,	,,	1267 ,,	12	29	

	P. KIANG-SOU 江蘇	LATITUDE.	LONG. E. G.	ANNÉE.	M. SOL.	JOUR.	NOTE.
2393	V. Tchen-kiang F. 鎮江府	32° 10'.	119° 29'.	1324 ap. J.-C.	7-8		
4	,, ,,	,,	,,	1346 ,,	1	8	
5	,, ,,	,,	,,	1505 ,,	10	9	
6	,, ,,	,,	,,	1524 ,,	2	19	
7	,, ,,	,,	,,	1637 ,,	1		(1)
8	,, ,,	,,	,,	1668 ,,	7	25	Gr.
9	,, ,,	,,	,,	1681 ,,	1-2		
2400	,, ,,	,,	,,	1834 ,,	11		
1	,, ,,	,,	,,	1839 ,,	11	12	
2	,, ,,	,,	,,	1840 ,,	10	16	
3	,, ,,	,,	,,	1852 ,,	12	16	Gr.
4	,, ,,	,,	,,	1853 ,,	3		Pl. jrs.
5	, ,,	,,	,,	1860 ,,	11	16	Lég.
6	,, ,,	,,	,,	1868 ,,	10	29	
7	,, ,,	,,	,,	,, ,,	11	1	
8	,, ,,	,,	,,	1872 ,,	3	27	
9	,, ,,	,,	,,	,, ,,	7	24	
2410	,, ,,	,,	,,	,, ,,	8	15	
1	,, ,,	,,	,,	,, ,,	9	21	Gr.
2	,, ,,	,,	,,	1875 ,,	2	2	Lég.
3	,, ,, V. Tan-yang H. 丹陽縣	32° 04'.	119° 32'.	281 ,,	3		
2414	,, ,, ,, ,,	,,	,,	701 ,,	8	12	

(1) Aff. mont.

	P. KIANG-SOU 江蘇				LATITUDE.	LONG. E. G.	ANNÉE.	M. SOL.	JOUR.	NOTE.
2415	Tchen-kiang F.	鎮江府	V. Tan-yang H.	丹陽縣	*32° 04'.*	*119° 32'.*	1324 ap. J.-C.	7-8		
6	,,	,,	,,	,,	,,	,,	1347 ,,	12		
7	,,	,,	,,	,,	,,	,,	1505 ,,	10	9	
8	,,	,,	,,	,,	,,	,,	1556 ,,	Hiv.		
9	,,	,,	,,	,,	,,	,,	1622 ,,	4	2	
2420	,,	,,	,,	,,	,,	,,	1668 ,,	7	25	Gr.
1	,,	,,	,,	,,	,,	,,	1712 ,,			
2	,,	,,	,,	,,	,,	,,	1720 ,,	6-7		
3	,,	,,	,,	,,	,,	,,	1842 ,,	1		
4	,,	,,	,,	,,	,,	,,	,, ,,	11-12		
5	,,	,,	,,	,,	,,	,,	1856 ,,			
6	,,	,,	V. Kin-t'an H.	金壇縣	*31° 50'.*	*119° 33'.*	1505 ,,	10	9	
7	,,	,,	,,	,,	,,	,,	1604 ,,	9	29	
8	,,	,,	,,	,,	,,	,,	1623 ,,	1	22	
9	,,	,,	,,	,,	,,	,,	1668 ,,	7	25	
2430	,,	,,	,,	,,	,,	,,	1852 ,,	12	17	
1	,,	,,	,,	,,	,,	,,	1853 ,,	3	12	
2	,,	,,	,,	,,	,,	,,	1872 ,,	7	24	
3	,,	,,	V. Li-yang H.	溧陽縣	*31° 32'.*	*119° 32'.*	1501 ,,	11	27	
4	,,	,,	,,	,,	,,	,,	1505 ,,	10	9	
5	,,	,,	,,	,,	,,	,,	1561 ,,	8-9		
2436	,,	,,	,,	,,	,,	,,	1585 ,,	3	6	

	P. KIANG-SOU 江蘇				LATITUDE.	LONG. E. G.	ANNÉE.	M. SOL.	JOUR.	NOTE.
2437	Tchen-kiang F.	鎮江府	V. Li-yang H.	溧陽縣	31° 32'.	119° 32'.	1623 ap. J.-C.	1	23	
8	,,	,,	,,	,,	,,	,,	1668 ,,	7	26	
9	,,	,,	,,	,,	,,	,,	1831 ,,	9-10		
2440	,,	,,	,,	,,	,,	,,	1839 ,,	10-11		
1	,,	,,	,,	,,	,,	,,	1852 ,,	12	11	
2	,,	,,	,,	,,	,,	,,	1853 ,,	4-5		Gr.
3	,,	,,	,,	,,	,,	,,	1872 ,,	7-8		
4	V. Hoai-ngan F.	淮安府	,,	,,	33° 25'.	119° 22'.	701 ,,	8	12	
5	,,	,,	,,	,,	,,	,,	1481 ,,	3	9	
6	,,	,,	,,	,,	,,	,,	1491 ,,	9	28	
7	,,	,,	,,	,,	,,	,,	1505 ,,	10	9	
8	,,	,,	,,	,,	,,	,,	1585 ,,	3	6	
9	,,	,,	,,	,,	,,	,,	1624 ,,	2	9	
2450	,,	,,	,,	,,	,,	,,	1690 ,,	6-7		
1	,,	,,	V. Yen-tch'eng H.	鹽城縣	33° 22'.	120°	1502 ,,			
2	,,	,,	,,	,,	,,	,,	1662 ,,			
3	,,	,,	,,	,,	,,	,,	1668 ,,	7	25	Gr.
4	,,	,,	,,	,,	,,	,,	1848 ,,	8	3	
5	,,	,,	,,	,,	,,	,,	1853 ,,	Pr.		Pl. jrs.
6	,,	,,	V. Ngan-tong H.	安東縣	33° 47'.	119° 27'.	1668 ,,	7	25	Gr.
7	V. Hai T*.	海州			34° 29'.	119° 27'.	154 ,,	6-7		(1)
2458	,,	,,			,,	,,	1354 ,,	11-12		

(1) Aff. mont. K'iu Chan 朐山.

	P. KIANG-SOU 江蘇		LATITUDE.	LONG. E. G.	ANNÉE.	M. SOL.	JOUR.	NOTE.
2459	V. Hai T*. 海州		34° 29'.	119° 27'.	1366 ap. J.-C.	4-5		
2460	,, ,,		,,	,,	1495 ,,	10	30	Pl. jrs.
1	,, ,,		,,	,,	1731 ,,	12	6	
2	,, ,,	V. Kan-yu H. 贛榆縣	34° 52'.	119° 28'.	1305 ,,	4-5		
3	,, ,,	,, ,,	,,	,,	1366 ,,	4-5		(1)
4	,, ,,	,, ,,	,,	,,	1572 ,,			
5	,, ,,	,, ,,	,,	,,	1610 ,,			
6	,, ,,	,, ,,	,,	,,	1630 ,,	5-6		
7	,, ,,	,, ,,	,,	,,	1648 ,,	12		
8	,, ,,	,, ,,	,,	,,	1649 ,,	9-10		
9	,, ,,	,, ,,	,,	,,	1668 ,,	7	25	Gr.
2470	,, ,,	V. Chouo-yang H. 沭陽縣	34° 08'.	119° 08'.	1572 ,,			
1	,, ,,	,, ,,	,,	,,	1630 ,,	5-6		
2	,, ,,	,, ,,	,,	,,	1652 ,,	Hiv.		
3	,, ,,	,, ,,	,,	,,	1668 ,,	7	25	Gr.
4	V. Yang-tcheou F. 揚州府		32° 21'.	119° 15'.	701 ,,	8	12	
5	,, ,,		,,	,,	1419 ,,	2-3		
6	,, ,,		,,	,,	1478 ,,			
7	,, ,,		,,	,,	1481 ,,	3	9	
8	,, ,,		,,	,,	1491 ,,	9	28	
9	,, ,,		,,	,,	1499 ,,	9-10		
2480	,, ,,		,,	,,	1505 ,,	10	9	

(1) Aff. mont. Ou Chan 吳山.

	P. KIANG-SOU 江蘇				LATITUDE.	LONG. E. G.	ANNÉE.		M. SOL.	JOUR.	NOTE.
2481	V. Yang-tcheou F.	揚州府			*32° 21'.*	*119° 15'.*	1584	ap. J.-C.	11		
2	,,	,,			,,	,,	1585	,,	3	6	
3	,,	,,			,,	,,	,,	,,	11	26	
4	,,	,,			,,	,,	1615	,,	3	1	
5	,,	,,			,,	,,	1623	,,	3		
6	,,	,,			,,	,,	1624	,,	2	10	
7	,,	,,			,,	,,	1628	,,	9-10		
8	,,	,,			,,	,,	1668	,,	7	25	
9	,,	,,			,,	,,	1764	,,	4	28	
2490	,,	,,	V. Yang-tse H.	揚子縣	*32° 18'.*	*119° 09'.*	1764	,,	4	28	
1	,,	,,	V. Pao-yng H.	寶應縣	*33° 04'.*	*119° 22'.*	1546	,,	12		Gr.
2	,,	,,	,,	,,	,,	,,	1566	,,	4	9	
3	,,	,,	,,	,,	,,	,,	1585	,,	11	26	
4	,,	,,	,,	,,	,,	,,	1612	,,	2	20	
5	,,	,,	,,	,,	,,	,,	1668	,,	7	25	
6	,,	,,	V. Tong-t'ai H.	東臺縣	*32° 35'.*	*120° 25'.*	1027	,,	4-5		
7	,,	,,	,,	,,	,,	,,	1585	,,	11	26	
8	,,	,,	,,	,,	,,	,,	1624	,,	2	10	
9	,,	,,	,,	,,	,,	,,	1658	,,	5	5	
2500	,,	,,	,,	,,	,,	,,	,,	,,	,,	9	
1	,,	,,	,,	,,	,,	,,	,,	,,	,,	10	
2502	,,	,,	,,	,,	,,	,,	,,	,,	,,	15	

	P. KIANG-SOU 江蘇				LATITUDE.	LONG. E. G.	ANNÉE.	M. SOL.	JOUR.	NOTE.
2503	Yang-tcheou F.	揚州府	V. Tong-t'ai H.	東臺縣	32° 35'.	120° 25'.	1668 ap. J.-C.	7	25	
4	,,	,,	,,	,,	,,	,,	1731 ,,	11		
5	,,	,,	V. Kao-yeou T.	高郵州	32° 46'.	119° 22'.	1561 ,,	6	23	
6	,,	,,	,,	,,	,,	,,	1853 ,,	Pr.		Pl. jrs.
7	,,	,,	,,	,,	,,	,,	1872 ,,	7	24	
8	,,	,,	V. T'ai T.	泰州	32° 24'.	119° 55'.	1077 ,,	4-5		
9	,,	,,	,,	,,	,,	,,	1624 ,,	1		
2510	,,	,,	,,	,,	,,	,,	1731 ,,	11		
1	V. T'ong T*.	通州			32°	120° 55'.	1505 ,,	10	9	
2	,,	,,			,,	,,	1568 ,,	1-2		
3	,,	,,			,,	,,	1580 ,,	Hiv.		
4	,,	,,			,,	,,	1624 ,,	2	10	
5	,,	,,			,,	,,	1626 ,,	6-7		
6	,,	,,			,,	,,	1658 ,,	9	20	
7	,,	,,			,,	,,	1668 ,,	7	25	
8	,,	,,			,,	,,	1727 ,,	12		
9	,,	,,			,,	,,	1731 ,,	11		
2520	,,	,,			,,	,,	1732 ,,	12		
1	,,	,,	V. Jou-kao H.	如皐縣	32° 22'.	120° 36'.	1027 ,,	4-5		
2	,,	,,	,,	,,	,,	,,	1505 ,,	9-10		
3	,,	,,	,,	,,	,,	,,	1568 ,,	1-2		
2524	,,	,,	,,	,,	,,	,,	1593 ,,			

	P. KIANG-SOU 江蘇				LATITUDE.	LONG. E. G.	ANNÉE.	M. SOL.	JOUR.	NOTE.
2525	T'ong T*.	通州	V. Jou-kao H.	如皐縣	*32° 22'.*	*120° 36'.*	1615 ap. J.-C.	3		
6	,,	,,	,,	,,	,,	,,	1624 ,,	2	10	
7	,,	,,	,,	,,	,,	,,	1626 ,,	6-7		
8	,,	,,	,,	,,	,,	,,	1668 ,,	7-8		
9	,,	,,	,,	,,	,,	,,	1727 ,,	12		
2530	,,	,,	,,	,,	,,	,,	1730 ,,	11-12		
1	,,	,,	,,	,,	,,	,,	1732 ,,	12		
2	,,	,,	,,	,,	,,	,,	1752 ,,	5-6		
3	,,	,,	V. T'ai-hing H.	泰興縣	*32° 03'.*	*120° 10'.*	1027 ,,	4-5		
4	,,	,,	,,	,,	,,	,,	1568 ,,	1-2		
5	,,	,,	,,	,,	,,	,,	1580 ,,	Hiv.		
6	,,	,,	,,	,,	,,	,,	1593 ,,			
7	,,	,,	,,	,,	,,	,,	1615 ,,	3		
8	,,	,,	,,	,,	,,	,,	1624 ,,	2	10	
9	,,	,,	,,	,,	,,	,,	1626 ,,	6-7		
2540	,,	,,	,,	,,	,,	,,	1658 ,,	8-9		
1	,,	,,	,,	,,	,,	,,	1668 ,,	7-8		
2	,,	,,	,,	,,	,,	,,	1853 ,,	5-6		
3	,,	,,	,,	,,	,,	,,	1872 ,,	6-7		
4	V. Siu-tcheou F.	徐州府			*34° 11'.*	*117° 32'.*	179 av. J.-C.	5-6		
5	,,	,,			,,	,,	522 ap. J.-C.	7	28	
2546	,,	,,			,,	,,	926 ,,	1	12	

	P. KIANG-SOU 江蘇	LATITUDE.	LONG. E. G.	ANNÉE.	M. SOL.	JOUR.	NOTE.
2547	V. Siu-tcheou F. 徐州府	*34° 11'.*	*117° 32'.*	1502 ap. J.-C.	10	17	
8	,, ,,	,,	,,	1525 ,,	9	3	
9	,, ,,	,,	,,	,, ,,	9-10		
2550	,, ,,	,,	,,	1546 ,,	9	19	
1	,, ,,	,,	,,	,, ,,	,,	22	
2	,, ,,	,,	,,	1616 ,,			
3	,, ,,	,,	,,	1622 ,,	4-5		
4	,, ,,	,,	,,	1639 ,,	1	10	
5	,, ,,	,,	,,	1643 ,,	10-11		
6	,, ,,	,,	,,	1644 ,,	1-2		
7	,, ,,	,,	,,	1648 ,,	8-9		
8	,, ,,	,,	,,	1649 ,,	10-11		
9	, ,,	,,	,,	1658 ,,	6		
2560	,, ,,	,,	,,	1668 ,,	7	25	Gr.
1	,, ,,	,,	,,	1785 ,,			
2	,, ,,	,,	,,	1829 ,,	11	18	Lég.
3	,, ,,	,,	,,	1830 ,,	6	12	,,
4	,, ,, V. Siao H. 蕭縣	*34° 12'.*	*117° 13'.*	1544 ,,			
5	,, ,, ,, ,,	,,	,,	1616 ,,			
6	,, ,, ,, ,,	,,	,,	1622 ,,	4	16	
7	,, ,, ,, ,,	,,	,,	1642 ,,	10	4	
2568	,, ,, ,, ,,	,,	,,	1644 ,,	1	15	

16

	P. KIANG-SOU 江蘇				LATITUDE.	LONG. E. G.	ANNÉE.	M. SOL.	JOUR.	NOTE.
2569	Siu-tcheou F.	徐州府	V. Siao H.	蕭縣	*34° 12'.*	*117° 13'.*	1648 ap. J.-C.	8	21	
2570	,,	,,	,,	,,	,,	,,	1649 ,,	10	6	
1	,,	,,	,,	,,	,,	,,	,, ,,	,,	7	
2	,,	,,	,,	,,	,,	,,	1658 ,,	6		
3	,,	,,	,,	,,	,,	,,	1668 ,,	7	25	
4	,,	,,	,,	,,	,,	,,	1671 ,,	9-10		
5	,,	,,	,,	,,	,,	,,	1672 ,,	Ét.		
6	,,	,,	,,	,,	,,	,,	1859 ,,	3	12	
7	,,	,,	V. T'ang-chan H.	碭山縣	*34° 29'.*	*116° 41'.*	1622 ,,	4-5		
8	,,	,,	,,	,,	,,	,,	1648 ,,	8-9		
9	,,	,,	,,	,,	,,	,,	1649 ,,	10-11		
2580	,,	,,	,,	,,	,,	,,	1658 ,,	6		
1	,,	,,	,,	,,	,,	,,	1668 ,,	7	25	
2	,,	,,	V. Fong H.	豐縣	*33° 46'.*	*116° 50'.*	1367 ,,	9-10		
3	,,	,,	,,	,,	,,	,,	1546 ,,	9-10		
4	,,	,,	,,	,,	,,	,,	1552 ,,	Aut.		
5	,,	,,	,,	,,	,,	,,	1629 ,,	2-3		
6	,,	,,	,,	,,	,,	,,	1642 ,,	10	4	
7	,,	,,	,,	,,	,,	,,	1643 ,,	1	28	
8	,,	,,	,,	,,	,,	,,	,, ,,	10	23	
9	,,	,,	,,	,,	,,	,,	1644 ,,	1	15	
2590	,,	,,	,,	,,	,,	,,	1668 ,,	7	25	Gr.

	P. KIANG-SOU 江蘇				LATITUDE.	LONG. E. G.	ANNÉE.	M. SOL.	JOUR.	NOTE.
2591	Siu-tcheou F.	徐州府	V. Fong H.	豐縣	33° 46'.	116° 50'.	1668 ap. J.-C.	7	27	Pl. jrs.
2	,,	,,	,,	,,	,,	,,	1695 ,,	5	15	
3	,,	,,	,,	,,	,,	,,	1853 ,,	10		
4	,,	,,	,,	,,	,,	,,	1859 ,,	1-2		
5	,,	,,	V. P'ei H.	沛縣	34° 49'.	117° 10'.	1597 ,,	9-10		
6	,,	,,	,,	,,	,,	,,	,, ,,	10-11		
7	,,	,,	,,	,,	,,	,,	1622 ,,	4-5		
8	,,	,,	,,	,,	,,	,,	1639 ,,	1	20	
9	,,	,,	,,	,,	,,	,,	1643 ,,	10	23	
2600	,,	,,	,,	,,	,,	,,	1644 ,,	1	15	
1	,,	,,	V. Sou-ts'ien H.	宿遷縣	33° 55'.	118° 44'.	1643 ,,	10	23	
2	,,	,,	,,	,,	,,	,,	1644 ,,	1	15	
3	,,	,,	,,	,,	,,	,,	1830 ,,	5-6		
4	,,	,,	,,	,,	,,	,,	1846 ,,	7-8		
5	,,	,,	,,	,,	,,	,,	1850 ,,	Aut.		
6	,,	,,	,,	,,	,,	,,	1852 ,,	Hiv.		
7	,,	,,	,,	,,	,,	,,	1853 ,,	4-5		
8	,,	,,	V. Soei-ning H.	睢寧縣	33° 50'.	118° 15'.	1668 ,,	7	25	Gr.
9	,,	,,	,,	,,	,,	,,	1785 ,,	Pr.		
2610	,,	,,	,,	,,	,,	,,	1829 ,,	10-11		
1	,,	,,	,,	,,	,,	,,	1830 ,,	5-6		
2612	,,	,,	,,	,,	,,	,,	1831 ,,	9-10		

	P. KIANG-SOU 江蘇				LATITUDE.	LONG. E. G.	ANNÉE.	M. SOL.	JOUR.	NOTE.
2613	Siu-tcheou F.	徐州府	V. Soei-ning H.	睢寧縣	33° 50'.	118° 15'.	1846 ap. J.-C.	7-8		
4	,,	,,	,,	,,	,,	,,	1847 ,,	10-11		
5	,,	,,	,,	,,	,,	,,	1852 ,,	Hiv.		
6	,,	,,	,,	,,	,,	,,	1853 ,,	4-5		
7	,,	,,	V. P'ei T.	邳州	34° 30'.	118° 26'.	1524 ,,	2	4	
8	,,	,,	,,	,,	,,	,,	1668 ,,	7	25	Gr.
9	,,	,,	,,	,,	,,	,,	1829 ,,	11	18	
2620	,,	,,	,,	,,	,,	,,	1830 ,,	6	12	
1	,,	,,	,,	,,	,,	,,	1831 ,,	9	28	
2	,,	,,	,,	,,	,,	,,	1846 ,,	8	7	
3	,,	,,	,,	,,	,,	,,	1847 ,,	10-11		
4	,,	,,	,,	,,	,,	,,	1851 ,,	6	22	
2625	,,	,,	,,	,,	,,	,,	,, ,,	,,	23	

VII. TREMBLEMENTS DE TERRE DANS LA PROVINCE DU NGAN-HOEI 安徽.

	P. NGAN-HOEI 安徽				LATITUDE.	LONG. E. G.	ANNÉE.		M. SOL.	JOUR.	NOTE.
2626	V. Ngan-k'ing F.	安慶府			30° 32'.	117° 07'.	1336	ap. J.-C.	1	12	
7	,,	,,			,,	,,	1481	,,	3	9	
8	,,	,,			,,	,,	1497	,,	6		
9	,,	,,			,,	,,	1634	,,	1-2		
2630	,,	,,			,,	,,	1635	,,	2-3		
1	,,	,,			,,	,,	1638	,,			
2	,,	,,			,,	,,	1652	,,	3	23	
3	,,	,,			,,	,,	1654	,,	2-3		
4	,,	,,			,,	,,	1767	,,	Hiv.		
5	,,	,,			,,	,,	1791	,,	8		
6	,,	,,	V. Tsiuen-chan H.	潛山縣	30° 43'.	116° 38'.	1333	,,	12	20	
7	,,	,,	,,	,,	,,	,,	1366	,,	1	12	
8	,,	,,	V. T'ai-hou H.	太湖縣	30° 30'.	116° 20'.	1336	,,	1	12	
9	,,	,,	,,	,,	,,	,,	1481	,,	3	9	
2640	,,	,,	,,	,,	,,	,,	1634	,,	1-2		
1	,,	,,	,,	,,	,,	,,	1635	,,	2	7	
2	,,	,,	,,	,,	,,	,,	1652	,,	2	9	
3	,,	,,	,,	,,	,,	,,	,,	,,	3	23	
4	,,	,,	,,	,,	,,	,,	1668	,,	7	25	
5	,,	,,	V. Sou-song H.	宿松縣	30° 16'.	116° 10'.	1336	,,	3	1	
6	,,	,,	,,	,,	,,	,,	1366	,,	1	12	
2647	V. Hoei-tcheou F.	徽州府			29° 59'.	118° 28'.	1560	,,	3	24	

	P. NGAN-HOEI 安徽				LATITUDE.	LONG. E. G.	ANNÉE.	M. SOL.	JOUR.	NOTE.
2648	V. Hoei-tcheou F.	徽州府			29° 59'.	118° 28'.	1668 ap. J.-C.	7	25	
9	,,	,,			,,	,,	1757 ,,	12	26	
2650	,,	,,			,,	,,	,, ,,	,,	27	Lég.
1	,,	,,	V. Hieou-ning H.	休寧縣	29° 53'.	118° 17'.	1226 ,,	8	9	(1)
2	,,	,,	,,	,,	,,	,,	1560 ,,	3	24	
3	,,	,,	,,	,,	,,	,,	1668 ,,	7	25	
4	,,	,,	V. Ou-yuen H.	婺源縣	29° 18'.	117° 59'.	1604 ,,	12		
5	,,	,,	,,	,,	,,	,,	1668 ,,	7	25	
6	,,	,,	,,	,,	,,	,,	1674 ,,	8	14	
7	,,	,,	,,	,,	,,	,,	1756 ,,	12	13	
8	,,	,,	,,	,,	,,	,,	1850 ,,	11-12		
9	,,	,,	V. K'i-men H.	祁門縣	29° 55'.	118° 18'.	1659 ,,	9	2	
2660	,,	,,	,,	,,	,,	,,	1668 ,,	7	25	
1	,,	,,	,,	,,	,,	,,	1756 ,,	Aut.		
2	,,	,,	V. Y H.	黟縣	30° 05'.	117° 58'.	1668 ,,	7	25	
3	,,	,,	V. Tsi-k'i H.	績溪縣	30° 09'.	118° 38'.	1560 ,,	3	24	
4	,,	,,	,,	,,	,,	,,	1652 ,,	Pr.		
5	,,	,,	,,	,,	,,	,,	1668 ,,	7	25	
6	,,	,,	,,	,,	,,	,,	1688 ,,	6-7		
7	,,	,,	,,	,,	,,	,,	1756 ,,	12	13	
8	,,	,,	,,	,,	,,	,,	1770 ,,	1		
2669	V. Ning-kouo F.	寧國府			30° 50'.	118° 41'.	123 ,,	8-9		(2)

(1) (2) Aff. mont.

	P. NGAN-HOEI 安徽		LATITUDE.	LONG. E. G.	ANNÉE.	M. SOL.	JOUR.	NOTE.
2670	V. Ning-kouo F. 寧國府		*30° 50'.*	*118° 41'.*	250 ap. J.-C.	9-10		(1)
1	,, ,,		,,	,,	1354 ,,	11-12		
2	,, ,,		,,	,,	1355 ,,	5-6		(2)
3	,, ,,		,,	,,	1505 ,,	10	9	
4	,, ,,		,,	,,	1668 ,,	7	25	
5	,, ,,		,,	,,	1773 ,,			
6	,, ,,	V. Tsing-té H. 旌德縣	*30° 35'.*	*118° 34'.*	1354 ,,	11-12		
7	V. Tch'e-tcheou F. 池州府		*30° 40'.*	*117° 30'.*	1535 ,,	Pr.		
8	,, ,,		,,	,,	1561 ,,	,,		
9	,, ,,		,,	,,	1585 ,,	3-4		
2680	,, ,,		,,	,,	1622 ,,	12		
1	,, ,,		,,	,,	1652 ,,	3	24	
2	,, ,,		,,	,,	1654. ,,	2	7	
3	,, ,,		,,	,,	,, ,,	,,	10	
4	,, ,,		,,	,,	,, ,,	,,	17	
5	,, ,,		,,	,,	1659 ,,	9	3	
6	,, ,,		,,	,,	1825 ,,	7	18	
7	,, ,,		,,	,,	1868 ,,	10	30	
8	,, ,,	V. Tong-lieou H. 東流縣	*30° 13'.*	*117° 01'.*	1535 ,,	1		
9	,, ,,	,, ,,	,,	,,	1561 ,,	Pr.		
2690	,, ,,	,, ,,	,,	,,	1652 ,,	3	24	
2691	,, ,,	,, ,,	,,	,,	1654 ,,	2	17	

(1) Aff. mont. et perturb. riv.

(2) Aff. mont. King-t'ing Chan 敬亭山, Ma-kou Chan 麻姑山, Hoa-yan Chan 華陽山.

	P. NGAN-HOEI 安徽				LATITUDE.	LONG. E. G.	ANNEE.	M. SOL.	JOUR.	NOTE.
2692	Tch'e-tcheou F.	池州府	V. Tong-lieou H.	東流縣	*30° 13'.*	*117° 01'.*	1668 ap. J.-C.	7	25	
3	,,	,,	,,	,,	,,	,,	1681 ,,	9-10		
4	,,	,,	,,	,,	,,	,,	1756 ,,	12	13	
5	V. Liu-tcheou F.	廬州府			*31° 50'.*	*117° 15'.*	1329 ,,	3	24	
6	,,	,,			,,	,,	1336 ,,	1	12	
7	,,	,,			,,	,,	1481 ,,	3	9	
8	,,	,,			,,	,,	1585 ,,	3	6	
9	,,	,,			,,	,,	1668 ,,	7	25	
2700	,,	,,			,,	,,	1833 ,,	Pr.		
1	,,	,,			,,	,,	1866 ,,			
2	,,	,,			,,	,,	1880 ,,	8	13	
3	,,	,,	V. Liu-kiang H.	廬江縣	*31° 17'.*	*117° 17'.*	1529 ,,			
4	,,	,,	,,	,,	,,	,,	1585 ,,	3	6	
5	,,	,,	,,	,,	,,	,,	1607 ,,	11-12		
6	,,	,,	,,	,,	,,	,,	1643 ,,	Hiv.		
7	,,	,,	,,	,,	,,	,,	1653 ,,	1-2		
8	,,	,,	,,	,,	,,	,,	1654 ,,	2	17	
9	,,	,,	,,	,,	,,	,,	,, ,,	,,	21	
2710	,,	,,	,,	,,	,,	,,	1668 ,,	7	25	
1	,,	,,	V. Chou-tch'eng H.	舒城縣	*31° 30'.*	*117° 18'.*	1666 ,,			
2	,,	,,	,,	,,	,,	,,	1668 ,,	7	25	
2713	,,	,,	V. Tch'ao H.	巢 縣	*31° 35'.*	*117° 46'.*	1588 ,,	4-5		

	P. NGAN-HOEI 安徽				LATITUDE.	LONG. E. G.	ANNÉE.	M. SOL.	JOUR.	NOTE.
2714	Liu-tcheou F.	廬州府	V. Tch'ao H.	巢 縣	*31° 35'.*	*117° 46'.*	1601 ap. J.-C.	4	7	
5	,,	,,	,,	,,	,,	,,	1607 ,,	1-2		
6	,,	,,	,,	,,	,,	,,	1615 ,,	10-11		
7	,,	,,	,,	,,	,,	,,	1626 ,,			
8	,,	,,	,,	,,	,,	,,	1652 ,,	4-5		
9	,,	,,	,,	,,	,,	,,	1668 ,,	7	25	
2720	,,	,,	,,	,,	,,	,,	1688 ,,	1	3	
1	,,	,,	,,	,,	,,	,,	1693 ,,	3	14	
2	,,	,,	,,	,,	,,	,,	1695 ,,	2	27	
3	,,	,,	,,	,,	,,	,,	1696 ,,	2	22	
4	,,	,,	,,	,,	,,	,,	,, ,,	,,	23	
5	,,	,,	,,	,,	,,	,,	1697 ,,	2-3		
6	,,	,,	,,	,,	,,	,,	,, ,,	3	25	
7	,,	,,	,,	,,	,,	,,	1880 ,,	8	12	
8	,,	,,	,,	,,	,,	,,	,, ,,	,,	13	
9	,,	,,	V. Ou-wei T.	無爲州	*31° 23'.*	*117° 50'.*	1607 ,,	11-12		
2730	,,	,,	,,	,,	,,	,,	1622 ,,	9-10		
1	,,	,,	,,	,,	,,	,,	1631 ,,	8	14	
2	,,	,,	,,	,,	,,	,,	1643 ,,	Hiv.		
3	,,	,,	,,	,,	,,	,,	1668 ,,	7	25	
4	,,	,,	,,	,,	,,	,,	1864 ,,	10		
2735	,,	,,	,,	,,	,,	,,	1872 ,,	7	24	

VII. DANS LA PROVINCE DU NGAN-HOEI 安徽.

	P. NGAN-HOEI 安徽				LATITUDE.	LONG. E. G.	ANNÉE.	M. SOL.	JOUR.	NOTE.
2736	V. Fong-yang F.	鳳陽府			32° 54'.	117° 35'.	294 ap. J.-C.	6	27	(1)
7	,,	,,			,,	,,	,, ,,	7-8		(2)
8	,,	,,			,,	,,	1477 ,,	2	13	
9	,,	,,			,,	,,	1481 ,,	3	9	
2740	,,	,,			,,	,,	1500 ,,	11	18	
1	,,	,,			,,	,,	1514 ,,	7	4	
2	,,	,,			,,	,,	1522 ,,	1	28	
3	,,	,,			,,	,,	1525 ,,	9	3	
4	,,	,,			,,	,,	,, ,,	10	2	
5	,,	,,			,,	,,	1552 ,,	3	4	
6	,,	,,			,,	,,	1617 ,,	6	13	
7	,,	,,			,,	,,	,, ,,	,,	14	
8	,,	,,			,,	,,	1643 ,,	10-11		Pl. jrs.
9	,,	,,			,,	,,	1644 ,,	2	8	
2750	,,	,,			,,	,,	1668 ,,	7	25	Gr.
1	,,	,,	V. Cheou T.	壽州	32° 34'.	116° 43'.	281 ,,	3-4		
2	,,	,,	,,	,,	,,	,,	294 ,,	7-8		
3	,,	,,	V. Sou T.	宿州	33° 43'.	117° 07'.	1537 ,,	5	13	
4	,,	,,	,,	,,	,,	,,	1634 ,,	Pr.		
5	,,	,,	,,	,,	,,	,,	1651 ,,	3	6	
6	,,	,,	,,	,,	,,	,,	1668 ,,	7	25	Gr.
2757	,,	,,	,,	,,	,,	,,	1735 ,,	12		

(1) (2) Aff. mont.

	P. NGAN-HOEI 安徽				LATITUDE.	LONG. E. G.	ANNÉE.	M. SOL.	JOUR.	NOTE.
2758	V. Yng-tcheou F.	潁州府			32° 58'.	115° 57'.	294 ap. J.-C.	12		
9	,,	,,			,,	,,	1480 ,,			
2760	,,	,,			,,	,,	1524 ,,	2	4	
1	,,	,,			,,	,,	1525 ,,	9	9	
2	,,	,,			,,	,,	1526 ,,	2	4	
3	,,	,,			,,	,,	1582 ,,			
4	,,	,,			,,	,,	1585 ,,	5		
5	,,	,,			,,	,,	1644 ,,	1	12	
6	,,	,,			,,	,,	1652 ,,	Pr.		
7	,,	,,			,,	,,	1653 ,,			
8	,,	,,			,,	,,	1658 ,,			
9	,,	,,			,,	,,	1668 ,,	7	25	
2770	,,	,,	V. Yng-chang H.	潁上縣	32° 40'.	116° 13'.	294 ,,	12		
1	,,	,,	,,	,,	,,	,,	1480 ,,			
2	,,	,,	,,	,,	,,	,,	1582 ,,			
3	,,	,,	,,	,,	,,	,,	1585 ,,	5		
4	,,	,,	,,	,,	,,	,,	1594 ,,	Aut.		
5	,,	,,	,,	,,	,,	,,	1597 ,,	9-10		
6	,,	,,	,,	,,	,,	,,	1644 ,,	1	12	
7	,,	,,	,,	,,	,,	,,	1652 ,,	Pr.		
8	,,	,,	V. Ho-k'ieou H.	霍邱縣	32° 23'.	116° 13'.	294 ,,	12		
2779	,,	,,	,,	,,	,,	,,	701 ,,	8	12	

	P. NGAN-HOEI 安徽				LATITUDE.	LONG. E. G.	ANNÉE.	M. SOL.	JOUR.	NOTE.
2780	Yng-tcheou F.	潁州府	V. Hok'ieou H.	霍邱縣	*32° 23'.*	*116° 13'.*	1399 ap. J.-C.	4-5		
1	,,	,,	,,	,,	,,	,,	1404 ,,			
2	,,	,,	,,	,,	,,	,,	1425 ,,	4-5		
3	,,	,,	,,	,,	,,	,,	,, ,,	6-7		
4	,,	,,	,,	,,	,,	,,	1426 ,,	1-2		
5	,,	,,	,,	,,	,,	,,	1476 ,,			
6	,,	,,	,,	,,	,,	,,	1481 ,,	3	9	
7	,,	,,	,,	,,	,,	,,	1495 ,,	10-11		
8	,,	,,	,,	,,	,,	,,	1506 ,,			
9	,,	,,	,,	,,	,,	,,	1524 ,,	2	4	
2790	,,	,,	,,	,,	,,	,,	1546 ,,	1		
1	,,	,,	,,	,,	,,	,,	1568 ,,			
2	,,	,,	,,	,,	,,	,,	1589 ,,	7	5	
3	,,	,,	,,	,,	,,	,,	1593 ,,	10	6	
4	,,	,,	,,	,,	,,	,,	1644 ,,	1	12	
5	,,	,,	,,	,,	,,	,,	1651 ,,	3	7	
6	,,	,,	,,	,,	,,	,,	1668 ,,	7	25	Gr.
7	,,	,,	,,	,,	,,	,,	1742 ,,	11	15	
8	,,	,,	,,	,,	,,	,,	1749 ,,	4-5		
9	,,	,,	,,	,,	,,	,,	1831 ,,	9-10		
2800	,,	,,	,,	,,	,,	,,	1868 ,,	10	30	
2801	,,	,,	V. T'ai-houo H.	太和縣	*30° 10'.*	*115° 43'.*	1547 ,,			

	P. NGAN-HOEI 安徽				LATITUDE.	LONG. E. G.	ANNÉE.	M. SOL.	JOUR.	NOTE.
2802	V. Yng-tcheou F.	頴州府	V. T'ai-houo H.	太和縣	*30° 10'.*	*115° 43'.*	1635 ap. J.-C.	2	5	
3	,,	,,			,,	,,	1658 ,,			
4	,,	,,			,,	,,	1722 ,,	3-4		
5	,,	,,	,,	,,	,,	,,	,, ,,	5-6		
6	,,	,,	V. Mong-tch'eng H.	蒙城縣	*33° 23'.*	*116° 38'.*	281 ,,	3-4		
7	,,	,,	,,	,,	,,	,,	1622 ,,			
8	,,	,,	,,	,,	,,	,,	1644 ,,	1	12	
9	,,	,,	,,	,,	,,	,,	1653 ,,	Hiv.		
2810	,,	,,	,,	,,	,,	,,	1654 ,,	,,		
1	,,	,,	,,	,,	,,	,,	1668 ,,	7	25	
2	,,	,,	V. Po T.	亳州	*33° 58'.*	*115° 54'.*	842 ,,	3	13	
3	,,	,,	,,	,,	,,	,,	1290 ,,	9-10		Gr.
4	,,	,,	,,	,,	,,	,,	1481 ,,	3		,,
5	,,	,,	,,	,,	,,	,,	1785 ,,	7-8		
6	,,	,,	,,	,,	,,	,,	1853 ,,	7-8		Gr.
7	V. Koang-té T.	廣德州			*31°*	*119° 23'.*	1505 ,,	9-10		
8	,,	,,			,,	,,	1620 ,,			
9	,,	,,			,,	,,	1623 ,,	Hiv.		
2820	,,	,,			,,	,,	1624 ,,	8-9		
1	,,	,,			,,	,,	1763 ,,	Aut.		
2	,,	,,			,,	,,	1785 ,,	4-5		
2823	,,	,,			,,	,,	1853 ,,	4-5		

	P. NGAN-HOEI 安徽				LATITUDE.	LONG. E. G.	ANNÉE.	M. SOL.	JOUR.	NOTE.
2824	V. Tch'ou T*.	滁州			32° 15'.	118° 20'.	1093 ap. J.-C.			
5	,,	,,			,,	,,	1096 ,,	10	11	
6	,,	,,			,,	,,	1668 ,,	7	25	
7	V. Houo T*.	和州			31° 42'.	118° 25'.	1481 ,,	3	9	
8	,,	,,			,,	,,	1505 ,,	10	9	
9	V. Lou-ngan T*.	六安州			31° 49'.	116° 31'.	1425 ,,	3	7	
2830	,,	,,			,,	,,	1652 ,,	Pr.		
1	,,	,,			,,	,,	1668 ,,	7	25	
2	,,	,,			,,	,,	1847 ,,			
3	,,	,,	V. Ho-chan H.	霍山縣	31° 30'.	116° 20'.	415 ,,	7	19	(1)
4	,,	,,	,,	,,	,,	,,	1615 ,,	Pr.		
5	,,	,,	,,	,,	,,	,,	1624 ,,			(2)
6	,,	,,	,,	,,	,,	,,	1652 ,,	,,		
7	V. Se T*.	泗州			33° 08'.	118° 20'.	1477 ,,	2	13	
8	,,	,,			,,	,,	1570 ,,			
9	,,	,,			,,	,,	1668 ,,	7	25	Gr.
2840	,,	,,	V. Ou-ho H.	五河縣	33° 12'.	117° 43'.	1522 ,,	1	28	
1	,,	,,	,,	,,	,,	,,	1523 ,,	1-2		
2	,,	,,	,,	,,	,,	,,	1546 ,,	8-9		
3	,,	,,	,,	,,	,,	,,	1552 ,,	3	5	
4	,,	,,	,,	,,	,,	,,	1556 ,,	4	23	
2845	,,	,,	,,	,,	,,	,,	1561 ,,	6	10	

(1) (2) Aff. mont. Ho Chan 霍山.

	P. NGAN-HOEI 安徽				LATITUDE.	LONG. E. G.	ANNÉE.	M. SOL.	JOUR.	NOTE.
2846	Se T*.	泗 州	V. Ou-ho H.	五河縣	*33° 12'.*	*117° 43'.*	1617 ap. J.-C.	6	13	
7	,,	,,	,,	,,	,,	,,	,, ,,	,,	14	
8	,,	,,	,,	,,	,,	,,	1623 ,,			
9	,,	,,	,,	,,	,,	,,	1642 ,,	11	20	
2850	,,	,,	,,	,,	,,	,,	1652 ,,	3	24	
1	,,	,,	,,	,,	,,	,,	1654 ,,	1	11	
2	,,	,,	,,	,,	,,	,,	1668 ,,	7	25	Gr.
3	,,	,,	,,	,,	,,	,,	,, ,,	8	3	
4	,,	,,	,,	,,	,,	,,	1672 ,,	6	17	
5	,,	,,	,,	,,	,,	,,	1829 ,,	11	18	Gr.
6	,,	,,	,,	,,	,,	,,	1830 ,,	6	12	
7	,,	,,	,,	,,	,,	,,	1831 ,,	9	28	
8	,,	,,	,,	,,	,,	,,	1846 ,,	8	7	
9	,,	,,	,,	,,	,,	,,	1847 ,,	10-11		
2860	,,	,,	,,	,,	,,	,,	1850 ,,	Aut.		
1	,,	,,	,,	,,	,,	,,	1851 ,,	4	30	
2	,,	,,	,,	,,	,,	,,	,, ,,	6	22	
3	,,	,,	,,	,,	,,	,,	,, ,,	,,	23	
2864	,,	,,	,,	,,	,,	,,	1853 ,,	1	7	

VIII. TREMBLEMENTS DE TERRE DANS LA PROVINCE DU KIANG-SI 江西.

	P. KIANG-SI 江西				LATITUDE.	LONG. E. G.	ANNÉE.		M. SOL.	JOUR.	NOTE.
2865	V. Nan-tch'ang F.	南昌府			*28° 33'.*	*116° 01'.*	112	ap. J.-C.	8	1	(1)
6	,,	,,			,,	,,	301	,,			
7	,,	,,			,,	,,	318	,,	3-4		
8	,,	,,			,,	,,	,,	,,	11-12		
9	,,	,,			,,	,,	319	,,	1-2		
2870	,,	,,			,,	,,	327	,,	5	12	
1	,,	,,			,,	,,	1284	,,	Aut.		
2	,,	,,			,,	,,	1575	,,	2-3		
3	,,	,,			,,	,,	1605	,,	11	29	
4	,,	,,			,,	,,	1631	,,	8	15	
5	,,	,,			,,	,,	,,	,,	11	4	
6	,,	,,			,,	,,	,,	,,	,,	9	
7	,,	,,			,,	,,	1668	,,	7-8		
8	,,	,,	V. Fong-tch'eng H.	豐城縣	*28° 10'.*	*115° 50'.*	1517	,,	5	9	
9	,,	,,	,,	,,	,,	,,	1757	,,	10-11		
2880	,,	,,	,,	,,	,,	,,	1806	,,	1		
1	,,	,,	V. Tsin-hien H.	進賢縣	*28° 29'.*	*116° 17'.*	1511	,,	1	29	
2	,,	,,	,,	,,	,,	,,	1610	,,			
3	,,	,,	,,	,,	,,	,,	1757	,,	1	7	
4	,,	,,	V. Fong-sin H.	奉新縣	*28° 41'.*	*115° 19'.*	1631	,,	8	15	
5	,,	,,	,,	,,	,,	,,	,,	,,	10-11		
2886	,,	,,	,,	,,	,,	,,	1668	,,	7-8		

(1) Aff. mont.

	P. KIANG-SI 江西				LATITUDE.	LONG. E. G.	ANNÉE.	M. SOL.	JOUR.	NOTE.
2887	Nan-tch'ang F.	南昌府	V. Tsin-ngan H.	靖安縣	28° 48'.	115° 21'.	1272 ap. J.-C.			(1)
8	,,	,,	V. Ou-ning H.	武寧縣	29° 16'.	115° 02'.	1631 ,,	8	14	
9	,,	,,			,,	,,	1757 ,,	10-11		
2890	,,	,,	,,	,,	,,	,,	1841 ,,	5-6		
1	,,	,,	V. Y-ning T.	義寧州	29° 01'.	114° 30'.	319 ,,	1-2		
2	,,	,,	,,	,,	,,	,,	327 ,,	5	12	
3	,,	,,	,,	,,	,,	,,	1350 ,,	6	15	(2)
4	,,	,,	,,	,,	,,	,,	1627 ,,	1-2		
5	,,	,,	,,	,,	,,	,,	1631 ,,	8	14	
6	,,	,,	,,	,,	,,	,,	,, ,,	11	4	
7	,,	,,	,,	,,	,,	,,	1636 ,,	9		
8	,,	,,	,,	,,	,,	,,	1697 ,,	7	18	
9	,,	,,	,,	,,	,,	,,	1863 ,,	8	30	
2900	,,	,,	,,	,,	,,	,,	1865 ,,	2	19	
1	V. Jao-tcheou F.	饒州府			28° 59'.	116° 46'.	1336 ,,	1	12	
2	,,	,,			,,	,,	1425 ,,	2-3		Gr.
3	,,	,,			,,	,,	,, ,,	7-8		,,
4	,,	,,			,,	,,	1600 ,,	Aut.		
5	,,	,,			,,	,,	1604 ,,	12	29	Gr.
6	,,	,,			,,	,,	1631 ,,	10-11		
7	,,	,,			,,	,,	1634 ,,	3-4		
2908	,,	,,			,,	,,	1652 ,,	3-4		

(1) (2) Aff. mont.

	P. KIANG-SI 江西				LATITUDE.	LONG. E. G.	ANNÉE.	M. SOL.	JOUR.	NOTE.
2909	V. Jao-tcheou F.	饒州府			*28° 59'.*	*116° 46'.*	1668 ap. J.-C.	7	25	
2910	,,	,,			,,	,,	1669 ,,	7	14	
1	,,	,,			,,	,,	1730 ,,	8-9		
2	,,	,,	V. Yu-kan H.	餘干縣	*28° 37'.*	*116° 43'.*	1334 ,,	1-2		
3	,,	,,	,,	,,	,,	,,	1494 ,,	11-12		
4	,,	,,	,,	,,	,,	,,	1507 ,,	10-11		
5	,,	,,	,,	,,	,,	,,	1517 ,,	5	9	
6	,,	,,	,,	,,	,,	,,	1756 ,,	12	7	
7	,,	,,	V. Lo-p'ing H.	樂平縣	*28° 57'.*	*117° 16'.*	1334 ,,	1-2		
8	,,	,,	,,	,,	,,	,,	1503 ,,	8-9		
9	,,	,,	V. Feou-liang H.	浮梁縣	*29° 20'.*	*117° 19'.*	1756 ,,	12	7	
2920	,,	,,	V. Té-hing H.	德興縣	*28° 55'.*	*117° 42'.*	1334 ,,	1-2		
1	,,	,,	,,	,,	,,	,,	1632 ,,	7-8		
2	,,	,,	,,	,,	,,	,,	1756 ,,	12	7	
3	V. Koang-sin F.	廣信府			*28° 28'.*	*118° 06'.*	1333 ,,	6-7		
4	,,	,,			,,	,,	1338 ,,	6-7		(1)
5	,,	,,			,,	,,	1484 ,,	9-10		
6	,,	,,			,,	,,	1604 ,,	11	29	
7	,,	,,			,,	,,	1710 ,,			
8	,,	,,			,,	,,	1822 ,,			
9	,,	,,	V. Yu-chan H.	玉山縣	*28° 46'.*	*118° 31'.*	1604 ,,	11	29	
2930	,,	,,	V. Koei-k'i H.	貴溪縣	*28° 17'.*	*117° 17'.*	1613 ,,	9	14	

(1) Aff. mont. Ling Chan 靈山.

	P. KIANG-SI 江西				LATITUDE.	LONG. E. G.	ANNÉE.	M. SOL.	JOUR.	NOTE.
2931	V. Koang-sin F.	廣信府	V. Koei-k'i H.	貴溪縣	28° 17'.	117° 17'.	1862 ap. J.-C.	10	29	
2	,,	,,	V. K'ien-chan H.	鉛山縣	28° 15'.	117° 50'.	1497 ,,	6		
3	,,	,,	,,	,,	,,	,,	1604 ,,	11	29	
4	,,	,,	,,	,,	,,	,,	1711 ,,	8	24	
5	,,	,,	,,	,,	,,	,,	1857 ,,	10	30	
6	,,	,,	,,	,,	,,	,,	1862 ,,	10	29	
7	,,	,,	,,	,,	,,	,,	1867 ,,	11	9	
8	,,	,,	,,	,,	,,	,,	1869 ,,	4	29	
9	V. Nan-k'ang F.	南康府			29° 23'.	116° 10'.	1460 ,,	10-11		(1)
2940	,,	,,			,,	,,	1610 ,,	2	26	
1	,,	,,			,,	,,	1631 ,,	8	15	
2	,,	,,			,,	,,	,, ,,	11	9	
3	,,	,,			,,	,,	1668 ,,	7	25	
4	,,	,,	V. Tou-tch'ang H.	都昌縣	29° 12'.	116° 25'.	1610 ,,	2	26	
5	,,	,,	,,	,,	,,	,,	1652 ,,	4-5		
6	,,	,,	V. Kien-tch'ang H.	建昌縣	29° 05'.	115° 43'.	1323 ,,	1	8	(2)
7	,,	,,	,,	,,	,,	,,	1522 ,,	9-10		
8	,,	,,	,,	,,	,,	,,	1610 ,,	2	26	
9	,,	,,	,,	,,	,,	,,	1646 ,,	10-11		
2950	,,	,,	V. Ngan-y H.	安義縣	28° 46'.	115° 30'.	1522 ,,	9-10		
1	,,	,,	,,	,,	,,	,,	1610 ,,	2	26	
2952	,,	,,	,,	,,	,,	,,	1631 ,,	8	13	

(1) (2) Aff. mont.

	P. KIANG-SI 江西.				LATITUDE.	LONG. E. G.	ANNÉE.	M. SOL.	JOUR.	NOTE.
2953	Nan-k'ang F.	南康府	V. Ngan-y H.	安義縣	28° 46'.	115° 30'.	1668 ap. J.-C.	7-8		
4	V. Kieou-kiang F.	九江府			29° 42'.	116° 08'.	329 ,,	11-12		(1) (2)
5	,,	,,			,,	,,	1449 ,,			(3)
6	,,	,,			,,	,,	1480 ,,			(4)
7	,,	,,			,,	,,	1519 ,,	Pr.		
8	,,	,,			,,	,,	1631 ,,	8	13	
9	,,	,,			,,	,,	,, ,,	10-11		
2960	,,	,,			,,	,,	1634 ,,	3-4		Gr.
1	,,	,,			,,	,,	1652 ,,	4-5		
2	,,	,,			,,	,,	1668 ,,	7-8		
3	,,	,,	V. Té-Ngan H.	德安縣	29° 19'.	115° 43'.	1512 ,,	12		
4	,,	,,	,,	,,	,,	,,	1522 ,,	10	4	
5	,	,,	,,	,,	,,	,,	1595 ,,	1-2		
6	,,	,,	,,	,,	,,	,,	1623 ,,	2		
7	,,	,,	,,	,,	,,	,,	1644 ,,	9		
8	,,	,,	,,	,,	,,	,,	1690 ,,	11	18	
9	,,	,,	V. Choei-tch'ang H.	瑞昌縣	29° 49'.	115° 44'.	1604 ,,	11	29	
2970	,,	,,	,,	,,	,,	,,	1605 ,,	6	11	
1	,,	,,	,,	,,	,,	,,	1623 ,,	5-6		(5)
2	,,	,,	,,	,,	,,	,,	1631 ,,	8	13	
3	,,	,,	,,	,,	,,	,,	,, ,,	11	9	
2974	,,	,,	,,	,,	,,	,,	1634 ,,	3-4		

(1) Aff. mont. Tch'ai-sang Chan 柴桑山.
(2) Aff. mont. Liu Chan 廬山.
(3) (4) Aff. mont. Tchong Chan 鍾山.
(5) Aff. mont.

	P. KIANG-SI 江西				LATITUDE.	LONG. E. G.	ANNÉE.	M. SOL.	JOUR.	NOTE.
2975	Kieou-kiang F.	九江府	V. Choei-tch'ang H.	瑞昌縣	29° 49'.	115° 44'.	1668 ap. J.-C.	7	25	
6	,,	,,	,,	,,	,,	,,	1690 ,,	10	29	
7	,,	,,	,,	,,	,,	,,	1693 ,,	7	5	
8	,,	,,	,,	,,	,,	,,	1700 ,,	4	5	
9	,,	,,	,,	,,	,,	,,	1701 ,,	4	23	
2980	,,	,,	,,	,,	,,	,,	,, ,,	5	8	
1	,,	,,	,,	,,	,,	,,	1702 ,,	9	27	
2	,,	,,	,,	,,	,,	,,	1841 ,,	6	14	
3	,,	,,	V. Hou-k'eou H.	湖口縣	29° 54'.	116° 18'.	1631 ,,	8	13	
4	,,	,,	,,	,,	,,	,,	,, ,,	11	9	
5	,,	,,	,,	,,	,,	,,	1634 ,,	3-4		Gr.
6	,,	,,	,,	,,	,,	,,	1652 ,,	4-5		
7	,,	,,	,,	,,	,,	,,	1668 ,,	7	25	Gr.
8	,,	,,	,,	,,	,,	,,	1727 ,,	1	8	
9	,,	,,	,,	,,	,,	,,	1745 ,,	7		
2990	,,	,,	,,	,,	,,	,,	1826 ,,	4	10	
1	,,	,,	V. P'ong-tché H.	彭澤縣	30° 02'.	116° 35'.	409 ,,	2	9	
2	,,	,,	,,	,,	,,	,,	1466 ,,			(1)
3	,,	,,	,,	,,	,,	,,	1519 ,,			
4	,,	,,	,,	,,	,,	,,	1668 ,,	7	24	
5	,,	,,	,,	,,	,,	,,	1681 ,,	9-10		
2996	,,	,,	,,	,,	,,	,,	1770 ,,	1		

(1) Aff. mont. Siao-kou Chan 小孤山.

•	P. KIANG-SI 江西				LATITUDE.	LONG. E. G.	ANNÉE.	M. SOL.	JOUR.	NOTE.
2997	Kieou-kiang F.	九江府	V. P'ong-tché H.	彭澤縣	30° 02'.	116° 35'.	1839 ap. J.-C.	2-3		
8	V. Kien-tch'ang F.	建昌府			27° 34'.	118° 28'.	1502 ,,	3	23	
9	,,	,,			,,	,,	1521 ,,			
3000	,,	,,			,,	,,	1522 ,,			
1	,,	,,	V. Nan-fong H.	南豐縣	27° 04'.	116° 28'.	1511 ,,	2	8	
2	,,	,,	V. Koang-tch'ang H.	廣昌縣	26° 45'.	116° 12'.	1502 ,,	3	23	
3	,,	,,	V. Lou-k'i H.	瀘溪縣	27° 33'.	117° 07'.	1851 ,,	6	29	
4	V. Fou-tcheou F.	撫州府			27° 56'.	116° 18'.	1505 ,,	10	9	
5	,,	,,			,,	,,	1510 ,,	Aut.		
6	,,	,,			,,	,,	1511 ,,	1-2		
7	,,	,,			,,	,,	1517 ,,	5	9	
8	,,	,,			,,	,,	1543 ,,	5	11	
9	,,	,,			,,	,,	1603 ,,			
3010	,,	,,			,,	,,	1631 ,,	8	13	
1	,,	,,			,,	,,	1668 ,,	7-8		
2	,,	,,	V. Kin-k'i H.	金谿縣	27° 52'.	116° 53'.	1806 ,,	11-12		
3	,,	,,	V. Y-hoang H.	宜黃縣	27° 32'.	116° 12'.	1859 ,,	1-2		
4	,,	,,	V. Tong-hiang H.	東鄉縣	28° 15'.	116° 35'.	1511 ,,	1	29	
5	V. Choei-tcheou F.	瑞州府			28° 25'.	115° 14'.	1361 ,,	Aut.		
6	,,	,,			,,	,,	1368 ,,	6-7		
7	,,	,,			,,	,,	1458 ,,	5-6		(1)
3018	,,	,,			,,	,,	1509 ,,	Aut.		

(1) Aff. mont.

	P. KIANG-SI 江西				LATITUDE.	LONG. E. G.	ANNÉE.	M. SOL.	JOUR.	NOTE.
3019	V. Choei-tcheou F.	瑞州府			28° 25'.	115° 14'.	1534 ap. J.-C.	3-4		
3020	,,	,,	V. Sin-tch'ang H.	新昌縣	28° 18'.	114° 38'.	1338 ,,	Pr.		
1	,,	,,	,,	,,	,,	,,	1631 ,,	8	12	
2	,,	,,	,,	,,	,,	,,	1634 ,,	3-4		
3	,,	,,	V. Chang-kao H.	上高縣	28° 11'.	114° 47'.	1350 ,,	11		(1)
4	,,	,,	,,	,,	,,	,,	1756 ,,	12	7	
5	V. Yuen-tcheou F.	袁州府			27° 52'.	114° 22'.	1506 ,,	7-8		(2)
6	,,	,,			,,	,,	1631 ,,	Ét.		
7	,,	,,			,,	,,	1632 ,,	Aut.		
8	,,	,,			,,	,,	1637 ,,	6-7		
9	,,	,,			,,	,,	1642 ,,	Pr.		
3030	,,	,,			,,	,,	1644 ,,	3-4		
1	,,	,,			,,	,,	1803 ,,	12		
2	,,	,,	V. Fen-y H.	分宜縣	27° 46'.	114° 43'.	1631 ,,	Ét.		
3	,,	,,	,,	,,	,,	,,	1632 ,,	Aut.		
4	,,	,,	,,	,,	,,	,,	1642 ,,	Pr.		
5	,,	,,	,,	,,	,,	,,	1644 ,,	3-4		
6	,,	,,	,,	,,	,,	,,	1680 ,,	12	12	
7	,,	,,	,,	,,	,,	,,	1808 ,,	12		
8	,	,,	V. P'ing-hiang H.	萍鄉縣	27° 39'.	113° 50'.	1631 ,,	Ét.		
9	,,	,,	,,	,,	,,	,,	1869 ,,	3	29	
3040	,,	,,	V. Wan-tsai H.	萬載縣	28° 05'.	114° 20'.	1637 ,,	6-7		

(1) Aff. mont. Mong Chan 蒙山.

(2) Aff. mont.

	P. KIANG-SI 江西				LATITUDE.	LONG. E. G.	ANNÉE.		M. SOL.	JOUR.	NOTE.
3041	Yuen-tcheou F.	袁州府	V. Wan-tsai H.	萬載縣	*28° 05'.*	*114° 20'.*	1642	ap. J.-C.	Pr.		
2	,,	,,	,,	,,	,,	,,	1644	,,	3-4		
3	V. Ki-ngan F.	吉安府			*27° 02'.*	*115° 05'.*	318	,,	3-4		
4	,,	,,			,,	,,	319	,,	1-2		
5	,,	,,			,,	,,	372	,,	11	23	
6	,,	,,			,,	,,	412	,,	1-2		
7	,,	,,			,,	,,	480	,,			(1)
8	,,	,,			,,	,,	1600	,,	Aut.		
9	,,	,,			,,	,,	1801	,,			
3050	,,	,,			,,	,,	1806	,,	1		
1	,,	,,	V. T'ai-houo H.	泰和縣	*26° 52'.*	*114° 56'.*	1671	,,	12		
2	,,	,,	,,	,,	,,	,,	1674	,,	11-12		
3	,,	,,	V. Yong-fong H.	永豐縣	*27° 25'.*	*115° 20'.*	1857	,,	4-5		
4	,,	,,	,,	,,	,,	,,	,,	,,	11-12		
5	,,	,,	V. Ngan-fou H.	安福縣	*27° 70'.*	*114° 34'.*	1633	,,			
6	,,	,,	,,	,,	,,	,,	1792	,,	Pr.		
7	,,	,,	V. Long-ts'iuen H.	龍泉縣	*26° 18'.*	*114° 25'.*	1671	,,	12		
8	,,	,,	,,	,,	,,	,,	1674	,,	10-11		
9	,,	,,	V. Yong-ning H.	永寧縣	*26° 45'.*	*114° 02'.*	1600	,,	Aut.		
3060	,,	,,	,,	,,	,,	,,	1673	,,	Ét.		
1	,,	,,	,,	,,	,,	,,	1806	,,	1	2	
3062	,,	,,	,,	,,	,,	,,	,,	,,	,,	3	

(1) Aff. mont.

	P. KIANG-SI 江西				LATITUDE.	LONG. E. G.	ANNÉE.	M. SOL.	JOUR.	NOTE.
3063	V. Kan-tcheou F.	贛州府			26° 02'.	115° 02'.	412 ap. J.-C.	2		
4	,,	,,			,,	,,	1516 ,,	7-8		
5	,,	,,			,,	,,	1642 ,,	10-11		
6	,,	,,			,,	,,	1647 ,,	11-12		
7	,,	,,	V. Yu-tou H.	雩都縣	26°	115° 21'.	1707 ,,	11-12		
8	,,	,,	,,	,,	,,	,,	1802 ,,	11-12		
9	,,	,,	V. Sin-fong H.	信豐縣	25° 25'.	114° 24'.	1641 ,,	8	21	
3070	,,	,,	,,	,,	,,	,,	,, ,,	12	26	
1	,,	,,	,,	,,	,,	,,	1651 ,,	1		
2	,,	,,	,,	,,	,,	,,	1705 ,,	7-8		
3	,,	,,	,,	,,	,,	,,	1806 ,,	Hiv.		
4	,,	,,	V. Hing-kouo H.	興國縣	26° 22'.	115° 12'.	1689 ,,	9-10		
5	,,	,,	,,	,,	,,	,,	1857 ,,	5	11	
6	,,	,,	V. Hoei-tch'ang H.	會昌縣	25° 22'.	115° 42'.	1651 ,,	2		
7	,,	,,	,,	,,	,,	,,	1703 ,,	6-7		
8	,,	,,	,,	,,	,,	,,	1806 ,,	1		
9	,,	,,	,,	,,	,,	,,	1822 ,,	1-2		
3080	,,	,,	V. Ngan-yuen H.	安遠縣	25° 17'.	115° 13'.	1682 ,,	1-2		
1	,,	,,	,,	,,	,,	,,	1853 ,,			
2	,,	,,	,,	,,	,,	,,	1865 ,,	2	16	
3	,,	,,	V. Tch'ang-ning H.	長寧縣	28° 53'.	115° 37'.	1726 ,,	2		
3084	,,	,,	V. Ting-nan t.	定南廳	24° 45'.	114° 45'.	1650 ,,	11-12		

	P. KIANG-SI 江西				LATITUDE.	LONG. E. G.	ANNÉE.	M. SOL.	JOUR.	NOTE.
3085	Kan-tcheou F.	贛州府	V. Ting-nan t.	定南廳	*24° 45'.*	*114° 45'.*	1847 ap. J.-C.	Hiv.		
6	V. Ning-tou T*.	寧都州			*26° 28'.*	*115° 51'.*	1614 ,,	1-2		
7	V. Nan-ngan F.	南安府			*25° 42'.*	*114° 18'.*	1506 ,,	12		
8	,,	,,			,,	,,	1600 ,,	9	29	
9	,,	,,			,,	,,	1601 ,,	5	22	
3090	,,	,,			,,	,,	1603 ,,	12		
1	,,	,,			,,	,,	1607 ,,	5	22	
2	,,	,,	V. Nan-k'ang H.	南康縣	*25° 57'.*	*114° 54'.*	412 ,,	2		
3	,,	,,	,,	,,	,,	,,	1600 ,,	9	29	
4	,,	,,	,,	,,	,,	,,	1603 ,,	12		Gr.
5	,,	,,	,,	,,	,,	,,	1651 ,,	1		
6	,,	,,	,,	,,	,,	,,	1652 ,,	4-5		
7	,,	,,	,,	,,	,,	,,	1668 ,,	7-8		
8	,,	,,	,,	,,	,,	,,	1815 ,,	4-5		
9	,,	,,	V. Chang-yeou H.	上猶縣	*25° 50'.*	*113° 18'.*	1600 ,,	9	29	
3100	,,	,,	,,	,,	,,	,,	1603 ,,	12		Gr.
1	,,	,,	,,	,,	,,	,,	1644 ,,	1-2		
2	,,	,,	V. Tch'ong-y H.	崇義縣	*25° 46'.*	*113° 02'.*	1600 ,,	9	29	
3103	,,	,,	,,	,,	,,	,,	1603 ,,	12		Gr.

IX. TREMBLEMENTS DE TERRE DANS LA PROVINCE DU TCHÉ-KIANG 浙江.

	P. TCHÉ-KIANG 浙江	LATITUDE.	LONG. E. G.	ANNÉE.	M. SOL.	JOUR.	NOTE.
3104	V. Han-tcheou F. 杭州府	*30° 12'.*	*120° 12'.*	1133 ap. J.-C.	9	2	
5	,, ,,	,,	,,	1135 ,,	6-7		
6	,, ,,	,,	,,	1136 ,,	7	9	
7	,, ,,	,,	,,	1137 ,,			
8	,, ,,	,,	,,	1154 ,,	3	10	
9	,, ,,	,,	,,	1155 ,,	4	28	
3110	,, ,,	,,	,,	1158 ,,	9	21	
1	,, ,,	,,	,,	1161 ,,	4	16	
2	,, ,,	,,	,,	1162 ,,	8	25	
3	,, ,,	,,	,,	1163 ,,	11	17	
4	,, ,,	,,	,,	1166 ,,	10	1	
5	,, ,,	,,	,,	1175 ,,	1	9	
6	,, ,,	,,	,,	1183 ,,	1	1	
7	,, ,,	,,	,,	1184 ,,	1	20	
8	,, ,,	,,	,,	1185 ,,	6	7	
9	,, ,,	,,	,,	1193 ,,	11	11	
3120	,, ,,	,,	,,	,, ,,	,,	12	
1	,, ,,	,,	,,	1195 ,,	1		(1)
2	,, ,,	,,	,,	1200 ,,	10-11		
3	,, ,,	,,	,,	,, ,,	12	19	
4	,, ,,	,,	,,	,, ,,	,,	21	
3125	,, ,,	,,	,,	1213 ,,	4-5		

(1) Aff. mont. Nan-kao Fong 南高峰.

	P. TCHÉ-KIANG 浙江				LATITUDE.	LONG. E. G.	ANNÉE.		M. SOL.	JOUR.	NOTE.
3126	V. Han-tcheou F.	杭州府			*30° 12'.*	*120° 12'.*	1217	ap. J.-C.	3	21	
7	,,	,,			,,	,,	1219	,,	6-7		
8	,,	,,			,,	,,	1221	,,	2	3	
9	,,	,,			,,	,,	1225	,,	9	24	
3130	,,	,,			,,	,,	1241	,,	1	10	
1	,,	,,			,,	,,	1242	,,	1	29	
2	,,	,,			,,	,,	1255	,,	7	1	
3	,,	,,			,,	,,	1497	,,	9-10		
4	,,	,,			,,	,,	1505	,,	10	8	
5	,,	,,			,,	,,	1511	,,	1-2		
6	,,	,,			,,	,,	1589	,,	8	24	
7	,,	,,			,,	,,	1624	,,	1	10	
8	,,	,,	V. Lin-ngan H.	臨安縣	*30° 16'.*	*119° 42'.*	1274	,,	9	11	(1)
9	,,	,,	V. Hai-ning T.	海寧州	*30° 24'.*	*119° 27'.*	1589	,,	9-10		
3140	,,	,,	,,	,,	,,	,,	1622	,,	3	18	
1	,,	,,	,,	,,	,,	,,	1636	,,	1	3	
2	V. Kia-hing F.	嘉興府			*30° 48'.*	*120° 43'.*	1057	,,	12	23	
3	,,	,,			,,	,,	1479	,,	10	5	
4	,,	,,			,,	,,	1505	,,	10	8	
5	,,	,,			,,	,,	,,	,,	,,	14	Gr.
6	,,	,,			,,	,,	1524	,,	3	19	
3147	,,	,,			,,	,,	1528	,,	12	23	

(1) Aff. mont. et perturb. riv.

	P. TCHÉ-KIANG 浙江	LATITUDE.	LONG. E. G.	ANNÉE.	M. SOL.	JOUR.	NOTE.
3148	V. Kia-hing F. 嘉興府	30° 48'.	120° 43'.	1560 ap. J.-C.	4-5		
9	,, ,,	,,	,,	1569 ,,	12	27	
3150	,, ,,	,,	,,	1588 ,,	8-9		
1	,, ,,	,,	,,	1589 ,,	9	13	
2	,, ,,	,,	,,	1592 ,,	3	3	
3	,, ,,	,,	,,	1596 ,,	1		
4	,, ,,	,,	,,	1604 ,,	12	29	
5	,, ,,	,,	,,	1624 ,,	2	10	Gr.
6	,, ,,	,,	,,	1668 ,,	7	25	
7	,, ,,	,,	,,	1731 ,,	1	7	
8	,, ,,	,,	,,	1752 ,,	5	17	
9	,, ,,	,,	,,	1756 ,,	1	3	
3160	,, ,,	,,	,,	1761 ,,	4	5	
1	,, ,,	,,	,,	1764 ,,	6		
2	,, ,,	,,	,,	1839 ,,	10	12	Lég.
3	,, ,,	,,	,,	1853 ,,	4	14	
4	,, ,,	,,	,,	1858 ,,	Aut.		
5	,, ,,	,,	,,	1872 ,,	9	21	
6	,, ,, V. Hai-yen H. 海鹽縣	30° 35'.	120° 40'.	1057 ,,	12	23	
7	,, ,, ,, ,,	,,	,,	1505 ,,	10	9	
8	,, ,, ,, ,,	,,	,,	1524 ,,	3	19	
3169	,, ,, ,, ,,	,,	,,	1553 ,,	6-7		Pl. jrs.

	P. TCHÉ-KIANG 浙江				LATITUDE.	LONG. E. G.	ANNÉE.	M. SOL.	JOUR.	NOTE.
3170	Kia-hing F.	嘉興府	V. Hai-yen H.	海鹽縣	*30° 35'.*	*120° 40'.*	1624 ap. J.-C.	2	10	
1	,,	,,	,,	,,	,,	,,	1668 ,,	7	25	
2	,,	,,	,,	,,	,,	,,	1678 ,,	7-8		
3	,,	,,	,,	,,	,,	,,	1737 ,,	1	2	
4	,,	,,	,,	,,	,,	,,	1846 ,,	7	4	Gr.
5	,,	,,	,,	,,	,,	,,	1872 ,,	9	21	Lég.
6	,,	,,	V. Che-men H.	石門縣	*30° 33'.*	*120° 25'.*	1479 ,,	10	5	
7	,,	,,	,,	,,	,,	,,	1505 ,,	9-10		
8	,,	,,	,,	,,	,,	,,	1559 ,,	5	29	
9	,,	,,	,,	,,	,,	,,	1584 ,,	2	24	Gr.
3180	,,	,,	,,	,,	,,	,,	1604 ,,	12	29	
1	,,	,,	,,	,,	,,	,,	1624 ,,	2	10	Gr.
2	,,	,,	,,	,,	,,	,,	1731 ,,	1	7	
3	,,	,,	,,	,,	,,	,,	1752 ,,	5	17	
4	,,	,,	,,	,,	,,	,,	1839 ,,	10	12	Lég.
5	,,	,,	,,	,,	,,	,,	1851 ,,	Ét.		,,
6	,,	,,	,,	,,	,,	,,	1852 ,,	12	16	
7	,,	,,	,,	,,	,,	,,	1853 ,,	4	14	Gr.
8	,,	,,	,,	,,	,,	,,	1872 ,,	9	21	
9	,,	,,	V. P'ing-hou H.	平湖縣	*30° 43'.*	*120° 46'.*	1479 ,,	10	5	
3190	,,	,,	,,	,,	,,	,,	1505 ,,	10	7	
3191	,,	,,	,,	,,	,,	,,	1516 ,,	Ét.		

	P. TCHÉ-KIANG 浙江				LATITUDE.	LONG. E. G.	ANNÉE.	M. SOL.	JOUR.	NOTE.
3192	Kia-hing F.	嘉興府	V. P'ing-hou H.	平湖縣	*30° 43'.*	*120° 46'.*	1524 ap. J.-C.	3	19	
3	,,	,,	,,	,,	,,	,,	1528 ,,	10	24	
4	,,	,,	,,	,,	,,	,,	1569 ,,	12	27	
5	,,	,,	,,	,,	,,	,,	1604 ,,	12	29	
6	,,	,,	,,	,,	,,	,,	1620 ,,	Pr.		
7	,,	,,	,,	,,	,,	,,	1624 ,,	2	10	
8	,,	,,	,,	,,	,,	,,	1668 ,,	7	25	
9	,,	,,	,,	,,	,,	,,	1800 ,,	1	24	
3200	,,	,,	,,	,,	,,	,,	1842 ,,	1	11	
1	,,	,,	,,	,,	,,	,,	1844 ,,	12	2	
2	,,	,,	,,	,,	,,	,,	1846 ,,	7	4	
3	,,	,,	,,	,,	,,	,,	1853 ,,	Pr.		Pl. jrs.
4	,,	,,	,,	,,	,,	,,	1855 ,,	3	17	
5	,,	,,	,,	,,	,,	,,	1856 ,,	1	5	
6	,,	,,	,,	,,	,,	,,	,, ,,	,,	6	
7	,,	,,	V. T'ong-hiang H.	桐鄉縣	*30° 45'.*	*120° 23'.*	280 ,,			
8	,,	,,	,,	,,	,,	,,	1132 ,,	9-10		
9	,,	,,	,,	,,	,,	,,	1479 ,,	10	5	
3210	,,	,,	,,	,,	,,	,,	1505 ,,	10	14	
1	,,	,,	,,	,,	,,	,,	1528 ,,	12	23	
2	,,	,,	,,	,,	,,	,,	1560 ,,	4-5		
3213	,,	,,	,,	,,	,,	,,	1565 ,,	6-7		

	P. TCHÉ-KIANG 浙江				LATITUDE.	LONG. E. G.	ANNÉE.		M. SOL.	JOUR.	NOTE.
3214	Kia-hing F.	嘉興府	V. T'ong-hiang H.	桐鄉縣	30° 45'.	120° 23'.	1584	ap. J.-C.	2	24	
5	,,	,,	,,	,,	,,	,,	1604	,,	12	29	
6	,,	,,	,,	,,	,,	,,	1618	,,	Hiv.		
7	,,	,,	,,	,,	,,	,,	1624	,,	2	10	Gr.
8	,,	,,	,,	,,	,,	,,	1668	,,	7	25	,,
9	,,	,,	,,	,,	,,	,,	1731	,,	1	7	
3220	,,	,,	,,	,,	,,	,,	1735	,,	9	6	
1	,,	,,	,,	,,	,,	,,	1752	,,	5	17	
2	,,	,,	,,	,,	,,	,,	1756	,,	1	2	
3	,,	,,	,,	,,	,,	,,	,,	,,	12	7	
4	,,	,,	,,	,,	,,	,,	1757	,,	11-12		
5	,,	,,	,,	,,	,,	,,	1839	,,	10	12	Lég.
6	,,	,,	,,	,,	,,	,,	1853	,,	4	14	
7	,,	,,	,,	,,	,,	,,	1858	,,	Aut.		
8	,,	,,	,,	,,	,,	,,	1872	,,	9	21	
9	V. Hou-tcheou F.	湖州府			30° 48'.	120° 03'.	280	,,			
3230	,,	,,			,,	,,	288	,,	2-3		
1	,,	,,			,,	,,	363	,,	5	18	
2	,,	,,			,,	,,	548	,,	10	27	
3	,	,,			,,	,,	600	,,	12	13	
4	,,	,,			,,	,,	872	,,	5	11	
3235	,,	,,			,,	,,	1094	,,	10-11		

	P. TCHÉ-KIANG 浙江		LATITUDE.	LONG. E. G.	ANNÉE.		M. SOL.	JOUR.	NOTE.
3236	V. Hou-tcheou F.	湖州府	*30° 48'.*	*120° 03'.*	1096	ap. J.-C.			
7	,,	,,	,,	,,	1132	,,	9-10		
8	,,	,,	,,	,,	1133	,,	9	2	
9	,,	,,	,,	,,	1136	,,	7		
3240	,,	,,	,,	,,	1446	,,	6-7		
1	,,	,,	,,	,,	1479	,,	10	5	
2	,,	,,	,,	,,	1505	,,	10	9	
3	,,	,,	,,	,,	1508	,,			
4	,,	,,	,,	,,	1510	,,			
5	,,	,,	,,	,,	1512	,,	3-4		
6	,,	,,	,,	,,	1560	,,	5-6		
7	,,	,,	,,	,,	1565	,,	6-7		
8	,,	,,	,,	,,	1570	,,	9-10		(1)
9	,,	,,	,,	,,	1584	,,	2	24	
3250	,,	,,	,,	,,	1600	,,	10-11		
1	,,	,,	,,	,,	1604	,,	12	29	
2	,,	,,	,,	,,	1624	,,	2	10	
3	,,	,,	,,	,,	1629	,,	4-5		
4	,,	,,	,,	,,	,,	,,	5-6		
5	,,	,,	,,	,,	1630	,,	1-2		
6	,,	,,	,,	,,	1634	,,	3-4		
3257	,,	,,	,,	,,	1644	,,	Pr.		

(1) Aff. mont.

	P. TCHÉ-KIANG 浙江		LATITUDE.	LONG. E. G.	ANNÉE.		M. SOL.	JOUR.	NOTE.
3258	V. Hou-tcheou F.	湖州府	*30° 48'.*	*120° 03'.*	1649	ap. J.-C.	3	28	
9	,,	,,	,,	,,	1651	,,	1-2		
3260	,,	,,	,,	,,	1652	,,	3	23	
1	,,	,,	,,	,,	1655	,,	3-4		
2	,,	,,	,,	,,	,,	,,	7-8		
3	,,	,,	,,	,,	1658	,,			
4	,,	,,	,,	,,	1667	,,	1		
5	,,	,,	,,	,,	1668	,,	7	25	Gr.
6	,,	,,	,,	,,	1674	,,	1-2		
7	,,	,,	,,	,,	1676	,,	12		
8	,,	,,	,,	,,	1714	,,			
9	,,	,,	,,	,,	1730	,,	1	7	
3270	,,	,,	,,	,,	1735	,,	9	6	
1	,,	,,	,,	,,	1752	,,	5	17	
2	,,	,,	,,	,,	1756	,,	1	2	
3	,,	,,	,,	,,	,,	,,	12	7	
4	,,	,,	,,	,,	1763	,,	6-7		
5	,,	,,	,,	,,	1764	,,	2		
6	,,	,,	,,	,,	,,	,,	6		
7	,,	,,	,,	,,	1765	,,	1-2		
8	,,	,,	,,	,,	1779	,,	9	29	
3279	,,	,,	,,	,,	1782	,,	7-8		

	P. TCHÉ-KIANG 浙江				LATITUDE.	LONG. E. G.	ANNÉE.	M. SOL.	JOUR.	NOTE.
3280	V. Hou-tcheou F.	湖州府			*30° 48'.*	*120° 03'.*	1792 ap. J.-C.	6-7		
1	,,	,,			,,	,,	1815 ,,	11	21	
2	,,	,,			,,	,,	1839 ,,	10	29	
3	,,	,,			,,	,,	1846 ,,	8	3	
4	,,	,,			,,	,,	1853 ,,	4	14	Gr.
5	,,	,,	V. Ngan-ki H.	安吉縣	*30° 40'.*	*119° 36'.*	250 ,,	9-10		(1)
6	,,	,,	V. Hiao-fong H.	孝豐縣	*30° 30'.*	*119° 36'.*	1668 ,,	7	25	
7	,,	,,	,,	,,	,,	,,	1872 ,,	1	5	
8	V. Ning-pou F.	寧波府			*29° 49'.*	*121° 35'.*	1359 ,,	1	29	
9	,,	,,			,,	,,	1505 ,,	10	8	
3290	,,	,,			,,	,,	1520 ,,	12		
1	,,	,,			,,	,,	1536 ,,			
2	,,	,,			,,	,,	1593 ,,			
3	,,	,,			,,	,,	1604 ,,	12	29	
4	,,	,,			,,	,,	1624 ,,	1	21	
5	,,	,,			,,	,,	1638 ,,			
6	,,	,,			,,	,,	1668 ,,	7	25	
7	,,	,,			,,	,,	1799 ,,	Ét.		
8	,,	,,			,,	,,	1846 ,,	8	4	
9	,,	,,			,,	,,	1847 ,,	11	12	
3300	,,	,,			,,	,,	1852 ,,	11	17	
3301	,,	,,			,,	,,	1853 ,,	4	14	

(1) Aff. mont. et perturb. riv.

	P. TCHÉ-KIANG 浙江				LATITUDE.	LONG. E. G.	ANNÉE.		M. SOL.	JOUR.	NOTE,
3302	V. Ning-pou F.	寧波府			29° 49'.	121° 35'.	1853	ap. J.-C.	9	22	Pl. jrs.
3	,,	,,			,,	,,	,,	,,	,,	23	
4	,,	,,			,,	,,	,,	,,	,,	28	
5	,,	,,			,,	,,	1855	,,	3	15	
6	,,	,,			,,	,,	,,	,,	,,	16	
7	,,	,,			,,	,,	,,	,,	,,	25	
8	,,	,,			,,	,,	,,	,,	11	20	
9	,,	,,			,,	,,	1866	,,	5	25	
3310	,,	,,	V. Fong-hoa H.	奉化縣	29° 43'.	121° 26'.	1340	,,	6	7	(1)
1	,,	,,	,,	,,	,,	,,	1350	,,	4-5		(2)
2	,,	,,	V. Tchen-hai H.	鎮海縣	30° 01'.	120° 40'.	1624	,,	2	8	
3	,,	,,	,,	,,	,,	,,	1638	,,	8-9		
4	,,	,,	,,	,,	,,	,,	1715	,,	2	17	
5	,,	,,	,,	,,	,,	,,	1730	,,	10	5	
6	,,	,,	,,	,,	,,	,,	1783	,,	6		
7	,,	,,	,,	,,	,,	,,	1846	,,	8	14	
8	,,	,,	,,	,,	,,	,,	,,	,,	,,	27	
9	,,	,,	,,	,,	,,	,,	1847	,,	7	24	
3320	,,	,,	,,	,,	,,	,,	,,	,,	11	12	
1	,,	,,	,,	,,	,,	,,	1852	,,	11	17	
2	,,	,,	,,	,,	,,	,,	1853	,,	4	15	Pl. jrs.
3323	,,	,,	,,	,,	,,	,,	1855	,,	1	16	

(1) Aff. mont. et perturb. riv.

(2) Aff. mont.

	P. TCHÉ-KIANG 浙江				LATITUDE.	LONG. E. G.	ANNÉE.	M. SOL.	JOUR.	NOTE.
3324	Ning-pou F.	寧波府	V. Tchen-hai H.	鎮海縣	30° 01'.	120° 40'.	1855 ap. J.-C.	11	20	
5	,,	,,	,,	,,	,,	,,	1866 ,,	5	25	
6	,,	,,	,,	,,	,,	,,	1868 ,,	1	16	
7	,,	,,	,,	,,	,,	,,	,, ,,	,,	17	
8	,,	,,	,,	,,	,,	,,	,, ,,	,,	20	
9	,,	,,	,,	,,	,,	,,	1872 ,,	9	21	
3330	,,	,,	,,	,,	,,	,,	1874 ,,	5	5	
1	,,	,,	,,	,,	,,	,,	1879 ,,	4	4	
2	,,	,,	V. Siang-chan H.	象山縣	29° 35'.	121° 42'.	1358 ,,	2	6	(1)
3	,,	,,	,,	,,	,,	,,	1570 ,,	2	18	
4	V. Ting-hai t*.	定海廳			30° 01'.	127° 14'.	1523 ,,	8	14	
5	V. Chao-hing F.	紹興府			29° 56'.	120° 39'.	89 ,,	8	5	(2)
6	,,	,,			,,	,,	288 ,,	2-3		
7	,,	,,			,,	,,	334 ,,	5	13	
8	,,	,,			,,	,,	930 ,,			
9	,,	,,			,,	,,	962 ,,	10		
3340	,,	,,			,,	,,	1355 ,,	1	5	
1	,,	,,			,,	,,	1366 ,,	7	9	(3)
2	,,	,,			,,	,,	1400 ,,			
3	,,	,,			,,	,,	1449 ,,	6-7		
4	,,	,,			,,	,,	1461 ,,	1-2		
3345	,,	,,			,,	,,	1496 ,,	7	24	(4)

(1) Aff. mont. (2) Aff. mont. Koei-ki Chan 會稽山. (3) Aff. mont. Ouo-long Chan 臥龍山. (4) Aff. mont.

	P. TCHÉ-KIANG 浙江				LATITUDE.	LONG. E. G.	ANNÉE.	M. SOL.	JOUR.	NOTE.
3346	V. Chao-hing F.	紹興府			*29° 56'.*	*120° 39'.*	1505 ap. J.-C.	10	8	
7	,,	,,			,,	,,	1589 ,,	8	24	
8	,,	,,	V. Siao-chan H.	蕭山縣	*30° 05'.*	*120° 20'.*	1496 ,,	7	24	(1)
9	,,	,,	V. Yu-yao H.	餘姚縣	*30° 07'.*	*121° 03'.*	334 ,,	5	13	
3350	,,	,,	,,	,,	,,	,,	1505 ,,	9-10		
1	,,	,,	,,	,,	,,	,,	1517 ,,	4-5		
2	,,	,,	,,	,,	,,	,,	1586 ,,			
3	,,	,,	,,	,,	,,	,,	1589 ,,	8-9		
4	,,	,,	,,	,,	,,	,,	1635 ,,			
5	,,	,,	,,	,,	,,	,,	1668 ,,	7	25	
6	,,	,,	V. Cheng H.	嵊 縣	*29° 36'.*	*120° 43'.*	740 ,,	6	28	
7	V. T'ai-tcheou F.	台州府			*28° 54'.*	*121° 06'.*	1166 ,,	6-7		
8	,,	,,			,,	,,	1349 ,,	6-7		
9	,,	,,			,,	,,	1364 ,,	1	26	
3360	,,	,,			,,	,,	1505 ,,	9-10		
1	,,	,,			,,	,,	1604 ,,	12	31	
2	,,	,,			,,	,,	1636 ,,	1	3	
3	,,	,,	V. Hoang-yen H.	黃巖縣	*28° 42'.*	*121° 18'.*	1505 ,,	10	9	
4	,,	,,	,,	,,	,,	,,	1578 ,,			(2)
5	,,	,,	,,	,,	,,	,,	1668 ,,	7	25	
6	,,	,,	,,	,,	,,	,,	1811 ,,			
3367	,,	,,	,,	,,	,,	,,	1852 ,,	12	16	

(1) (2) Aff. mont.

	P. TCHÉ-KIANG 浙江				LATITUDE.	LONG. E. G.	ANNEE.	M. SOL.	JOUR.	NOTE.
3368	V. T'ai-tcheou F.	台州府	V. Hoang-yen H.	黃巖縣	*28° 42'.*	*121° 18'.*	1853 ap. J.-C.	2-3		
9	,,	,,	,,	,,	,,	,,	1857 ,,			
3370	,,	,,	,,	,,	,,	,,	1868 ,,	1		
1	V. Kin-hoa F.	金華府			*29° 11'.*	*119° 51'.*	1505 ,,	10	9	
2	,,	,,			,,	,,	1604 ,,	12	29	
3	,,	,,	V. Lan-k'i H.	蘭谿縣	*29° 05'.*	*119° 45'.*	1505 ,,	10	9	
4	,,	,,	,,	,,	,,	,,	1526 ,,	2	26	
5	,,	,,	,,	,,	,,	,,	1604 ,,	12	29	
6	,,	,,	,,	,,	,,	,,	1605 ,,	1	7	
7	,,	,,	,,	,,	,,	,,	1852 ,,	5-6		
8	,,	,,	V. Tong-yang H.	東陽縣	*29° 17'.*	*120°*	1207 ,,	6	12	(1)
9	,,	,,	,,	,,	,,	,,	1505 ,,	10	9	
3380	,,	,,	,,	,,	,,	,,	1604 ,,	12	29	
1	,,	,,	V. Y-ou H.	義烏縣	*29° 20'.*	*120° 12'.*	1505 ,,	10	9	
2	,,	,,	,,	,,	,,	,,	1604 ,,	12	29	
3	,,	,,	V. Yong-k'ang H.	永康縣	*28° 58'.*	*120° 12'.*	1505 ,,	10	9	
4	,,	,,	,,	,,	,,	,,	1604 ,,	12	29	
5	,,	,,	V. Ou-y H.	武義縣	*28° 53'.*	*119° 50'.*	1505 ,,	10	9	
6	,,	,,	,,	,,	,,	,,	1604 ,,	12	29	
7	,,	,,	V. P'ou-kiang H.	浦江縣	*29° 28'.*	*119° 49'.*	1505 ,,	10	9	
8	,,	,,	,,	,,	,,	,,	1604 ,,	12	29	
3389	,,	,,	V. T'ang-k'i H.	湯溪縣	*29° 05'.*	*119° 32'.*	1505 ,,	10	9	

(1) Aff. mont.

	P. TCHÉ-KIANG 浙江				LATITUDE.	LONG. E. G.	ANNÉE.	M. SOL.	JOUR.	NOTE.
3390	Kin-hoa F.	金華府	V. T'ang-k'i H.	湯溪縣	*29° 05'.*	*119° 32'.*	1604 ap. J.-C.	12	29	
1	K'iu-tcheou F.	衢州府	V. Kiang-chan H.	江山縣	*28° 47'.*	*118° 51'.*	1505 ,,	10	9	
2	,,	,,	,,	,,	,,	,,	1604 ,,	12	29	
3	Yen-tcheou F.	嚴州府	V. Choen-ngan H.	淳安縣	*29° 34'.*	*119° 03'.*	1213 ,,	6	26	(1)
4	,,	,,	V. Soei-ngan H.	遂安縣	*29° 26'.*	*118° 50'.*	1226 ,,	8	9	(2)
5	V. Wen-tcheou F.	溫州府			*28° 01'.*	*120° 31'.*	1344 ,,	8	9	
6	,,	,,			,,	,,	1506 ,,	12		
7	,,	,,			,,	,,	1517 ,,	4-5		
8	,,	,,			,,	,,	1566 ,,	1	21	
9	,,	,,			,,	,,	1589 ,,	8	24	
3400	,,	,,			,,	,,	1604 ,,	12	29	
1	,,	,,			,,	,,	1605 ,,	11	24	Gr.
2	,,	,,			,,	,,	1681 ,,	Pr.		
3	,,	,,	V. Joei-ngan H.	瑞安縣	*27° 47'.*	*120° 45'.*	1324 ,,	8-9		
4	,,	,,	,,	,,	,,	,,	1344 ,,	8	9	
5	,,	,,	,,	,,	,,	,,	1589 ,,	4	5	
6	,,	,,	,,	,,	,,	,,	1604 ,,	12	29	
7	,,	,,	,,	,,	,,	,,	1605 ,,	11	24	
8	,,	,,	,,	,,	,,	,,	1621 ,,	10	1	
9	,,	,,	,,	,,	,,	,,	1626 ,,	6	22	
3410	,,	,,	,,	,,	,,	,,	1781 ,,	4	9	
3411	,,	,,	,,	,,	,,	,,	,, ,,	5	9	

(1) Tremb. terre et aff. mont. et perturb. riv.

(2) Aff. mont.

	P. TCHÉ-KIANG 浙江				LATITUDE.	LONG. E. G.	ANNÉE.	M. SOL.	JOUR.	NOTE.
3412	Wen-tcheou F.	溫州府	V. Lo-ts'ing H.	樂清縣	28° 10'.	121° 11'.	1499 ap. J.-C.	5-6		
3	,,	,,	,,	,,	,,	,,	1506 ,,	12		
4	,,	,,	,,	,,	,,	,,	1517 ,,	4-5		
5	,,	,,	,,	,,	,,	,,	1557 ,,			(1)
6	,,	,,	V. P'ing-yang H.	平陽縣	27° 42'.	120° 20'.	1614 ,,			(2)
7	V. Tch'ou-tcheou F.	處州府			28° 26'.	119° 57'.	1604 ,,	12	29	
8	,,	,,			,,	,,	1627 ,,	9-10		
9	,,	,,			,,	,,	1635 ,,	11	4	
3420	,,	,,			,,	,,	1857 ,,	9-10		
1	,,	,,			,,	,,	1859 ,,	4-5		
2	,,	,,	V. Ts'ing-t'ien H.	青田縣	28°	120° 21'.	1866 ,,	10	22	
3	,,	,,	V. Tsin-yun H.	縉雲縣	28° 42'.	119° 53'.	1505 ,,	8-9		
4	,,	,,	,,	,,	,,	,,	1810 ,,	11	11	
5	,,	,,	,,	,,	,,	,,	1819 ,,	10-11		
6	,,	,,	,,	,,	,,	,,	1838 ,,	12	26	
7	,,	,,	,,	,,	,,	,,	1851 ,,	Pr.		
8	,,	,,	,,	,,	,,	,,	1851 ,,	Aut.		
9	,,	,,	,,	,,	,,	,,	1866 ,,	7-8		
3430	,,	,,	V. Song-yang H.	松陽縣	28° 27'.	119° 27'.	1516 ,,			
1	,,	,,	,,	,,	,,	,,	1521 ,,	Hiv.		
2	,,	,,	,,	,,	,,	,,	1537 ,,			(3)
3433	,,	,,	,,	,,	,,	,,	1604 ,,	12		

(1) Aff. mont. Kai-tchou Chan 蓋竹山. (2) Aff. mont. S'ien-t'an Chan 仙壇山. (3) Aff. mont.

	P. TCHÉ-KIANG 浙江				LATITUDE.	LONG. E. G.	ANNÉE.	M. SOL.	JOUR.	NOTE.
3434	Tch'ou-tcheou F.	處州府	V. Song-yang H.	松陽縣	*28° 27'.*	*119° 27'.*	1855 ap. J.-C.			
5	,,	,,	V. Long-ts'iuen H.	龍泉縣	*28° 08'.*	*119° 09'.*	1493 ,,			(1)
6	,,	,,	V. King-ning H.	景寧縣	*27° 56'.*	*119° 40'.*	1668 ,,	7	25	
7	,,	,,	,,	,,	,,	,,	1690 ,,	4	24	
8	,,	,,	,,	,,	,,	,,	1711 ,,	10	22	
9	,,	,,	,,	,,	,,	,,	1765 ,,	9	3	Gr.
3440	,,	,,	,,	,,	,,	,,	1853 ,,	8-9		
3441	,,	,,	,,	,,	,,	,,	1866 ,,	9	21	

(1) Aff. mont. Mao Chan 昴山.

X. TREMBLEMENTS DE TERRE DANS LA PROVINCE DU TCHE-LI 直隸.

	P. TCHE-LI 直隸		LATITUDE.	LONG. E. G.	ANNÉE.	M. SOL.	JOUR.	NOTE.
3442	V. Choen-t'ien F.	順天府	*39° 57'.*	*116° 29'.*	436 ap. J.-C.	12	13	
3	,,	,,	,,	,,	937 ,,	5	14	
4	,,	,,	,,	,,	949 ,,	5	4	
5	,,	,,	,,	,,	952 ,,	12	6	
6	,,	,,	,,	,,	991 ,,	10	23	
7	,,	,,	,,	,,	1022 ,,	4-5		
8	,,	,,	,,	,,	1057 ,,	5	26	
9	,,	,,	,,	,,	,, ,,	8	12	
3450	,,	,,	,,	,,	1058 ,,	7-8		
1	,,	,,	,,	,,	1076 ,,	11-12		
2	,,	,,	,,	,,	1137 ,,	8	14	
3	,,	,,	,,	,,	1141 ,,	1	16	
4	,,	,,	,,	,,	1164 ,,	4	8	
5	,,	,,	,,	,,	1165 ,,	8	7	
6	,,	,,	,,	,,	,, ,,	,,	9	
7	,,	,,	,,	,,	,, ,,	11	6	
8	,,	,,	,,	,,	1167 ,,	10	30	
9	,,	,,	,,	,,	1180 ,,	6	9	
3460	,,	,,	,,	,,	1187 ,,	6	8	Lég.
1	,,	,,	,,	,,	1193 ,,	4-5		
2	,,	,,	,,	,,	1195 ,,	4	3	
3463	,,	,,	,,	,,	1200 ,,	7	8	

	P. TCHE-LI 直隸	LATITUDE.	LONG. E. G.	ANNÉE.	M. SOL.	JOUR.	NOTE.
3464	V. Choen-t'ien F. 順天府	*39° 57'.*	*116° 29'.*	1210 ap. J.-C.	3	23	
5	,, ,,	,,	,,	,, ,,	7	2	
6	,, ,,	,,	,,	,, ,,	7-8		
7	,, ,,	,,	,,	,, ,,	8-9		
8	,, ,,	,,	,,	,, ,,	9-10		
9	,, ,,	,,	,,	1284 ,,	10	19	
3470	,, ,,	,,	,,	,, ,,	,,	23	
1	,, ,,	,,	,,	1289 ,,	1	28	
2	,, ,,	,,	,,	1295 ,,	4	3	
3	,, ,,	,,	,,	1303 ,,	9	17	
4	,, ,,	,,	,,	1313 ,,	6	24	
5	,, ,,	,,	,,	,, ,,	7	1	
6	,, ,,	,,	,,	,, ,,	8	6	
7	,, ,,	,,	,,	1322 ,,	11	8	
8	,, ,,	,,	,,	,, ,,	12	18	
9	,, ,,	,,	,,	1324 ,,	5	18	
3480	,, ,,	,,	,,	1332 ,,	6	3	
1	,, ,,	,,	,,	,, ,,	9	2	
2	,, ,,	,,	,,	,, ,,	9	30	
3	,, ,,	,,	,,	,, ,,	10	4	
4	,, ,,	,,	,,	1333 ,,	6-7		
3485	,, ,,	,,	,,	1334 ,,	9	14	(1)

(1) Tremb. terre et aff. mont.

	P. TCHE-LI 直隸		LATITUDE.	LONG. E. G.	ANNÉE.	M. SOL.	JOUR.	NOTE.
3486	V. Choen-t'ien F.	順天府	39° 57'.	116° 29'.	1337 ap. J.-C.	9	8	
7	,,	,,	,,	,,	,, ,,	,,	9	Gr.
8	,,	,,	,,	,,	1338 ,,	8	29	Pl. jrs.
9	,,	,,	,,	,,	1343 ,,	1	8	
3490	,,	,,	,,	,,	1403 ,,	12	4	
1	,,	,,	,,	,,	1413 ,,	9	12	
2	,,	,,	,,	,,	1415 ,,	10	30	
3	,,	,,	,,	,,	1416 ,,	10	5	
4	,,	,,	,,	,,	1420 ,,	7	19	
5	,,	,,	,,	,,	1426 ,,	8	4	
6	,,	,,	,,	,,	1429 ,,	2-3		
7	,,	,,	,,	,,	1430 ,,	1		
8	,,	,,	,,	,,	1438 ,,	4	9	
9	,,	,,	,,	,,	,, ,,	,,	10	
3500	,,	,,	,,	,,	,, ,,	,,	14	
1	,,	,,	,,	,,	1439 ,,	7	29	
2	,,	,,	,,	,,	,, ,,	10	1	
3	,,	,,	,,	,,	1445 ,,	3	21	
4	,,	,,	,,	,,	1446 ,,	6-7		
5	,,	,,	,,	,,	1451 ,,	8	13	
6	,,	,,	,,	,,	1454 ,,	11	12	
3507	,,	,,	,,	,,	1461 ,,	10	28	

	P. TCHE-LI 直隸		LATITUDE.	LONG. E. G.	ANNÉE.		M. SOL.	JOUR.	NOTE.
3508	V. Choen-t'ien F.	順天府	39° 57'.	116° 29'.	1468	ap. J.-C.	8	23	
9	,,	,,	,,	,,	,,	,,	10	11	
3510	,,	,,	,,	,,	1476	,,	10	28	
1	,,	,,	,,	,,	1477	,,	10	16	
2	,,	,,	,,	,,	1484	,,	1	29	
3	,,	,,	,,	,,	1485	,,	6	24	
4	,,	,,	,,	,,	,,	,,	12	25	
5	,,	,,	,,	,,	1491	,,	1	21	
6	,,	,,	,,	,,	,,	,,	7	12	
7	,,	,,	,,	,,	1494	,,	8	19	
8	,,	,,	,,	,,	,,	,,	12	24	
9	,,	,,	,,	,,	1496	,,			
3520	,,	,,	,,	,,	1497	,,	2	18	
1	,,	,,	,,	,,	1500	,,	8	11	
2	,,	,,	,,	,,	,,	,,	11	18	
3	,,	,,	,,	,,	1511	,,	12	1	
4	,,	,,	,,	,,	1514	,,	9	3	
5	,,	,,	,,	,,	1519	,,	3	13	
6	,,	,,	,,	,,	1524	,,	2	4	
7	,,	,,	,,	,,	1527	,,	11	17	
8	,,	,,	,,	,,	1533	,,	9	15	
3529	,,	,,	,,	,,	1536	,,	10	22	

	P. TCHE-LI 直隸		LATITUDE.	LONG. E. G.	ANNÉE.	M. SOL.	JOUR.	NOTE.
3530	V. Choen-t'ien F.	順天府	39° 57'.	116° 29'.	1548 ap. J.-C.	8	8	
1	,,	,,	,,	,,	,, ,,	9	12	
2	,,	,,	,,	,,	1551 ,,	10	9	
3	,,	,,	,,	,,	1562 ,,	2	14	
4	,,	,,	,,	,,	1568 ,,	4	15	
5	,,	,,	,,	,,	,, ,,	,,	25	
6	,,	,,	,,	,,	1569 ,,	12	18	
7	,,	,,	,,	,,	1570 ,,	5	5	
8	,,	,,	,,	,,	1571 ,,	6	22	
9	,,	,,	,,	,,	1575 ,,	10	26	
3540	,,	,,	,,	,,	,, ,,	11	4	
1	,,	,,	,,	,,	1579 ,,	7	27	
2	,,	,,	,,	,,	1584 ,,	3	31	
3	,,	,,	,,	,,	,, ,,	6	26	
4	,,	,,	,,	,,	1585 ,,	9	4	
5	,,	,,	,,	,,	1586 ,,	5	26	
6	,,	,,	,,	,,	1588 ,,	7	1	
7	,,	,,	,,	,,	1595 ,,	4-5		
8	,,	,,	,,	,,	,, ,,	7	2	
9	,,	,,	,,	,,	1597 ,,	10	6	
3550	,,	,,	,,	,,	1598 ,,	2	4	
3551	,,	,,	,,	,,	,, ,,	9	24	

	P. TCHE-LI 直隸	LATITUDE.	LONG. E. G.	ANNÉE.	M. SOL.	JOUR.	NOTE.
3552	V. Choen-t'ien F. 順天府	*39° 57'.*	*116° 29'.*	1600 ap. J.-C.	3	18	
3	,, ,,	,,	,,	,, ,,	4	7	
4	,, ,,	,,	,,	1603 ,,	7	1	
5	,, ,,	,,	,,	1605 ,,	2-3		
6	,, ,,	,,	,,	,, ,,	11	5	
7	,, ,,	,,	,,	1608 ,,	3	26	
8	,, ,,	,,	,,	,, ,,	8	22	
9	,, ,,	,,	,,	1615 ,,	12	8	
3560	,, ,,	,,	,,	1618 ,,	8	15	
1	,, ,,	,,	,,	,, ,,	11	16	
2	,, ,,	,,	,,	1623 ,,	4	29	
3	,, ,,	,,	,,	,, ,,	11	10	
4	,, ,,	,,	,,	1624 ,,	2	1	
5	,, ,,	,,	,,	,, ,,	4	17	
6	,, ,,	,,	,,	,, ,,	,,	19	
7	,, ,,	,,	,,	,, ,,	,,	21	
8	,, ,,	,,	,,	,, ,,	,,	23	
9	,, ,,	,,	,,	,, ,,	5-6		Gr.
3570	,, ,,	,,	,,	,, ,,	7-8		
1	,, ,,	,,	,,	1626 ,,	5	30	
2	,, ,,	,,	,,	,, ,,	6	28	Gr.
3573	,, ,,	,,	,,	1628 ,,	6	20	

	P. TCHE-LI 直隸	LATITUDE.	LONG. E. G.	ANNÉE.	M. SOL.	JOUR.	NOTE.
3574	V. Choen-t'ien F. 順天府	*39° 57'.*	*116° 29'.*	1628 ap. J.-C.	10	6	
5	,, ,,	,,	,,	1639 ,,	3	9	
6	,, ,,	,,	,,	1665 ,,	4	16	
7	,, ,,	,,	,,	1668 ,,	6	14	
8	,, ,,	,,	,,	,, ,,	,,	15	
9	,, ,,	,,	,,	,, ,,	,,	17	
3580	,, ,,	,,	,,	,, ,,	,,	18	
1	,, ,,	,,	,,	1669 ,,	9	28	
2	,, ,,	,,	,,	1673 ,,	10	18	
3	,, ,,	,,	,,	1678 ,,	9	13	
4	,, ,,	,,	,,	1679 ,,	9	2	
5	,, ,,	,,	,,	1687 ,,	10	17	
6	,, ,,	,,	,,	1696 ,,	10	23	
7	,, ,,	,,	,,	1702 ,,	11	26	
8	,, ,,	,,	,,	1705 ,,	10	3	Lég.
9	,, ,,	,,	,,	1706 ,,	4	10	,,
3590	,, ,,	,,	,,	1746 ,,	7	30	
1	,, ,, V. Kou-ngan H. 固安縣	*39° 25'.*	*116° 22'.*	1679 ,,	9	2	
2	,, ,, V. Yong-ts'ing H. 永清縣	*39° 20'.*	*116° 35'.*	1621 ,,	11-12		
3	,, ,, ,, ,,	,,	,,	1655 ,,	10	8	
4	,, ,, ,, ,,	,,	,,	1679 ,,	9	2	
3595	,, ,, V. Tong-ngan H. 東安縣	*39° 25'.*	*116° 46'.*	1507 ,,			

	P. TCHE-LI 直隸				LATITUDE.	LONG. E. G.	ANNÉE.	M. SOL.	JOUR.	NOTE.
3596	Choen-t'ien F.	順天府	V. Tong-ngan H.	東安縣	*39° 25'.*	*116° 46'.*	1528 ap. J.-C.	5-6		
7	,,	,,	,,	,,	,,	,,	1535 ,,	Hiv.		
8	,,	,,	,,	,,	,,	,,	1567 ,,	11		
9	,,	,,	,,	,,	,,	,,	1621 ,,	11-12		
3600	,,	,,	,,	,,	,,	,,	1625 ,,	7-8		Pl. jrs.
1	,,	,,	,,	,,	,,	,,	1663 ,,			
2	,,	,,	,,	,,	,,	,,	1665 ,,	4-5		
3	,,	,,	,,	,,	,,	,,	1674 ,,	10	8	
4	,,	,,	,,	,,	,,	,,	1720 ,,	7	12	
5	,,	,,	,,	,,	,,	,,	1730 ,,	9	30	
6	,,	,,	V. Hiang-ho H.	香河縣	*39° 50'.*	*117° 02'.*	1668 ,,	7	25	
7	,,	,,	,,	,,	,,	,,	1679 ,,	9	2	
8	,,	,,	V. San-ho H.	三河縣	*40°*	*117° 01'.*	1575 ,,	10-11		
9	,,	,,	,,	,,	,,	,,	1679 ,,	9	2	
3610	,,	,,	V. Ou-ts'ing H.	武清縣	*39° 33'.*	*116° 55'.*	1673 ,,	10-11		
1	,,	,,	,,	,,	,,	,,	1679 ,,	9	2	
2	,,	,,	,,	,,	,,	,,	1719 ,,	7	17	
3	,,	,,	,,	,,	,,	,,	1730 ,,	9	30	
4	,,	,,	V. Pao-tch'e H.	寶坻縣	*39° 45'.*	*117° 12'.*	1679 ,,	9	2	
5	,,	,,	V. Choeng-y H.	順義縣	*40° 09'.*	*116° 42'.*	1665 ,,	4-5		
6	,,	,,	,,	,,	,,	,,	1337 ,,	9	8	
3617	,,	,,	,,	,,	,,	,,	1568 ,,	4	25	

	P. TCHE-LI 直隸				LATITUDE.	LONG. E. G.	ANNÉE.	M. SOL.	JOUR.	NOTE.
3618	Choen-t'ien F.	順天府	V. Mi-yun H.	密雲縣	*40° 24'.*	*116° 45'.*	1284 ap. J.-C.	10	23	
9	,,	,,	,,	,,	,,	,,	1550 ,,	8-9		
3620	,,	,,	,,	,,	,,	,,	1558 ,,	4-5		
1	,,	,,	,,	,,	,,	,,	1615 ,,	12	8	
2	,,	,,	,,	,,	,,	,,	1705 ,,	11	2	Pl. jrs.
3	,,	,,	,,	,,	,,	,,	1720 ,,	7	12	
4	,,	,,	,,	,,	,,	,,	,, ,,	,,	13	Gr. Pl. jrs.
5	,,	,,	V. Hoai-jeou H.	懷柔縣	*40° 19'.*	*116° 39'.*	1720 ,,	7	11	
6	,,	,,	,,	,,	,,	,,	,, ,,	,,	12	Gr.
7	,,	,,	V. Wen-ngan H.	文安縣	*38° 53'.*	*116° 34'.*	1449 ,,	1-2		
8	,,	,,	,,	,,	,,	,,	1526 ,,	Pr.		
9	,,	,,	,,	,,	,,	,,	1628 ,,	8-9		
3630	,,	,,	,,	,,	,,	,,	1668 ,,	7-8		
1	,,	,,	V. Ta-tch'eng H.	大城縣	*38° 50'.*	*116° 30'.*	1449 ,,	1-2		
2	,,	,,	,,	,,	,,	,,	1476 ,,	10	28	
3	,,	,,	,,	,,	,,	,,	1497 ,,	6		
4	,,	,,	,,	,,	,,	,,	1506 ,,	1-2		
5	,,	,,	,,	,,	,,	,,	1548 ,,	9		
6	,,	,,	,,	,,	,,	,,	1552 ,,			
7	,,	,,	,,	,,	,,	,,	1624 ,,	4-5		
8	,,	,,	,,	,,	,,	,,	1665 ,,	8	17	
3639	,,	,,	V. Pao-ting F.	保定縣	*39° 02'.*	*116° 25'.*	1511 ,,	Pr.		

	P. TCHE-LI 直隸				LATITUDE.	LONG. E. G.	ANNÉE.	M. SOL.	JOUR.	NOTE.
3640	Choen-t'ien F.	順天府	V. Pao-ting H.	保定縣	39° 02'.	116° 25'.	1666 ap. J.-C.	6		
1	,,	,,	V. P'ing-kou H.	平谷縣	40° 12'.	117° 03'.	1679 ,,	9	2	
2	,,	,,	V. T'ong T.	通州	39° 54'.	116° 41'.	1476 ,,	10	28	
3	,,	,,	,,	,,	,,	,,	1679 ,,	9	2	
4	,,	,,	V. Tch'ang-p'ing T.	昌平州	40° 12'.	116° 10'.	1290 ,,	9-10		Gr.
5	,,	,,	,,	,,	,,	,,	1519 ,,	10	8	
6	,,	,,	,,	,,	,,	,,	1558 ,,	4	17	
7	,,	,,	,,	,,	,,	,,	1591 ,,	4	26	
8	,,	,,	,,	,,	,,	,,	1626 ,,	5	30	
9	,,	,,	,,	,,	,,	,,	1637 ,,	10-11		
3650	,,	,,	,,	,,	,,	,,	,, ,,	11	16	
1	,,	,,	,,	,,	,,	,,	1657 ,,	10	26	
2	,,	,,	,,	,,	,,	,,	,, ,,	,,	27	
3	,,	,,	,,	,,	,,	,,	1665 ,,	4-5		
4	,,	,,	V. Pa T.	霸州	39° 08'.	116° 15'.	1057 ,,	3-4		
5	,,	,,	,,	,,	,,	,,	1511 ,,	12	1	
6	,,	,,	V. Ki T.	薊州	40° 05'.	117° 22'.	1314 ,,	9-10		
7	,,	,,	,,	,,	,,	,,	1345 ,,	2-3		Lég.
8	,,	,,	,,	,,	,,	,,	1356 ,,	2-3		
9	,,	,,	,,	,,	,,	,,	1476 ,,	10	28	
3660	,,	,,	,,	,,	,,	,,	1481 ,,	6	21	
3661	,,	,,	,,	,,	,,	,,	1523 ,,	10	6	

	P. TCHE-LI 直隸				LATITUDE.	LONG. E. G.	ANNÉE.	M. SOL.	JOUR.	NOTE.
3662	V. Choen-t'ien F.	順天府	V. Ki T.	薊州	*40° 05'.*	*117° 22'.*	1576 ap. J.-C.	3	16	
2bis	,,	,,	,,	,,	,,	,,	,, ,,	,,	17	
3	,,	,,	,,	,,	,,	,,	1597 ,,	10	6	
4	,,	,,	,,	,,	,,	,,	1624 ,,	3	31	
5	,,	,,	,,	,,	,,	,,	1679 ,,	9	2	
6	,,	,,	,,	,,	,,	,,	1730 ,,	9	30	
7	,,	,,	,,	,,	,,	,,	1795 ,,	7	6	
8	,,	,,	,,	,,	,,	,,	1797 ,,	8	5	
9	V. Ts'uen-hoa T*.	遵化州			*40° 11'.*	*117° 53'.*	1481 ,,	6	21	
3670	,,	,,			,,	,,	,, ,,	,,	27	
1	,,	,,			,,	,,	1485 ,,	5	26	
2	,,	,,			,,	,,	1580 ,,	6	25	Pl. jrs.
3	,,	,,	V. Yu-t'ien H.	玉田縣	*39° 56'.*	*117° 40'.*	1568 ,,	4	25	
4	,,	,,	,,	,,	,,	,,	,, ,,	4-5		
5	,,	,,	,,	,,	,,	,,	1624 ,,	Pr.		
6	,,	,,	,,	,,	,,	,,	1665 ,,	3	18	
7	,,	,,	,,	,,	,,	,,	1679 ,,	9	2	Gr.
8	V. Pao-ting F.	保定府			*38° 53'.*	*115° 36'.*	1057 ,,	5	26	
9	,,	,,			,,	,,	1289 ,,	8-9		Gr.
3680	,,	,,			,,	,,	1511 ,,	12	1	
1	,,	,,			,,	,,	1526 ,,	10	22	
3682	,,	,,			,,	,,	1548 ,,	8	8	

	P. TCHE-LI 直隸				LATITUDE.	LONG. E. G.	ANNÉE.	M. SOL.	JOUR.	NOTE.
3683	V. Pao-ting F.	保定府			*38° 53'.*	*115° 36'.*	1624 ap. J.-C.	7	19	
4	,,	,,			,,	,,	1626 ,,	6	26	
5	,,	,,			,,	,,	1829 ,,			
6	,,	,,			,,	,,	1830 ,,	5-6		
7	,,	,,			,,	,,	1831 ,,	5	31	
8	,,	,,			,,	,,	1882 ,,	12	2	
9	,,	,,	V. Man-tch'eng H.	滿城縣	*39°*	*115° 20'.*	438 ,,	12	23	
3690	,,	,,	,,	,,	,,	,,	1581 ,,	5		
1	,,	,,	,,	,,	,,	,,	1668 ,,	7	25	
2	,,	,,	V. Ngan-sou H.	安肅縣	*39° 02'.*	*115° 47'.*	1679 ,,	9	2	
3	,,	,,	,,	,,	,,	,,	,, ,,	,,	3	Lég.
4	,,	,,	,,	,,	,,	,,	,, ,,	,,	4	,,
5	,,	,,	V. Ting-hing H.	定興縣	*39° 17'.*	*115° 56'.*	1056 ,,	5-6		Gr.
6	,,	,,	,,	,,	,,	,,	1122 ,,	6-7		
7	,,	,,	,,	,,	,,	,,	1290 ,,	Aut.		
8	,,	,,	,,	,,	,,	,,	1313 ,,	6-7		
9	,,	,,	,,	,,	,,	,,	1334 ,,	8-9		
3700	,,	,,	,,	,,	,,	,,	1581 ,,	5		
1	,,	,,	,,	,,	,,	,,	1592 ,,	1-2		
2	,,	,,	,,	,,	,,	,,	1616 ,,	1		
3	,,	,,	,,	,,	,,	,,	1624 ,,	6	19	Gr.
3704	,,	,,	,,	,,	,,	,,	1658 ,,	Pr.		

	P. TCHE-LI 直隸				LATITUDE.	LONG. E. G.	ANNÉE.	M. SOL.	JOUR.	NOTE.
3705	Pao-ting F.	保定府	V. Ting-hing H.	定興縣	*39° 17'.*	*115° 56'.*	1730 ap. J.-C.	9	29	
6	,,	,,	,,	,,	,,	,,	1830 ,,	5	12	
7	,,	,,	,,	,,	,,	,,	1882 ,,	12	2	
8	,,	,,	,,	,,	,,	,,	1888 ,,	6	13	
9	,,	,,	V. Sin-tch'eng H.	新城縣	*39° 21'.*	*115° 54'.*	1581 ,,	5		
3710	,,	,,	,,	,,	,,	,,	1583 ,,	5-6		
1	,,	,,	,,	,,	,,	,,	1658 ,,	2	3	
2	,,	,,	,,	,,	,,	,,	1665 ,,	4-5		
3	,,	,,	,,	,,	,,	,,	1679 ,,	8-9		
4	,,	,,	V. T'ang H.	唐　縣	*38° 44'.*	*115°*	1626 ,,	6	26	
5	,,	,,	,,	,,	,,	,,	1638 ,,			(1)
6	,,	,,	,,	,,	,,	,,	1662 ,,	3	16	
7	,,	,,	,,	,,	,,	,,	1665 ,,	4-5		
8	,,	,,	,,	,,	,,	,,	1666 ,,	1-2		
9	,,	,,	,,	,,	,,	,,	1668 ,,	7	25	
3720	,,	,,	V. Wang-tou H.	望都縣	*38° 45'.*	*115° 14'.*	1068 ,,	Ét.		
1	,,	,,	V. Yong-tch'eng H.	容城縣	*39° 04'.*	*116° 58'.*	1665 ,,	4-5		
2	,,	,,	,,	,,	,,	,,	1720 ,,	7	12	
3	,,	,,	,,	,,	,,	,,	1738 ,,	12		
4	,,	,,	V. Hoan H.	完　縣	*38° 50'.*	*115° 13'.*	813 ,,	6	27	(2)
5	,,	,,	,,	,,	,,	,,	1602 ,,	1-2		
3726	,,	,,	,,	,,	,,	,,	1602 ,,	4-5		

(1) Aff. mont. Ko-hong Chan 葛洪山.　(2) Aff. mont.

	P. TCHE-LI 直隸				LATITUDE.	LONG. E. G.	ANNÉE.	M. SOL.	JOUR.	NOTE.
3727	Pao-ting F.	保定府	V. Hoan H.	完　縣	*38° 50'.*	*115° 13'.*	1624 ap. J.-C.	7	19	
8	,,	,,	,,	,,	,,	,,	1679 ,,	8-9		
9	,,	,,	V. Li H.	蠡　縣	*38° 32'.*	*115° 40'.*	1581 ,,	5		
3730	,,	,,	,,	,,	,,	,,	1633 ,,	10		
1	,,	,,	V. Hiong H.	雄　縣	*39° 06'.*	*116°*	876 ,,	7	14	
2	,,	,,	,,	,,	,,	,,	,, ,,	,,	30	
3	,,	,,	,,	,,	,,	,,	877 ,,	8	3	
4	,,	,,	,,	,,	,,	,,	1057 ,,	3-4		
5	,,	,,	,,	,,	,,	,,	1122 ,,			Gr.
6	,,	,,	,,	,,	,,	,,	1581 ,,	5		
7	,,	,,	,,	,,	,,	,,	1582 ,,	4-5		
8	,,	,,	,,	,,	,,	,,	1584 ,,			
9	,,	,,	,,	,,	,,	,,	1665 ,,	4-5		
3740	,,	,,	,,	,,	,,	,,	1667 ,,	3	25	
1	,,	,,	,,	,,	,,	,,	1668 ,,	5	17	
2	,,	,,	,,	,,	,,	,,	,, ,,	7	25	
3	,,	,,	,,	,,	,,	,,	1679 ,,	8-9		
4	,,	,,	V. Kao-yang H.	高陽縣	*38° 44'.*	*115° 56'.*	,, ,,	,,		
5	,,	,,	V. Sin-ngan H.	新安縣	*38° 56'.*	*116° 02'.*	1618 ,,	7-8		
6	,,	,,	,,	,,	,,	,,	,, ,,	8-9		
7	,,	,,	,,	,,	,,	,,	,, ,,	10-11		
3748	,,	,,	,,	,,	,,	,,	1624 ,,	3-4		

	P. TCHE-LI 直隸				LATITUDE.	LONG. E. G.	ANNÉE.	M. SOL.	JOUR.	NOTE.
3749	Pao-ting F.	保定府	V. Sin-ngan H.	新安縣	*38° 56'.*	*116° 02'.*	1679 ap. J.-C.	8-9		
3750	,,	,,	,,	,,	,,	,,	1730 ,,	9	30	
1	,,	,,	V. K'i T.	祁州	*38° 27'.*	*115° 26'.*	1626 ,,	6	26	
2	,,	,,	,,	,,	,,	,,	1720 ,,	7	11	
3	,,	,,	,,	,,	,,	,,	1729 ,,	9-10		
4	,,	,,	,,	,,	,,	,,	1830 ,,	5	22	
5	,,	,,	V. Ngan T.	安州	*38° 53'.*	*115° 53'.*	1671 ,,	8-9		
6	,,	,,	,,	,,	,,	,,	1679 ,,	8-9		
7	V. Y T*.	易州			*39° 24'.*	*115° 35'.*	1068 ,,			
8	,,	,,			,,	,,	1581 ,,	5		
9	,,	,,			,,	,,	1591 ,,	12	29	
3760	,,	,,			,,	,,	,, ,,	,,	31	
1	,,	,,	V. Lai-choei H.	淶水縣	*39° 25'.*	*115° 47'.*	1581 ,,	5		
2	,,	,,	,,	,,	,,	,,	1658 ,,	2	3	
3	,,	,,	V. Koang-tch'ang H.	廣昌縣	*39° 34'.*	*114° 20'.*	1581 ,,	5		
4	,,	,,	,,	,,	,,	,,	1585 ,,	2-3		
5	,,	,,	,,	,,	,,	,,	1612 ,,	11-12		
6	,,	,,	,,	,,	,,	,,	1618 ,,	11	16	
7	,,	,,	,,	,,	,,	,,	1626 ,,	6	28	Gr. Pl. jrs.
8	,,	,,	,,	,,	,,	,,	1653 ,,	10-11		
9	,,	,,	,,	,,	,,	,,	1673 ,,	10	18	
3770	,,	,,	,,	,,	,,	,,	1679 ,,	9	1	

	P. TCHE-LI 直隸			LATITUDE.	LONG. E. G.	ANNÉE.	M. SOL.	JOUR.	NOTE.
3771	Y T*.	易 州	V. Koang-tch'ang H. 廣昌縣	*39° 34'.*	*114° 20'.*	1683 ap. J.-C.	11	22	
2	V. Yong-p'ing F.	永平府		*36° 50'.*	*118° 50'.*	479 ,,	5	3	
3	,,	,,		,,	,,	991 ,,	10-11		
4	,,	,,		,,	,,	1479 ,,	11	12	
5	,,	,,		,,	,,	1481 ,,	6	27	
6	,,	,,		,,	,,	1484 ,,	1	29	
7	,,	,,		,,	,,	1496 ,,	5	6	
8	,,	,,		,,	,,	1497 ,,	10	31	
9	,,	,,		,,	,,	,, ,,	11	5	
3780	,,	,,		,,	,,	1519 ,,	5	22	
1	,,	,,		,,	,,	1522 ,,	7-8		
2	,,	,,		,,	,,	,, ,,	10	30	Pl. jrs.
3	,,	,,		,,	,,	1536 ,,	10-11		
4	,,	,,		,,	,,	1554 ,,	5	1	
5	,,	,,		,,	,,	1557 ,,	3	29	
6	,,	,,		,,	,,	,, ,,	4-5		
7	,,	,,		,,	,,	1558 ,,	4	17	
8	,,	,,		,,	,,	1562 ,,	8	27	
9	,,	,,		,,	,,	1567 ,,	5	6	
3790	,,	,,		,,	,,	1576 ,,	3	16	Pl. jrs.
1	,,	,,		,,	,,	,, ,,	3	17	
3792	,,	,,		,,	,,	1580 ,,	6	25	,,

	P. TCHE-LI 直隸		LATITUDE.	LONG. E. G.	ANNÉE.	M. SOL.	JOUR.	NOTE.
3793	V. Yong-p'ien F.	永平府	36° 50'.	118° 50'.	1580 ap. J.-C.	7	1	
4	,,	,,	,,	,,	1581 ,,	3	25	
5	,,	,,	,,	,,	1583 ,,	7	12	
6	,,	,,	,,	,,	1624 ,,	3	31	Pl. jrs.
7	,,	,,	,,	,,	1631 ,,	1	15	
8	,,	,,	,,	,,	1661 ,,	10	14	
9	,,	,,	,,	,,	1664 ,,	12	5	
3800	,,	,,	,,	,,	1665 ,,	4	16	
1	,,	,,	,,	,,	1666 ,,	4	27	
2	,,	,,	,,	,,	,, ,,	11	2	
3	,,	,,	,,	,,	1667 ,,	1	19	
4	,,	,,	,,	,,	,, ,,	2	8	
5	,,	,,	,,	,,	1668 ,,	2b	29	
6	,,	,,	,,	,,	,, ,,	7	25	
7	,,	,,	,,	,,	1673 ,,	10	18	
8	,,	,,	,,	,,	1679 ,,	9	2	Gr.
9	,,	,,	,,	,,	1730 ,,	9	30	
3810	,,	,,	,,	,,	1797 ,,	8	5	
1	,,	,,	,,	,,	1799 ,,	6		Pl. jrs.
2	,	,,	,,	,,	,, ,,	7		
3	,,	,,	,,	,,	1800 ,,	Pr.		
3814	,,	,,	,,	,,	,, ,,	6	30	

	P. TCHE-LI 直隸	LATITUDE.	LONG. E. G.	ANNÉE.	M. SOL.	JOUR.	NOTE.
3815	V. Yong-p'ing F. 永平府	36° 50'.	118° 50'.	1800 ap. J.-C.	9	9	
6	,, ,,	,,	,,	1805 ,,	8	4	
7	,, ,,	,,	,,	,, ,,	,,	25	
8	,, ,,	,,	,,	1849 ,,	3	28	
9	,, ,,	,,	,,	1874 ,,	1	30	
3820	,, ,,	,,	,,	1875 ,,	2	10	
1	,, ,,	,,	,,	,, ,,	11	7	
2	,, ,, V. Ts'ien-ngan H. 遷安縣	40° 05'.	118° 44'.	1551 ,,	8		
3	,, ,, ,, ,,	,,	,,	1563 ,,	5	8	
4	,, ,, ,, ,,	,,	,,	1568 ,,	3-4		
5	,, ,, ,, ,,	,,	,,	1569 ,,	6	26	
6	,, ,, ,, ,,	,,	,,	,, ,,	12	30	
7	,, ,, ,, ,,	,,	,,	1575 ,,	10	12	
8	,, ,, ,, ,,	,,	,,	1579 ,,	7	20	
9	,, ,, ,, ,,	,,	,,	1580 ,,	7	14	
3830	,, ,, ,, ,,	,,	,,	1581 ,,	3	25	
1	,, ,, ,, ,,	,,	,,	1583 ,,	7	12	
2	,, ,, ,, ,,	,,	,,	1586 ,,	5	26	
3	,, ,, ,, ,,	,,	,,	1627 ,,	5	23	
4	,, ,, ,, ,,	,,	,,	1629 ,,	2-3		
5	,, ,, ,, ,,	,,	,,	,, ,,	5	26	
3836	,, ,, ,, ,,	,,	,,	1631 ,,	10-11		

	P. TCHE-LI 直隸				LATITUDE.	LONG. E. G.	ANNÉE.		M. SOL.	JOUR.	NOTE.
3837	Yong-p'ien F.	永平府	V. Ts'ien-ngan H.	遷安縣	*40° 05'.*	*118° 44'.*	1631	ap. J.-C.	12	31	
8	,,	,,	,,	,,	,,	,,	1632	,,	1	14	
9	,,	,,	,,	,,	,,	,,	1639	,,	12	19	
3840	,,	,,	,,	,,	,,	,,	1640	,,	1	29	
1	,,	,,	,,	,,	,,	,,	,,	,,	2	26	
2	,,	,,	,,	,,	,,	,,	,,	,,	4	11	
3	,,	,,	V. Tch'ang-li H.	昌黎縣	*39° 43'.*	*119° 10'.*	479	,,	5	3	
4	,,	,,	,,	,,	,,	,,	1502	,,	11	2	
5	,,	,,	,,	,,	,,	,,	1522	,,			
6	,,	,,	,,	,,	,,	,,	1523	,,	8-9		
7	,,	,,	,,	,,	,,	,,	1526	,,	8-9		
8	,,	,,	,,	,,	,,	,,	1528	,,	2-3		
9	,,	,,	,,	,,	,,	,,	1548	,,	9		
3850	,,	,,	,,	,,	,,	,,	1567	,,			
1	,,	,,	,,	,,	,,	,,	1597	,,	Hiv.		
2	,,	,,	,,	,,	,,	,,	1624	,,	3-4		
3	,,	,,	,,	,,	,,	,,	1630	,,	1-2		
4	,,	,,	,,	,,	,,	,,	1657	,,			
5	,,	,,	,,	,,	,,	,,	1661	,,	10	14	
6	,,	,,	,,	,,	,,	,,	1665	,,	4	16	
7	,,	,,	,,	,,	,,	,,	1673	,,	10	18	
3858	,,	,,	,,	,,	,,	,,	1679	,,	8-9		

	P. TCHE-LI 直隸				LATITUDE.	LONG. E. G.	ANNÉE.	M. SOL.	JOUR.	NOTE.
3859	Yong-p'ing F.	永平府	V. Tch'ang-li H.	昌黎縣	39° 43'.	119° 10'.	1796 ap. J.-C.	7	17	
3860	,,	,,	,,	,,	,,	,,	1800 ,,	3	20	
1	,,	,,	,,	,,	,,	,,	,, ,,	4	14	
2	,,	,,	V. Lo-t'ing H.	樂亭縣	39° 29'.	118° 55'.	1523 ,,	8		
3	,,	,,	,,	,,	,,	,,	1569 ,,	3-4		
4	,,	,,	,,	,,	,,	,,	,, ,,	4	16	
5	,,	,,	,,	,,	,,	,,	1572 ,,	2-3		
6	,,	,,	,,	,,	,,	,,	1624 ,,	3	31	
7	,,	,,	,,	,,	,,	,,	1679 ,,	9		
8	,,	,,	,,	,,	,,	,,	1795 ,,			
9	,,	,,	,,	,,	,,	,,	1796 ,,	7	17	
3870	,,	,,	,,	,,	,,	,,	1878 ,,	2	27	
1	,,	,,	V. Lin-yu H.	臨榆縣	40° 08'.	129° 10'.	479 ,,	5	3	
2	,,	,,	,,	,,	,,	,,	1569 ,,	4	16	
3	,,	,,	,,	,,	,,	,,	1595 ,,	7	2	
4	,,	,,	,,	,,	,,	,,	,, ,,	9	30	
5	,,	,,	,,	,,	,,	,,	1599 ,,	5-6		
6	,,	,,	,,	,,	,,	,,	1622 ,,	8-9		
7	,,	,,	,,	,,	,,	,,	1623 ,,	3	31	
8	,,	,,	,,	,,	,,	,,	1624 ,,	3	31	
9	,,	,,	,,	,,	,,	,,	1730 ,,	9	30	
3880	,,	,,	,,	,,	,,	,,	1799 ,,	7		

	P. TCHE-LI 直隸				LATITUDE.	LONG. E. G.	ANNÉE.	M. SOL.	JOUR.	NOTE.
3881	Yong-p'ien F.	永平府	V. Lin-yu H.	臨榆縣	*40° 08'.*	*129° 10'.*	1802 ap. J.-C.	Ét.		
2	,,	,,	V. Loan T.	灤州	*39° 48'.*	*118° 50'.*	479 ,,	5	3	
3	,,	,,	,,	,,	,,	,,	1495 ,,	8	28	
4	,,	,,	,,	,,	,,	,,	,, ,,	,,	29	
5	,,	,,	,,	,,	,,	,,	1495 ,,	9	4	
6	,,	,,	,,	,,	,,	,,	,, ,,	,,	6	
7	,,	,,	,,	,,	,,	,,	1502 ,,	11	2	
8	,,	,,	,,	,,	,,	,,	1522 ,,	7-8		Gr.
9	,,	,,	,,	,,	,,	,,	1523 ,,	8-9		
3890	,,	,,	,,	,,	,,	,,	1526 ,,	8-9		
1	,,	,,	,,	,,	,,	,,	1528 ,,	2-3		
2	,,	,,	,,	,,	,,	,,	1548 ,,	9		
3	,,	,,	,,	,,	,,	,,	1562 ,,	6		
4	,,	,,	,,	,,	,,	,,	1568 ,,	3-4		
5	,,	,,	,,	,,	,,	,,	1622 ,,	8-9		
6	,,	,,	,,	,,	,,	,,	1624 ,,	3-4		
7	,,	,,	,,	,,	,,	,,	1630 ,,	1	26	
8	,,	,,	,,	,,	,,	,,	1657 ,,	12		
9	,,	,,	,,	,,	,,	,,	1661 ,,	10	14	
3900	,,	,,	,,	,,	,,	,,	1664 ,,	12	5	
1	,,	,,	,,	,,	,,	,,	1665 ,,	4	16	
3902	,,	,,	,,	,,	,,	,,	1666 ,,	4	27	

	P. TCHE-LI 直隸				LATITUDE.	LONG. E. G.	ANNÉE.	M. SOL.	JOUR.	NOTE.
3903	Yong-p'ien F.	永平府	V. Loan T.	灤州	39° 48'.	118° 50'.	1666 ap. J.-C.	11	2	
4	,,	,,	,,	,,	,,	,,	1667 ,,	1	20	
5	,,	,,	,,	,,	,,	,,	,, ,,	2	8	
6	,,	,,	,,	,,	,,	,,	1668 ,,	2	28	
7	,,	,,	,,	,,	,,	,,	,, ,,	7	25	
8	,,	,,	,,	,,	,,	,,	1673 ,,	10	18	
9	,,	,,	,,	,,	,,	,,	1795 ,,	8	5	Gr.
3910	,,	,,	,,	,,	,,	,,	1797 ,,	8	5	
1	,,	,,	,,	,,	,,	,,	1800 ,,	3	21	
2	,,	,,	,,	,,	,,	,,	,, ,,	4	14	
3	,,	,,	,,	,,	,,	,,	1805 ,,	7	7	
4	V. Ho-kien F.	河間府			38° 33'.	116°	512 ,,	5	21	
5	,,	,,			,,	,,	1004 ,,	5	5	
6	,,	,,			,,	,,	,, ,,	,,	17	
7	,,	,,			,,	,,	1068 ,,	12	31	
8	,,	,,			,,	,,	1290 ,,	Aut.		
9	,,	,,			,,	,,	1511 ,,	12	1	
3920	,,	,,			,,	,,	1526 ,,	Pr.		
1	,,	,,			,,	,,	1623 ,,			
2	,,	,,	V. Jen-k'ieou H.	任邱縣	38° 43'.	116° 15'.	1068 ,,	9		
3	,,	,,	,,	,,	,,	,,	,, ,,	10	17	
3924	,,	,,	,,	,,	,,	,,	,, ,,	12	23	

	P. TCHE-LI 直隸				LATITUDE.	LONG. E. G.	ANNÉE.	M. SOL.	JOUR.	NOTE.
3925	Ho-kien F.	河間府	V. Ou-k'iao H.	吳橋縣	*37° 37'.*	*116° 33'.*	1512 ap. J.-C.	12		
6	,,	,,	,,	,,	,,	,,	1828 ,,	8-9		
7	,,	,,	V. Tong-koang H.	東光縣	*38° 03'.*	*116° 36'.*	1068 ,,	9		
8	,,	,,	,,	,,	,,	,,	1511 ,,	12	1	
9	,,	,,	,,	,,	,,	,,	1519 ,,	3		
3930	,,	,,	,,	,,	,,	,,	1524 ,,	2-3		
1	,,	,,	,,	,,	,,	,,	1526 ,,	Pr.		
2	,,	,,	,,	,,	,,	,,	1624 ,,	4	19	
3	,,	,,	,,	,,	,,	,,	1625 ,,	4-5		
4	,,	,,	,,	,,	,,	,,	1668 ,,	7	25	Gr.
5	,,	,,	,,	,,	,,	,,	1679 ,,	8	4	
6	,,	,,	,,	,,	,,	,,	1683 ,,	11	22	
7	,,	,,	,,	,,	,,	,,	1704 ,,	9	18	
8	,,	,,	,,	,,	,,	,,	1719 ,,	8	3	
9	,,	,,	,,	,,	,,	,,	1730 ,,	9	30	
3940	,,	,,	,,	,,	,,	,,	1795 ,,	8	5	
1	,,	,,	,,	,,	,,	,,	1807 ,,	5	17	
2	,,	,,	,,	,,	,,	,,	1815 ,,	8	5	
3	,,	,,	,,	,,	,,	,,	,, ,,	,,	6	
4	,,	,,	,,	,,	,,	,,	1816 ,,	8	7	
5	,,	,,	,,	,,	,,	,,	1828 ,,	Aut.		
3946	,,	,,	,,	,,	,,	,,	1830 ,,	6	12	

	P. TCHE-LI 直隸				LATITUDE.	LONG. E. G.	ANNÉE.	M. SOL.	JOUR.	NOTE.
3947	Ho-kien F.	河間府	V. Tong-koang H.	東光縣	38° 03'.	116° 36'.	1882 ap. J.-C.	12	2	
8	,,	,,	,,	,,	,,	,,	,, ,,	,,	5	
9	,,	,,	,,	,,	,,	,,	1884 ,,	2	22	
3950	,,	,,	,,	,,	,,	,,	1885 ,,	2	9	
1	,,	,,	,,	,,	,,	,,	1888 ,,	6	13	
2	V. T'ien-tsin F.	天津府			39° 07'.	117° 11'.	1641 ,,	5-6		
3	,,	,,			,,	,,	1668 ,,	7	25	
4	,,	,,			,,	,,	,, ,,	,,	26	
5	,,	,,			,,	,,	1719 ,,	8	3	
6	,,	,,	V. Ts'ing H.	青縣	38° 37'.	116° 54'.	1068 ,,			
7	,,	,,	,,	,,	,,	,,	1665 ,,			
8	,,	,,	,,	,,	,,	,,	1830 ,,	5	14	
9	,,	,,	V. Nan-p'i H.	南皮縣	38° 08'.	116° 43'.	1069 ,,			
3960	,,	,,	,,	,,	,,	,,	1623 ,,			
1	,,	,,	,,	,,	,,	,,	1658 ,,	2	3	
2	,,	,,	,,	,,	,,	,,	1665 ,,	Pr.		
3	,,	,,	,,	,,	,,	,,	1668 ,,	7-8		
4	,,	,,	,,	,,	,,	,,	1679 ,,	8-9		
5	,,	,,	,,	,,	,,	,,	1829 ,,	10-11		
6	,,	,,	,,	,,	,,	,,	1833 ,,	9	4	
7	,,	,,	,,	,,	,,	,,	1882 ,,	12	2	
3968	,,	,,	,,	,,	,,	,,	1888 ,,	6	13	Lég.

	P. TCHE-LI 直隸				LATITUDE.	LONG. E. G.	ANNÉE.	M. SOL.	JOUR.	NOTE.
3969	T'ien-tsin F.	天津府	V. Yen-chan H.	鹽山縣	38° 07'.	117° 12'.	1625 ap. J.-C.	7	8	
3970	,,	,,	,,	,,	,,	,,	1658 ,,	2	3	
1	,,	,,	,,	,,	,,	,,	,, ,,	,,	25	
2	,,	,,	,,	,,	,,	,,	1668 ,,	7	25	
3	,,	,,	,,	,,	,,	,,	,, ,,	,,	26	
4	,,	,,	,,	,,	,,	,,	1679 ,,	9	2	
5	,,	,,	,,	,,	,,	,,	,, ,,	,,	3	
6	,,	,,	,,	,,	,,	,,	,, ,,	9	7	
7	,,	,,	,,	,,	,,	,,	1829 ,,	11	19	
8	,,	,,	,,	,,	,,	,,	1830 ,,	5	15	
9	,,	,,	V. K'ing-yun H.	慶雲縣	37° 55'.	117° 30'.	1668 ,,	7	25	
3980	,,	,,	,,	,,	,,	,,	1679 ,,	9	2	
1	,,	,,	,,	,,	,,	,,	1683 ,,			
2	,,	,,	,,	,,	,,	,,	1691 ,,	4	14	
3	,,	,,	,,	,,	,,	,,	1771 ,,	8	24	
4	,,	,,	V. Ts'ang T.	滄州	38° 22'.	116° 47'.	1068 ,,	9		
5	,,	,,	,,	,,	,,	,,	1069 ,,	1	18	
6	,,	,,	,,	,,	,,	,,	1668 ,,	7	26	
7	,,	,,	,,	,,	,,	,,	1679 ,,	9	2	
8	,,	,,	,,	,,	,,	,,	1720 ,,	7-8		
9	,,	,,	,,	,,	,,	,,	1730 ,,	9	30	
3990	V. Tcheng-ting F.	正定府	,,	,,	38° 20'.	114° 40'.	504 ,,	9-10		

	P. TCHE-LI 直隸	LATITUDE.	LONG. E. G.	ANNÉE.	M. SOL.	JOUR.	NOTE.
3991	V. Tcheng-ting F. 正定府	*38° 20'.*	*114° 40'.*	511 ap. J.-C.	11-12		
2	,, ,,	,,	,,	512 ,,	5		
3	,, ,,	,,	,,	513 ,,	9-10		
4	,, ,,	,,	,,	776 ,,			
5	,, ,,	,,	,,	777 ,,			Gr.
6	,, ,,	,,	,,	1009 ,,	8		
7	,, ,,	,,	,,	1331 ,,	6	5	
8	,, ,,	,,	,,	1497 ,,	7		
9	,, ,,	,,	,,	1583 ,,	11-12		
4000	,, ,,	,,	,,	1614 ,,	10	23	
1	,, ,,	,,	,,	1615 ,,	10-11		
2	,, ,,	,,	,,	1624 ,,	3-4		
3	,, ,,	,,	,,	1626 ,,	6-7		
4	,, ,,	,,	,,	1830 ,,	6	1	Gr.
5	,, ,, V. Loan-tch'eng H. 欒城縣	*37° 50'.*	*114° 47'.*	1512 ,,			
6	,, ,, ,, ,,	,,	,,	1830 ,,	6	12	
7	,, ,, V. P'ing-chan H. 平山縣	*38° 17'.*	*113° 10'.*	1583 ,,	Aut.		
8	,, ,, ,, ,,	,,	,,	1584 ,,	Hiv.		
9	,, ,, ,, ,,	,,	,,	1626 ,,	6-7		
4010	, ,, ,, ,,	,,	,,	1840 ,,	1-2		
1	,, ,, ,, ,,	,,	,,	1844 ,,	1		
4012	,, ,, ,, ,,	,,	,,	1853 ,,	5-6		

	P. TCHE-LI 直隸				LATITUDE.	LONG. E. G.	ANNÉE.	M. SOL.	JOUR.	NOTE.
4013	Tcheng-ting F.	正定府	V. Tsan-hoang H.	贊皇縣	37° 43'.	114° 32'.	1536 ap. J.-C.	10-11		
4	,,	,,	,,	,,	,,	,,	1568 ,,	1-2		
5	,,	,,	,,	,,	,,	,,	1730 ,,	9-10		
6	V. Ki T*.	冀 州			37° 38'.	115° 42'.	512 ,,	5	21	
7	,,	,,			,,	,,	1004 ,,	2	21	
8	,,	,,			,,	,,	,, ,,	3	17	
9	,,	,,			,,	,,	1069 ,,	1	14	
4020	,,	,,	V. Tsao-k'iang H.	棗强縣	37° 40'.	115° 43'.	1626 ,,	4-5		
1	,,	,,	,,	,,	,,	,,	1665 ,,	4-5		
2	,,	,,	,,	,,	,,	,,	1668 ,,	7	25	Gr.
3	,,	,,	,,	,,	,,	,,	1679 ,,	9	2	Lég.
4	,,	,,	,,	,,	,,	,,	1730 ,,	9-10		
5	V. Ting T*.	定 州			38° 33'.	115° 09'.	511 ,,	6	26	
6	,,	,,			,,	,,	512 ,,	5	21	
7	,,	,,			,,	,,	,, ,,	12	17	
8	,,	,,			,,	,,	776 ,,			
9	,,	,,			,,	,,	777 ,,			Gr.
4030	,,	,,			,,	,,	1038 ,,	1-2		
1	,,	,,			,,	,,	1324 ,,	8	14	(1)
2	,,	,,			,,	,,	1581 ,,	5		
3	,,	,,			,,	,,	1627 ,,	9-10		
4034	,,	,,			,,	,,	1829 ,,			

(1) Aff. mont.

	P. TCHE-LI 直隸				LATITUDE.	LONG. E. G.	ANNÉE.	M. SOL.	JOUR.	NOTE.
4035	Ting T*.	定州	V. K'iu-yang H.	曲陽縣	*38° 39'.*	*114° 38'.*	321 ap. J.-C.	9-10		(1)
6	V. Choen-té F.	順德府			*37° 07'.*	*114° 39'.*	1004 ,,	4	24	
7	,,	,,			,,	,,	,, ,,	5	22	Pl. jrs.
8	,,	,,			,,	,,	1502 ,,	10	17	
9	,,	,,	V. P'ing-hiang H.	平鄉縣	*37° 02'.*	*115° 05'.*	1501 ,,	10-11		
4040	,,	,,	,,	,,	,,	,,	1536 ,,	10-11		
1	,,	,,	,,	,,	,,	,,	1622 ,,			
2	,,	,,	,,	,,	,,	,,	1626 ,,			
3	,,	,,	,,	,,	,,	,,	1648 ,,	Aut.		
4	,,	,,	,,	,,	,,	,,	1663 ,,	9		
5	,,	,,	,,	,,	,,	,,	1668 ,,	7-8		
6	,,	,,	,,	,,	,,	,,	1679 ,,	8-9		
7	,,	,,	,,	,,	,,	,,	1695 ,,	5-6		
8	,,	,,	,,	,,	,,	,,	1726 ,,	8-9		
9	,,	,,	,,	,,	,,	,,	1830 ,,	5	13	
4050	,,	,,	V. Kiu-lou H.	鉅鹿縣	*37° 26'.*	*116° 33'.*	1536 ,,	10-11		
1	,,	,,	,,	,,	,,	,,	1679 ,,	9	2	
2	,,	,,	,,	,,	,,	,,	1709 ,,	10	15	
3	,,	,,	,,	,,	,,	,,	1820 ,,	7-8		
4	,,	,,	,,	,,	,,	,,	1852 ,,	6	30	
5	,,	,,	,,	,,	,,	,,	1878 ,,	12	26	
4056	,,	,,	V. T'ang-chan H.	唐山縣	*37° 22'.*	*114° 48'.*	1657 ,,			

(1) Aff. mont. Chang Chan 常山.

	P. TCHE-LI 直隸				LATITUDE.	LONG. E. G.	ANNÉE.	M. SOL.	JOUR.	NOTE.
4057	Choen-té F.	順德府	V. T'ang-chan H.	唐山縣	*37° 22'.*	*114° 48'.*	1668 ap. J.-C.	7	25	
8	,,	,,	,,	,,	,,	,,	1679 ,,	9	2	
9	,,	,,	,,	,,	,,	,,	1830 ,,	6	12	
4060	,,	,,	,,	,,	,,	,,	,, ,,	,,	24	
1	,,	,,	,,	,,	,,	,,	1852 ,,	3	10	
2	,,	,,	,,	,,	,,	,,	1855 ,,	10	17	
3	,,	,,	V. Nei-k'ieou H.	內邱縣	*37° 15'.*	*115° 35'.*	1587 ,,			
4	,,	,,	,,	,,	,,	,,	1590 ,,	3-4		
5	,,	,,	,,	,,	,,	,,	1565 ,,	4	18	
6	,,	,,	,,	,,	,,	,,	1667 ,,	11	10	
7	,,	,,	,,	,,	,,	,,	1668 ,,	7	25	
8	,,	,,	,,	,,	,,	,,	1830 ,,	5	15	
9	Koang-p'ing F.	廣平府	V. Ts'ing-ho H.	清河縣	*37° 09'.*	*115° 46'.*	1099 ,,	2	21	
4070	V. Ta-ming F.	大名府			*36° 21'.*	*115° 22'.*	646 av. J.-C.	7		(1)
1	,,	,,			,,	,,	887 ap. J.-C.	1		
2	,,	,,			,,	,,	1502 ,,	10	17	
3	,,	,,	V. K'ai T.	開州	*35° 46'.*	*115° 16'.*	1527 ,,	1		
4	,,	,,	,,	,,	,,	,,	1620 ,,			
5	,,	,,	,,	,,	,,	,,	1654 ,,			
6	,,	,,	,,	,,	,,	,,	1668 ,,	7	25	
7	,,	,,	,,	,,	,,	,,	1767 ,,	6-7		
4078	,,	,,	,,	,,	,,	,,	1830 ,,	6	12	Gr.

(1) Aff. mont.

	P. TCHE-LI 直隸				LATITUDE.	LONG. E. G.	ANNÉE.	M. SOL.	JOUR.	NOTE.
4079	Ta-ming F.	大名府	V. K'ai T.	開州	*35° 46'.*	*115° 16'.*	1830 ap. J.-C.	6	16	Lég.
4080	,,	,,	,,	,,	,,	,,	,, ,,	7	29	
1	,,	,,	,,	,,	,,	,,	1879 ,,	7	1	
2	V. Siuen-hoa F.	宣化府			*40° 37'.*	*115° 08'.*	294 ,,	3-4		
3	,,	,,			,,	,,	,, ,,	9-10		
4	,,	,,			,,	,,	512 ,,	5		
5	,,	,,			,,	,,	1322 ,,	12	30	
6	,,	,,			,,	,,	1337 ,,	9	8	
7	,,	,,			,,	,,	1338 ,,	8	24	Gr.
8	,,	,,			,,	,,	1467 ,,	5		
9	,,	,,			,,	,,	,, ,,	6	9	
4090	,,	,,			,,	,,	1483 ,,	4-5		
1	,,	,,			,,	,,	1484 ,,	1	29	
2	,,	,,			,,	,,	1502 ,,	9	8	(1)
3	,,	,,			,,	,,	1519 ,,	10	8	
4	,,	,,			,,	,,	1531 ,,	6-7		
5	,,	,,			,,	,,	1532 ,,	7		
6	,,	,,			,,	,,	1533 ,,	2	4	
7	,,	,,			,,	,,	1536 ,,	10	22	
8	,,	,,			,,	,,	1552 ,,	4-5		
9	,,	,,			,,	,,	1561 ,,	7-8		
4100	,,	,,			,,	,,	1563 ,,	11-12		

(1) Aff. mont.

	P. TCHE-LI 直隸	LATITUDE.	LONG. E. G.	ANNÉE.	M. SOL.	JOUR.	NOTE.
4101	V. Siuen-hoa F. 宣化府	*40° 37'.*	*115° 08'.*	1567 ap. J.-C.			
2	,, ,,	,,	,,	1597 ,,	10	6	
3	,, ,,	,,	,,	1626 ,,	6	28	Pl. jrs.
4	,, ,,	,,	,,	1657 ,,	10-11		
5	,, ,,	,,	,,	1661 ,,	10-11		
6	,, ,,	,,	,,	1662 ,,	4		
7	,, ,,	,,	,,	1666 ,,	4-5		
8	,, ,,	,,	,,	1679 ,,	9	2	Gr.
9	,, ,,	,,	,,	,, ,,	9-10		Pl. jrs.
4110	,, ,,	,,	,,	1683 ,,	6	20	
1	,, ,,	,,	,,	1688 ,,	9-10		
2	,, ,,	,,	,,	1720 ,,	7-8		
3	,, ,,	,,	,,	1740 ,,	9-10		
4	,, ,, V. Wan-ts'iuen H. 萬全縣	*40° 45'.*	*114° 38'.*	294 ,,	3-4		
5	,, ,, ,, ,,	,,	,,	754 ,,	8-9		Pl. jrs.
6	,, ,, ,, ,,	,,	,,	1322 ,,	12		,,
7	,, ,, ,, ,,	,,	,,	1399 ,,	9		
8	,, ,, ,, ,,	,,	,,	1449 ,,	2		Pl. jrs.
9	,, ,, ,, ,,	,,	,,	1505 ,,	2-3		
4120	,, ,, ,, ,,	,,	,,	1520 ,,	10-11		
1	,, ,, ,, ,,	,,	,,	1524 ,,	5		
4122	,, ,, ,, ,,	,,	,,	1533 ,,	9-10		

	P. TCHE-LI 直隸				LATITUDE.	LONG. E. G.	ANNÉE.	M. SOL.	JOUR.	NOTE.
4123	Siuen-hoa F.	宣化府	V. Wan-ts'iuen H.	萬全縣	40° 45'.	114° 38'.	1536 ap. J.-C.	10	22	
4	,,	,,	,,	,,	,,	,,	1545 ,,	1-2		
5	,,	,,	,,	,,	,,	,,	1581 ,,	5		
6	,,	,,	,,	,,	,,	,,	1616 ,,	1		
7	,,	,,	,,	,,	,,	,,	1618 ,,	10-11		
8	,,	,,	,,	,,	,,	,,	1626 ,,	6-7		Gr.
9	,,	,,	,,	,,	,,	,,	1647 ,,	3-4		
4130	,,	,,	,,	,,	,,	,,	1657 ,,	10-11		
1	,,	,,	,,	,,	,,	,,	1660 ,,	2-3		
2	,,	,,	,,	,,	,,	,,	1673 ,,	10-11		
3	,,	,,	,,	,,	,,	,,	1675 ,,	2-3		
4	,,	,,	,,	,,	,,	,,	1679 ,,	8-9		
5	,,	,,	,,	,,	,,	,,	,, ,,	9-10		Pl. jrs.
6	,,	,,	,,	,,	,,	,,	1688 ,,	9-10		
7	,,	,,	,,	,,	,,	,,	1720 ,,	7-8		
8	,,	,,	,,	,,	,,	,,	1730 ,,	9-10		
9	,,	,,	,,	,,	,,	,,	1740 ,,	8-9		Pl. jrs.
4140	,,	,,	V. Hoai-lai H.	懷來縣	40° 23'.	115° 48'.	294 ,,	3-4		
1	,,	,,	,,	,,	,,	,,	,, ,,	9-10		
2	,,	,,	,,	,,	,,	,,	1337 ,,	9	8	
3	,,	,,	,,	,,	,,	,,	1533 ,,	2	4	
4144	,,	,,	,,	,,	,,	,,	1586 ,,	5-6		

	P. TCHE-LI 直隸				LATITUDE.	LONG. E. G.	ANNÉE.	M. SOL.	JOUR.	NOTE.
4145	Siuen-hoa F.	宣化府	V. Hoai-lai H.	懷來縣	40° 23'.	115° 48'.	1616 ap. J.-C.	10	10	
6	,,	,,	,,	,,	,,	,,	,, ,,	,,	13	
7	,,	,,	,,	,,	,,	,,	,, ,,	,,	16	
8	,,	,,	V. Si-ning H.	西寧縣	40° 06'.	114° 13'.	1483 ,,	4-5		
9	,,	,,	,,	,,	,,	,,	1505 ,,	3-4		
4150	,,	,,	,,	,,	,,	,,	1520 ,,	10-11		
1	,,	,,	,,	,,	,,	,,	1524 ,,	5		
2	,,	,,	,,	,,	,,	,,	1531 ,,	6-7		
3	,,	,,	,,	,,	,,	,,	1545 ,,	1-2		
4	,,	,,	,,	,,	,,	,,	1581 ,,	5	18	
5	,,	,,	,,	,,	,,	,,	1616 ,,	1		
6	,,	,,	,,	,,	,,	,,	1618 ,,	10-11		
7	,,	,,	,,	,,	,,	,,	1626 ,,	6-7		Gr.
8	,,	,,	,,	,,	,,	,,	1657 ,,	10-11		
9	,,	,,	,,	,,	,,	,,	1660 ,,	2-3		
4160	,,	,,	,,	,,	,,	,,	1661 ,,	10-11		
1	,,	,,	,,	,,	,,	,,	1662 ,,	4	20	
2	,,	,,	,,	,,	,,	,,	1664 ,,	Pr.		
3	,,	,,	V. Hoai-ngan H.	懷安縣	40° 27'.	114° 32'.	1399 ,,	9		
4	,,	,,	,,	,,	,,	,,	1449 ,,	1-2		
5	,,	,,	,,	,,	,,	,,	1488 ,,	4-5		
4166	,,	,,	,,	,,	,,	,,	1505 ,,	3-4		

	P. TCHE-LI 直隸				LATITUDE.	LONG. E. G.	ANNÉE.	M. SOL.	JOUR.	NOTE.
4167	Siuen-hoa F.	宣化府	V. Hoai-ngan H.	懷安縣	40° 27'.	114° 32'.	1520 ap. J.-C.	10-11		
8	,,	,,	,,	,,	,,	,,	1524 ,,	5		
9	,,	,,	,,	,,	,,	,,	1533 ,,	9-10		
4170	,,	,,	,,	,,	,,	,,	1545 ,,	1-2		
1	,,	,,	,,	,,	,,	,,	1557 ,,	6-7		
2	,,	,,	,,	,,	,,	,,	1581 ,,	5		
3	,,	,,	,,	,,	,,	,,	1616 ,,	1		
4	,,	,,	,,	,,	,,	,,	1618 ,,	10		
5	,,	,,	,,	,,	,,	,,	1657 ,,	10-11		
6	,,	,,	,,	,,	,,	,,	1661 ,,	10-11		
7	,,	,,	,,	,,	,,	,,	1662 ,,	4		
8	,,	,,	,,	,,	,,	,,	1664 ,,	4		
9	,,	,,	,,	,,	,,	,,	1666 ,,	4-5		
4180	,,	,,	,,	,,	,,	,,	1673 ,,	10	8	Gr.
1	,,	,,	,,	,,	,,	,,	1674 ,,	9		
2	,,	,,	,,	,,	,,	,,	1679 ,,	9	2	Gr.
3	,,	,,	,,	,,	,,	,,	,, ,,	9-10		Pl. jrs.
4	,,	,,	,,	,,	,,	,,	1688 ,,	9-10		
5	,,	,,	,,	,,	,,	,,	1696 ,,	11-12		
6	,,	,,	,,	,,	,,	,,	1719 ,,	7-8		
7	,,	,,	,,	,,	,,	,,	1740 ,,	9-10		
4188	,,	,,	,,	,,	,,	,,	1742 ,,	9		Pl. jrs.

	P. TCHE-LI 直隸				LATITUDE.	LONG. E. G.	ANNÉE.	M. SOL.	JOUR.	NOTE.
4189	Siuen-hoa F.	宣化府	V. Hoai-ngan H.	懷安縣	*40° 27'.*	*114° 32'.*	1867 ap. J.-C.	5		
4190	,,	,,	V. Wei T.	蔚州	*39° 51'.*	*114° 36'.*	1581 ,,	5	18	
1	,,	,,	,,	,,	,,	,,	1606 ,,	12		
2	,,	,,	,,	,,	,,	,,	1618 ,,	10-11		
3	,,	,,	,,	,,	,,	,,	1720 ,,	7	12	Gr.
4	,,	,,	,,	,,	,,	,,	1728 ,,	9-10		
5	,,	,,	V. Yen-k'ing T.	延慶州	*40° 29'.*	*116° 03'.*	1123 ,,	1		(1)
6	,,	,,	,,	,,	,,	,,	1337 ,,	9	8	
7	,,	,,	,,	,,	,,	,,	1484 ,,	1	29	
8	,,	,,	,,	,,	,,	,,	1679 ,,	9	2	
9	,,	,,	,,	,,	,,	,,	1719 ,,	6-7		
4200	,,	,,	,,	,,	,,	,,	1720 ,,	6	11	
1	,,	,,	,,	,,	,,	,,	,, ,,	,,	12	
2	,,	,,	V. Pao-ngan T.	保安州	*40° 22'.*	*115° 14'.*	1335 ,,	8-9		Gr.
3	,,	,,	,,	,,	,,	,,	1338 ,,	3	11	
4	,,	,,	,,	,,	,,	,,	,, ,,	8	2	
5	,,	,,	,,	,,	,,	,,	1399 ,,	9		
6	,,	,,	,,	,,	,,	,,	1449 ,,	1-2		Pl. jrs.
7	,,	,,	,,	,,	,,	,,	1483 ,,	4-5		
8	,,	,,	,,	,,	,,	,,	1505 ,,	3-4		
9	,,	,,	,,	,,	,,	,,	1520 ,,	10-11		
4210	,,	,,	,,	,,	,,	,,	1524 ,,	5		

(1) Aff. mont.

	P. TCHE-LI 直隸				LATITUDE.	LONG. E. G.	ANNÉE.		M. SOL.	JOUR.	NOTE.
4211	Siuen-hoa F.	宣化府	V. Pao-ngan T.	保安州	40° 22'.	115° 14'.	1533	ap. J.-C.	9-10		
2	,,	,,	,,	,,	,,	,,	1545	,,	1-2		
3	,,	,,	,,	,,	,,	,,	1557	,,	6-7		
4	,,	,,	,,	,,	,,	,,	1626	,,	7	6	
5	,,	,,	,,	,,	,,	,,	1661	,,	11	19	
6	,,	,,	,,	,,	,,	,,	1662	,,	4	2	
7	,,	,,	,,	,,	,,	,,	1664	,,	3	28	
8	,,	,,	,,	,,	,,	,,	1671	,,	10	11	
9	,,	,,	,,	,,	,,	,,	1679	,,	9	2	Pl. jrs.
4220	,,	,,	,,	,,	,,	,,	1720	,,	7-8		
1	,,	,,	,,	,,	,,	,,	1821	,,	2	12	
2	,,	,,	,,	,,	,,	,,	,,	,,	3	18	
3	,,	,,	,,	,,	,,	,,	,,	,,	8	5	
4	,,	,,	,,	,,	,,	,,	1831	,,	2	23	
5	,,	,,	,,	,,	,,	,,	,,	,,	,,	27	
4226	,,	,,	,,	,,	,,	,,	1843	,,	1	12	

XI. TREMBLEMENTS DE TERRE DANS LA PROVINCE DU CHENG-KIN 盛京.

	P. CHENG-KIN 盛京				LATITUDE.	LONG. E. G.	ANNÉE.	M. SOL.	JOUR.	NOTE.
4227	V. Fong-t'ien F.	奉天府			41° 51'.	123° 38'.	486 ap. J.-C.	5	10	
8	,,	,,			,,	,,	496 ,,	4	30	
9	,,	,,			,,	,,	498 ,,	4	8	
4230	,,	,,			,,	,,	1314 ,,	2	28	
1	,,	,,			,,	,,	,, ,,	5	15	
2	,,	,,			,,	,,	,, ,,	12	15	
3	,,	,,			,,	,,	,, ,,	,,	18	
4	,,	,,			,,	,,	1314 ,,	12	20	
5	,,	,,			,,	,,	1317 ,,	11	3	
6	,,	,,			,,	,,	1328 ,,	8	24	
7	,,	,,			,,	,,	,, ,,	11	15	
8	,,	,,			,,	,,	1329 ,,	11	10	
9	,,	,,			,,	,,	1330 ,,	10	14	
4240	,,	,,			,,	,,	1332 ,,	5	4	
1	,,	,,	V. Liao-yang T.	遼陽州	41° 10'.	123° 27'.	294 ,,	3-4		
2	,,	,,	,,	,,	,,	,,	1481 ,,	6	27	
3	,,	,,	,,	,,	,,	,,	1484 ,,	1	29	
4	,,	,,	,,	,,	,,	,,	1509 ,,	4	11	(1)
5	,,	,,	,,	,,	,,	,,	1525 ,,	5-6		
6	,,	,,	,,	,,	,,	,,	1597 ,,	10	1	
7	,,	,,	,,	,,	,,	,,	1638 ,,	10	9	
4248	Kin-tcheou F.	錦州府	V. Koang-ning H.	廣寧縣	41° 40'.	122°	1318 ,,	2	13	

(1) Aff. mont.

	P. CHENG-KIN 盛京				LATITUDE.	LONG. E. G.	ANNÉE.	M. SOL.	JOUR.	NOTE.
4249	Kin-tcheou F.	錦州府	V. Koang-ning H.	廣寧縣	*41° 40'.*	*122°*	1548 ap. J.-C.	9	12	
4250	,,	,,	,,	,,	,,	,,	1597 ,,	10	1	
4251	,,	,,	V. Ning-yuen T.	寧遠州	*40° 30'.*	*120° 40'.*	1481 ,,	6	27	

XII. TREMBLEMENTS DE TERRE DANS LA PROVINCE DU HOU-PÉ 湖北.

	P. HOU-PÉ 湖北				LATITUDE.	LONG. E. G.	ANNÉE.	M. SOL.	JOUR.	NOTE.
4252	V. Ou-tch'ang F.	武昌府			*30° 33'.*	*114° 27'.*	318 ap. J.-C.	2-3		(1)
3	,,	,,			,,	,,	1470 ,,	1	8	
4	,,	,,			,,	,,	1498 ,,	7-8		
5	,,	,,			,,	,,	1509 ,,	5	26	
6	,,	,,			,,	,,	,, ,,	7-8		
7	,,	,,			,,	,,	1516 ,,	9	15	
8	,,	,,			,,	,,	1517 ,,	8-9		
9	,,	,,			,,	,,	1545 ,,			
4260	,,	,,			,,	,,	1552 ,,	1		
1	,,	,,			,,	,,	1559 ,,	1-2		
2	,,	,,			,,	,,	1575 ,,	2-3		
3	,,	,,			,,	,,	1576 ,,			Gr.
4	,,	,,			,,	,,	1633 ,,			
5	,,	,,			,,	,,	1634 ,,	6-7		
6	,,	,,	V. Ou-tch'ang H.	武昌縣	*30° 22'.*	*114° 48'.*	318 ,,	1-2		
7	,,	,,	V. P'ou-k'i H.	蒲圻縣	*29° 42'.*	*113° 43'.*	1576 ,,			
8	,,	,,	,,	,,	,,	,,	1605 ,,	3-4		
9	,,	,,	,,	,,	,,	,,	1631 ,,	8	15	Gr.
4270	,,	,,	,,	,,	,,	,,	,, ,,	11	5	
1	,,	,,	V. Hien-ning H.	咸寧縣	*29° 55'.*	*114° 06'.*	1407 ,,	11		
2	,,	,,	,,	,,	,,	,,	1468 ,,	10	16	
4273	,,	,,	,,	,,	,,	,,	1487 ,,	1-2		

(1) Aff. mont.

	P. HOU-PÉ 湖北				LATITUDE.	LONG. E. G.	ANNÉE.	M. SOL.	JOUR.	NOTE.
4274	Ou-tch'ang F.	武昌府	V. Hien-ning H.	咸寧縣	*29° 55'.*	*114° 06'.*	1549 ap. J.-C.	11-12		
5	,,	,,	,,	,,	,,	,,	1555 ,,	1		
6	,,	,,	,,	,,	,,	,,	1556 ,,	1-2		
7	,,	,,	,,	,,	,,	,,	1559 ,,	1-2		
8	,,	,,	,,	,,	,,	,,	1634 ,,	6-7		Gr.
9	,,	,,	,,	,,	,,	,,	1663 ,,	6	26	
4280	,,	,,	,,	,,	,,	,,	1668 ,,	7-8		
1	,,	,,	,,	,,	,,	,,	1817 ,,			
2	,,	,,	V. Tch'ong-yang H.	崇陽縣	*29° 34'.*	*113°*	624 ,,	8	15	(1)
3	,,	,,	,,	,,	,,	,,	1802 ,,	9-10		
4	,,	,,	V. T'ong-tch'eng H.	通城縣	*29° 16'.*	*113° 47'.*	1634 ,,			
5	,,	,,	,,	,,	,,	,,	1636 ,,			
6	,,	,,	,,	,,	,,	,,	1863 ,,	8-9		
7	,,	,,	V. Ta-yé H.	大冶縣	*30° 06'.*	*114° 57'.*	1547 ,,	11-12		
8	,,	,,	,,	,,	,,	,,	1668 ,,	7	25	
9	,,	,,	,,	,,	,,	,,	1671 ,,	4-5		
4290	,,	,,	V. Hing-kouo T.	興國州	*29° 46'.*	*115° 11'.*	1092 ,,	11	1	
1	,,	,,	,,	,,	,,	,,	1335 ,,	12	9	
2	,,	,,	,,	,,	,,	,,	1354 ,,	11-12		
3	V. Han-yang F.	漢陽府			*32° 32'.*	*114° 14'.*	128 ,,	2-3		
4	,,	,,			,,	,,	1345 ,,	1-2		
4295	,,	,,			,,	,,	1470 ,,	1	8	

(1) Aff. mont.

	P. HOU-PÉ 湖北				LATITUDE.	LONG. E. G.	ANNÉE.	M. SOL.	JOUR.	NOTE.
4296	Han-yang F.	漢陽府	V. Han-tch'oan H.	漢川縣	*30° 43'.*	*113° 42'.*	1221 ap. J.-C.	1-2		
7	,,	,,	,,	,,	,,	,,	1268 ,,			
8	,,	,,	,,	,,	,,	,,	1345 ,,	1-2		
9	,,	,,	,,	,,	,,	,,	1604 ,,			
4300	,,	,,	,,	,,	,,	,,	1630 ,,	Ét.		
1	,,	,,	,,	,,	,,	,,	1634 ,,			
2	,,	,,	,,	,,	,,	,,	1650 ,,			
3	,,	,,	,,	,,	,,	,,	1651 ,,	2	27	
4	,,	,,	,,	,,	,,	,,	,, ,,	3	1	
5	,,	,,	,,	,,	,,	,,	1668 ,,	7	25	
6	,,	,,	,,	,,	,,	,,	1774 ,,			
7	,,	,,	,,	,,	,,	,,	1862 ,,	7	8	
8	,,	,,	,,	,,	,,	,,	,, ,,	,,	9	
9	,,	,,	,,	,,	,,	,,	1867 ,,	3	15	
4310	,,	,,	V. Hiao-kan H.	孝感縣	*30° 56'.*	*113° 50'.*	1487 ,,	Aut.		
1	,,	,,	,,	,,	,,	,,	1525 ,,	1	22	
2	,,	,,	,,	,,	,,	,,	1556 ,,	1	23	
3	,,	,,	,,	,,	,,	,,	1603 ,,	5	30	
4	,,	,,	,,	,,	,,	,,	1635 ,,	3	24	
5	,,	,,	,,	,,	,,	,,	1668 ,,	7	25	
6	,,	,,	V. Hoang-pei H.	黃陂縣	*30° 56'.*	*113° 15'.*	1522 ,,	3-4		
4317	,,	,,	,,	,,	,,	,,	1525 ,,	1		

	P. HOU-PÉ 湖北				LATITUDE.	LONG. E. G.	ANNÉE.	M. SOL.	JOUR.	NOTE.
4318	Han-yang F.	漢陽府	V. Hoang-pei H.	黃陂縣	*30° 56'.*	*113° 15'.*	1633 ap. J.-C.	3-4		
9	,,	,,	,,	,,	,,	,,	1635 ,,	Hiv.		Gr.
4320	,,	,,	,,	,,	,,	,,	1652 ,,	3-4		
1	,,	,,	V. Mien-yang T.	沔陽州	*30° 12'.*	*113° 12'.*	1525 ,,	1		
2	,,	,,	,,	,,	,,	,,	1567 ,,	1-2		
3	,,	,,	,,	,,	,,	,,	1599 ,,	9	13	
4	,,	,,	,,	,,	,,	,,	1620 ,,	3	5	
5	,,	,,	,,	,,	,,	,,	1630 ,,	8-9		
6	,,	,,	,,	,,	,,	,,	,, ,,	10-11		
7	,,	,,	,,	,,	,,	,,	1639 ,,	4-5		
8	,,	,,	,,	,,	,,	,,	1651 ,,	2	22	
9	,,	,,	,,	,,	,,	,,	,, ,,	3	1	
4330	,,	,,	,,	,,	,,	,,	1668 ,,	7	25	
1	V. Ngan-lou F.	安陸府			*31° 07'.*	*112° 39'.*	1407 ,,			
2	,,	,,			,,	,,	1469 ,,	11	4	
3	,,	,,			,,	,,	1555 ,,	1		
4	,,	,,			,,	,,	1561 ,,	Hiv.		
5	,,	,,			,,	,,	1562 ,,	9-10		
6	,,	,,			,,	,,	1583 ,,	2	26	
7	,,	,,			,,	,,	1599 ,,	9	13	
8	,,	,,			,,	,,	1603 ,,	5	30	
4339	,,	,,			,,	,,	1604 ,,	5-6		

	P. HOU-PÉ 湖北				LATITUDE.	LONG. E. G.	ANNÉE.		M. SOL.	JOUR.	NOTE.
4340	V. Ngan-lou F.	安陸府			*31° 07'.*	*112° 39'.*	1620	ap. J.-C.	3	5	
1	,,	,,			,,	,,	1663	,,	3	4	Gr.
2	,,	,,			,,	,,	,,	,,	,,	5	
3	,,	,,			,,	,,	,,	,,	,,	13	Pl. jrs.
4	,,	,,			,,	,,	,,	,,	7	4	
5	,,	,,			,,	,,	1727	,,	7	8	
6	,,	,,			,,	,,	1855	,,	1	21	
7	,,	,,			,,	,,	,,	,,	7	20	
8	,,	,,			,,	,,	1865	,,	2	24	
9	,,	,,			,,	,,	,,	,,	3	1	
4350	,,	,,			,,	,,	1867	,,	3	11	
1	,,	,,	V. Kin-chan H.	京山縣	*31° 05'.*	*113° 03'.*	1620	,,	3	5	
2	V. Kin-men T*.	荆門州			*31° 05'.*	*112° 05'.*	1351	,,	8	22	
3	,,	,,			,,	,,	1465	,,	2-3		
4	,,	,,			,,	,,	1523	,,	7-8		
5	,,	,,			,,	,,	1756	,,	10	24	
6	,,	,,	V. Tang-yang H.	當陽縣	*30° 45'.*	*111° 36'.*	1326	,,	8-9		
7	,,	,,	,,	,,	,,	,,	1633	,,	3-4		
8	,,	,,	V. Yuen-ngan H.	遠安縣	*31° 10'.*	*111° 30'.*	1633	,,	3-4		
9	,,	,,	,,	,,	,,	,,	1865	,,	1-2		
4360	V. Siang-yang F.	襄陽府			*32° 06'.*	*113° 05'.*	309	,,	11-12		
4361	,,	,,			,,	,,	1465	,,	2-3		

	P. HOU-PÉ 湖北				LATITUDE.	LONG. E. G.	ANNÉE.	M. SOL.	JOUR.	NOTE.
4362	V. Siang-yang F.	襄陽府			*32° 06'.*	*113° 05'.*	1523 ap. J.-C.			Gr.
3	,,	,,			,,	,,	1555 ,,	1		
4	,,	,,			,,	,,	1568 ,,	3-4		
5	,,	,,			,,	,,	1575 ,,	6	8	
6	,,	,,			,,	,,	1620 ,,	3	5	
7	,,	,,			,,	,,	1631 ,,	1		
8	,,	,,			,,	,,	1633 ,,	2	3	
9	,,	,,			,,	,,	1652 ,,	3-4		
4370	,,	,,			,,	,,	1871 ,,	Aut.		
1	,,	,,	V. Y-tch'eng H.	宜城縣	*31° 40'.*	*112° 08'.*	1525 ,,	1		
2	,,	,,	,,	,,	,,	,,	1657 ,,	Aut.		
3	,,	,,	,,	,,	,,	,,	1829 ,,	6	5	
4	,,	,,	V. Nan-tchang H.	南漳縣	*31° 47'.*	*111° 42'.*	1465 ,,	2-3		
5	,,	,,	,,	,,	,,	,,	1467 ,,	9-10		
6	,,	,,	,,	,,	,,	,,	1475 ,,	Ét.		
7	,,	,,	,,	,,	,,	,,	1633 ,,	1-2		
8	,,	,,	,,	,,	,,	,,	1743 ,,	1-2		
9	,,	,,	V. Tsao-yang H.	棗陽縣	*32° 10'.*	*112° 41'.*	1509 ,,	Pr.		
4380	,,	,,	,,	,,	,,	,,	1522 ,,	3-4		
1	,,	,,	,,	,,	,,	,,	1631 ,,	1		
2	,,	,,	V. Kou-tch'eng H.	穀城縣	*32° 18'.*	*111° 40'.*	1522 ,,	3-4		
4383	,,	,,	,,	,,	,,	,,	1555 ,,	1		

	P. HOU-PÉ 湖北				LATITUDE.	LONG. E. G.	ANNÉE.	M. SOL.	JOUR.	NOTE.
4384	Siang-yang F.	襄陽府	V. Kou-tch'eng H.	穀城縣	32° 18'.	111° 40'.	1631 ap. J.-C.	1		
5	,,	,,	,,	,,	,,	,,	1695 ,,	5	18	
6	,,	,,	,,	,,	,,	,,	1851 ,,	3-4		
7	,,	,,	V. Koang-hoa H.	光化縣	52° 27'.	111° 45'.	1568 ,,	4-5		
8	,,	,,	V. Kiun T.	均州	32° 42'.	111° 08'.	1525 ,,	1		
9	,,	,,	,,	,,	,,	,,	1554 ,,	1		Gr.
4390	,,	,,	,,	,,	,,	,,	1652 ,,	Pr.		
1	V. Yuen-yang F.	鄖陽府			32° 49'.	110° 52'.	1555 ,,	1		
2	,,	,,			,,	,,	1567 ,,	1-2		
3	,,	,,			,,	,,	1568 ,,	4	1	
4	,,	,,			,,	,,	1575 ,,	6	8	
5	,,	,,			,,	,,	1813 ,,	8-9		
6	,,	,,			,,	,,	1827 ,,	2-3		
7	,,	,,			,,	,,	1868 ,,	7	22	
8	,,	,,	V. Fang H.	房縣	32° 01'.	110° 42'.	1632 ,,	6-7		
9	,,	,,	,,	,,	,,	,,	1729 ,,			
4400	,,	,,	,,	,,	,,	,,	1815 ,,	12		
1	,,	,,	V. Tchou-chan H.	竹山縣	32° 08'.	110° 21'.	143 av. J.-C.	6	7 (1)	
2	,,	,,	,,	,,	,,	,,	294 ap. J.-C.	3-4		
3	,,	,,	,,	,,	,,	,,	,, ,,	7-8		(3)
4	,,	,,	,,	,,	,,	,,	,, ,,	9-10		(4)
4405	,,	,,	,,	,,	,,	,,	1632 ,,			

(1) Styl. jul. Jun. 10

(3) (4) Aff. mont.

	P. HOU-PÉ 湖北				LATITUDE.	LONG. E. G.	ANNÉE.	M. SOL.	JOUR.	NOTE.
4406	Yuen-yang F.	鄖陽府	V. Tchou-k'i H.	竹谿縣	32° 10'.	109° 50'.	159 av. J.-C.	5-6		
7	,,	,,	,,	,,	,,	,,	154 ,,			
8	,,	,,	,,	,,	,,	,,	143 ,,	6		
9	,,	,,	,,	,,	,,	,,	294 ap. J.-C.	3-4		
4410	,,	,,	,,	,,	,,	,,	1560 ,,	2-3		
1	,,	,,	,,	,,	,,	,,	1632 ,,			
2	,,	,,	,,	,,	,,	,,	1674 ,,	8		
3	,,	,,	,,	,,	,,	,,	1837 ,,	8	17	
4	,,	,,	V. Pao-k'ang H.	保康縣	31° 54'.	111° 15'.	1727 ,,	Hiv.		
5	,,	,,	V. Yuen-si H.	鄖西縣	32° 56'.	110° 53'.	1568 ,,	3-4		
6	,,	,,	,,	,,	,,	,,	1575 ,,	6	8	
7	,,	,,	,,	,,	,,	,,	1833 ,,			
8	,,	,,	,,	,,	,,	,,	1850 ,,			
9	V. Té-ngan F.	德安府			31° 20'.	113° 37'.	1487 ,,	9-10		
4420	,,	,,			,,	,,	1525 ,,	1		
1	,,	,,			,,	,,	1555 ,,	1		
2	,,	,,	V. Yng-tch'eng H.	應城縣	31° 05'.	113° 27'.	1487 ,,	Aut.		
3	,,	,,	,,	,,	,,	,,	1535 ,,	10-11		
4	,,	,,	,,	,,	,,	,,	1634 ,,			
5	,,	,,	,,	,,	,,	,,	1666 ,,	6	23	
6	,,	,,	V. Yng-chan H.	應山縣	31° 40'.	113° 43'.	1554 ,,	6		
4427	,,	,,	V. Soei T.	隨　州	31° 47'.	113° 16'.	1072 ,,	Ét.		

	P. HOU-PÉ 湖北		LATITUDE.	LONG. E. G.	ANNÉE.		M. SOL.	JOUR.	NOTE.
4428	V. Hoang-tcheou F.	黃州府	*30° 26'.*	*114° 54'.*	318	ap. J.-C.	2-3		
9	,,	,,	,,	,,	319	,,	1-2		
4430	,,	,,	,,	,,	1221	,,	1	25	
1	,,	,,	,,	,,	1335	,,	1	12	
2	,,	,,	,,	,,	1522	,,	3-4		
3	,,	,,	,,	,,	1556	,,	1-2		
4	,,	,,	,,	,,	1574	,,	2-3		
5	,,	,,	,,	,,	1605	,,	3-4		
6	,,	,,	,,	,,	1614	,,	5	10	
7	,,	,,	,,	,,	1619	,,	9-10		
8	,,	,,	,,	,,	1629	,,	3-4		Pl. jrs.
9	,,	,,	,,	,,	,,	,,	Ét.		
4440	,,	,,	,,	,,	,,	,,	11-12		
1	,,	,,	,,	,,	1633	,,	3-4		
2	,,	,,	,,	,,	1634	,,	3	26	
3	,,	,,	,,	,,	1635	,,	Hiv.		
4	,,	,,	,,	,,	1640	,,	9-10		
5	,,	,,	,,	,,	1652	,,	2-3		Pl. jrs.
6	,,	,,	,,	,,	1668	,,	7	25	
7	,,	,,	,,	,,	1700	,,	5	4	
8	,,	,,	,,	,,	1708	,,	2-3		
4449	,,	,,	,,	,,	1710	,,	9	25	

	P. HOU-PÉ 湖北				LATITUDE.	LONG. E. G.	ANNÉE.	M. SOL.	JOUR.	NOTE.
4450	V. Hoang-tcheou F.	黃州府			30° 26'.	114° 54'.	1733 ap. J.-C.	5-6		
1	,,	,,	V. Hoang-ngan H.	黃安縣	31° 24'.	114° 25'.	1851 ,,	6		
2	,,	,,	V. K'i-choei H.	蘄水縣	30° 27'.	115° 22'.	1585 ,,	3		
3	,,	,,	,,	,,	,,	,,	1700 ,,	5	4	
4	,,	,,	V. Koang-tsi H.	廣濟縣	30° 10'.	115° 38'.	1635 ,,	4-5		
5	,,	,,	,,	,,	,,	,,	1652 ,,	2	23	
6	,,	,,	,,	,,	,,	,,	1700 ,,	5	4	
7	,,	,,	,,	,,	,,	,,	1735 ,,	6-7		
8	,,	,,	,,	,,	,,	,,	1746 ,,	11-12		
9	,,	,,	,,	,,	,,	,,	1841 ,,	5-6		
4460	,,	,,	V. Hoang-mei H.	黃梅縣	30° 12'.	116° 03'.	409 ,,	2	9	
1	,,	,,	,,	,,	,,	,,	1479 ,,	9-10		
2	,,	,,	,,	,,	,,	,,	1631 ,,	6		
3	,,	,,	V. K'i T.	蘄 州	30° 03'.	115° 25'.	1335 ,,	1	12	
4	,,	,,	,,	,,	,,	,,	1629 ,,	3-4		
5	,,	,,	,,	,,	,,	,,	,, ,,	11-12		
6	,,	,,	,,	,,	,,	,,	1633 ,,			
7	,,	,,	,,	,,	,,	,,	1634 ,,	3	26	
8	,,	,,	,,	,,	,,	,,	1635 ,,	Hiv.		
9	,,	,,	,,	,,	,,	,,	1641 ,,	5	30	
4470	V. Kin-tcheou F.	荆州府			30° 27'.	112° 05'.	179 av. J.-C.	5-6		
4471	,,	,,			,,	,,	31 ,,	12		

	P. HOU-PÉ 湖北	LATITUDE.	LONG. E. G.	ANNÉE.	M. SOL.	JOUR.	NOTE.
4472	V. Kin-tcheou F. 荆州府	30° 27'.	112° 05'.	209 ap. J.-C.	11-12		
3	,, ,,	,,	,,	248 ,,	3-4		
4	,, ,,	,,	,,	309 ,,	11-12		
5	,, ,,	,,	,,	327 ,,	3-4		
6	,, ,,	,,	,,	364 ,,	3	29	
7	,, ,,	,,	,,	927 ,,	9		
8	,, ,,	,,	,,	1045 ,,	9-10		
9	,, ,,	,,	,,	1327 ,,	8-9		
4480	,, ,,	,,	,,	1351 ,,	8	22	
1	,, ,,	,,	,,	1515 ,,	Aut.		
2	,, ,,	,,	,,	,, ,,	12		
3	,, ,,	,,	,,	1573 ,,	8	27	Pl. jrs.
4	,, ,,	,,	,,	1592 ,,	1-2		
5	,, ,,	,,	,,	1602 ,,	6-7		
6	,, ,,	,,	,,	1620 ,,	3	5	
7	,, ,,	,,	,,	1631 ,,	8	14	
8	,, ,,	,,	,,	1807 ,,	11	11	
9	,, ,,	,,	,,	1850 ,,	5	5	
4490	,, ,,	,,	,,	1851 ,,			
1	,, ,,	,,	,,	1854 ,,	10	22	
2	,, ,, V. Kong-ngan H. 公安縣	30° 01'.	111° 57'.	320 ,,			(1)
4493	,, ,, ,, ,,	,,	,,	1351 ,,	8	22	

(1) Aff. mont.

	P. HOU-PÉ 湖北				LATITUDE.	LONG. E. G.	ANNEE.	M. SOL.	JOUR.	NOTE.
4494	Kin-tcheou F.	荆州府	V. Kong-ngan H.	公安縣	30° 01'.	111° 57'.	1717 ap. J.-C.	6-7		
5	,,	,,	V. Che-cheou H.	石首縣	29° 45'.	112° 16'.	1646 ,,	Pr.		
6	,,	,,	,,	,,	,,	,,	1717 ,,	6-7		
7	,,	,,	V. Song-tse H.	松滋縣	30° 26'.	111° 34'.	1351 ,,	8	22	
8	,,	,,	V. Tche-kiang H.	枝江縣	30° 24'.	111° 22'.	1274 ,,	9		
9	,,	,,	,,	,,	,,	,,	1351 ,,	8	22	
4500	,,	,,	,,	,,	,,	,,	1555 ,,	1		
1	,,	,,	,,	,,	,,	,,	1560 ,,	1		
2	,,	,,	,,	,,	,,	,,	1589 ,,	3-4		
3	,,	,,	,,	,,	,,	,,	1592 ,,	1-2		
4	,,	,,	,,	,,	,,	,,	1602 ,,	2-3		
5	,,	,,	,,	,,	,,	,,	,, ,,	6-7		
6	,,	,,	,,	,,	,,	,,	1634 ,,			
7	,,	,,	,,	,,	,,	,,	1640 ,,	Pr.		
8	,,	,,	,,	,,	,,	,,	1717 ,,	7	6	
9	,,	,,	,,	,,	,,	,,	1718 ,,	8-9		
4510	,,	,,	,,	,,	,,	,,	1737 ,,	6	7	
1	,,	,,	,,	,,	,,	,,	1825 ,,	1	1	
2	,,	,,	,,	,,	,,	,,	1850 ,,	5	9	
3	,,	,,	,,	,,	,,	,,	1860 ,,	8	24	
4	,,	,,	,,	,,	,,	,,	1864 ,,	8	4	
4515	,,	,,	V. Y-tou H.	宜都縣	30° 28'.	111° 19'.	309 ,,	11-12		(1)

(1) Aff. mont.

	P. HOU-PÉ 湖北				LATITUDE.	LONG. E. G.	ANNÉE.	M. SOL.	JOUR.	NOTE.
4516	Kin-tcheou F.	荆州府	V. Y-tou H.	宜都縣	*30° 28'.*	*111° 19'.*	1560 ap. J.-C.	1		
7	V. Y-tch'ang F.	宜昌府			*30° 49'.*	*111° 10'.*	318 ,,	5-6		
8	,,	,,			,,	,,	1323 ,,	9		
9	,,	,,			,,	,,	1351 ,,	8	22	
4520	,,	,,			,,	,,	1560 ,,	1		
1	,,	,,			,,	,,	1631 ,,			
2	,,	,,			,,	,,	1726 ,,	7	20	
3	,,	,,			,,	,,	1730 ,,	6	1	
4	,,	,,			,,	,,	1738 ,,	5-6		
5	,,	,,	V. Tch'ang-yang H.	長陽縣	*30° 32'.*	*111° 07'.*	1560 ,,	1		
6	,,	,,	,,	,,	,,	,,	1631 ,,	7-8		
7	,,	,,	,,	,,	,,	,,	1726 ,,	7	20	
8	,,	,,	,,	,,	,,	,,	1730 ,,	6	1	
9	,,	,,	,,	,,	,,	,,	1738 ,,	5-6		
4530	,,	,,	,,	,,	,,	,,	1836 ,,			
1	,,	,,	,,	,,	,,	,,	1859 ,,	11-12		
2	,,	,,	V. Koei T.	歸 州	*30° 58'.*	*110° 58'.*	100 ,,	7	11	(1)
3	V. Che-nan F.	施南府			*30° 16'.*	*109° 26'.*	1490 ,,	2-3		(2)
4	,,	,,			,,	,,	1516 ,,	5		(3)
4535	,,	,,	V. Lai-fong H.	來鳳縣	*29° 50'.*	*109° 40'.*	1856 ,,	6	8	

(1) (2) (3) Aff.t mont.

XIII. TREMBLEMENTS DE TERRE DANS LA PROVINCE DU HOU-NAN 湖南.

	P. HOU-NAN 湖南	LATITUDE.	LONG. E. G.	ANNÉE.	M. SOL.	JOUR.	NOTE.
4536	V. Tch'ang-cha F. 長沙府	*28° 12'.*	*112° 47'.*	281 ap. J.-C.	5-6		
7	,, ,,	,,	,,	288 ,,	6	7	
8	,, ,,	,,	,,	,, ,,	7-8		
9	,, ,,	,,	,,	,, ,,	8-9		
4540	,, ,,	,,	,,	309 ,,	10-11		
1	,, ,,	,,	,,	600 ,,	12		
2	,, ,,	,,	,,	1468 ,,	12	26	
3	,, ,,	,,	,,	1522 ,,			
4	,, ,,	,,	,,	1552 ,,			
5	,, ,,	,,	,,	1631 ,,	8	14	Gr.
6	,, ,,	,,	,,	,, ,,	10	31	
7	,, ,,	,,	,,	1632 ,,	8	22	
8	,, ,,	,,	,,	,, ,,	11-12		
9	,, ,,	,,	,,	1639 ,,	4-5		
4550	,, ,,	,,	,,	1825 ,,	12	5	
1	,, ,, V. Siang-t'an H. 湘潭縣	*27° 53'.*	*112° 42'.*	1546 ,,	5		
2	,, ,, V. Siang-yn H. 湘陰縣	*28° 42'.*	*112° 38'.*	1522 ,,			
3	,, ,, ,, ,,	,,	,,	1631 ,,	7-8		
4	,, ,, ,, ,,	,,	,,	,, ,,	10-11		
5	,, ,, ,, ,,	,,	,,	1717 ,,	8-9		
6	,, ,, ,, ,,	,,	,,	1739 ,,	9-10		
4557	,, ,, ,, ,,	,,	,,	1849 ,,	3-4		

	P. HOU-NAN 湖南				LATITUDE.	LONG. E. G.	ANNÉE.		M. SOL.	JOUR.	NOTE.
4558	Tch'ang-cha F.	長沙府	V. Siang-yn H.	湘陰縣	28° 42'.	112° 38'.	1849	ap. J.-C.	9-10		
9	,,	,,	,,	,,	,,	,,	1850	,,	4	29	
4560	,,	,,	V. Ning-hiang H.	寧鄉縣	28° 18'.	112° 08'.	1542	,,	5-6		
1	,,	,,	,,	,,	,,	,,	1546	,,			
2	,,	,,	,,	,,	,,	,,	1854	,,	Aut.		
3	,,	,,	V. Lieou-yang H.	瀏陽縣	28° 10'.	113° 27'.	1842	,,	11-12		
4	,,	,,	,,	,,	,,	,,	1869	,,	5-6		
5	,,	,,	V. Li-ling H.	醴陵縣	27° 41'.	113° 16'.	1695	,,	6-7		
6	,,	,,	,,	,,	,,	,,	1850	,,	8-9		
7	,,	,,	,,	,,	,,	,,	1852	,,	8-9		
8	,,	,,	V. Y-yang H.	益陽縣	28° 35'.	112° 08'.	1542	,,	5-6		
9	,,	,,	V. Siang-hiang H.	湘鄉縣	27° 47'.	112° 16'.	1541	,,	5-6		
4570	,,	,,	,,	,,	,,	,,	1575	,,	3	16	
1	,,	,,	,,	,,	,,	,,	1631	,,	6-7		
2	,,	,,	,,	,,	,,	,,	,,	,,	8	14	Gr.
3	,,	,,	,,	,,	,,	,,	,,	,,	10	31	
4	,,	,,	V. Yeou H.	攸 縣	27° 08'.	113° 03'.	1630	,,			
5	,,	,,	V. Ngan-hoa H.	安化縣	28° 24'.	111° 25'.	1830	,,	3	2	
6	,,	,,	,,	,,	,,	,,	1845	,,	5	26	
7	V. Yo-tcheou F.	岳州府			29° 18'.	113° 02'.	1045	,,	9	30	
8	,,	,,			,,	,,	1470	,,	1	8	
4579	,,	,,			,,	,,	1531	,,	11-12		

	P. HOU-NAN 湖南				LATITUDE.	LONG. E. G.	ANNÉE.	M. SOL.	JOUR.	NOTE.
4580	V. Yo-tchcou F.	岳州府			*29° 18'.*	*113° 02'.*	1560 ap. J.-C.	9-10		
1	,,	,,			,,	,,	1575 ,,	3		
2	,,	,,			,,	,,	1599 ,,	8	13	
3	,,	,,	V. Hoa-yong H.	華容縣	*29° 30'.*	*112° 22'.*	1605 ,,			
4	,,	,,	,,	,,	,,	,,	1850 ,,	4	29	
5	,,	,,	V. P'ing-kiang H.	平江縣	*28° 42'.*	*113° 24'.*	1845 ,,	11-12		
6	,,	,,	,,	,,	,,	,,	1854 ,,	12		
7	,,	,,	,,	,,	,,	,,	1863 ,,	8-9		
8	V. Li T'.	澧 州			*29° 37'.*	*111° 43'.*	1516 ,,			
9	,,	,,			,,	,,	1555 ,,	1		
4590	,,	,,			,,	,,	1717 ,,	6-7		
1	,,	,,			,,	,,	1785 ,,	12		
2	,,	,,	V. Che-men H.	石門縣	*29° 31'.*	*111° 23'.*	1860 ,,	6-7		
3	,,	,,	V. Yong-ting H.	永定縣	*29° 05'.*	*110° 15'.*	1605 ,,			
4	V. Pao-k'ing F.	寶慶府			*27° 04'.*	*111° 21'.*	1631 ,,	8	8	
5	,,	,,	V. Sin-hoa H.	新化縣	*27° 32'.*	*111° 10'.*	1510 ,,	6-7		
6	,,	,,	,,	,,	,,	,,	,, ,,	9	26	
7	,,	,,	,,	,,	,,	,,	1528 ,,	2-3		
8	,,	,,	,,	,,	,,	,,	,, ,,	8-9		
9	,,	,,	,,	,,	,,	,,	1631 ,,	8	8	
4600	,,	,,	,,	,,	,,	,,	,, ,,	10-11		
4601	,,	,,	,,	,,	,,	,,	1710 ,,			

	P. HOU-NAN 湖南				LATITUDE.	LONG. E. G.	ANNÉE.	M. SOL.	JOUR.	NOTE.
4602	Pao-k'ing F.	寶慶府	V. Sin-ning H.	新寧縣	*26° 25'.*	*111° 44'.*	1578 ap. J.-C.	12	1	
3	,,	,,	,,	,,	,,	,,	1631 ,,	8	8	
4	,,	,,	,,	,,	,,	,,	,, ,,	10-11		
5	,,	,,	,,	,,	,,	,,	1784 ,,			
6	V. Heng-tcheou F.	衡州府			*26° 55'.*	*112° 23'.*	1487 ,,	9-10		
7	,,	,,			,,	,,	1491 ,,			
8	,,	,,			,,	,,	1631 ,,	7-8		
9	,,	,,			,,	,,	1665 ,,	11-12		
4610	,,	,,			,,	,,	1825 ,,	12	5	
1	,,	,,	V. Heng-chan H.	衡山縣	*27° 14'.*	*112° 38'.*	1193 ,,	Aut.		(1)
2	,,	,,	V. Léi-yang H.	耒陽縣	*26° 30'.*	*112° 41'.*	1642 ,,	3		
3	,,	,,	V. Ling H.	酃縣	*26° 32'.*	*113° 35'.*	310 ,,			(2)
4	,,	,,	,,	,,	,,	,,	1297 ,,	8	14	(3)
5	V. Koei-yang T*.	桂陽府			*25° 48'.*	*112° 23'.*	48 av. J.-C.			Gr.
6	,,	,,			,,	,,	1640 ap. J.-C.	Hiv.		
7	,,	,,			,,	,,	1760 ,,			
8	,,	,,	V. Ling-ou H.	臨武縣	*25° 22'.*	*112° 14'.*	1643 ,,	Hiv.		
9	,,	,,	,,	,,	,,	,,	1782 ,,			
4620	,,	,,	,,	,,	,,	,,	1825 ,,	12	5	
1	V. Chang-té F.	常德府			*29° 01'.*	*111° 27'.*	805 ,,	2	3	
2	,,	,,			,,	,,	1516 ,,			
4623	,,	,,			,,	,,	1550 ,,	1-2		

(1) Aff. mont. Tchou-yong Fong 祝融峰.

(2) (3) Aff. mont.

	P. HOU-NAN 湖南				LATITUDE.	LONG. E. G.	ANNÉE.	M. SOL.	JOUR.	NOTE.
4624	V. Chang-té F.	常德府			29° 01'.	111° 27'.	1575 ap. J.-C.	3-4		
5	,,	,,			,,	,,	1631 ,,	8	5	Gr.
6	,,	,,			,,	,,	1665 ,,	11-12		
7	,,	,,			,,	,,	1786 ,,	12	28	
8	,,	,,			,,	,,	1843 ,,	5-6		
9	,,	,,			,,	,,	1850 ,,	8-9		
4630	,,	,,	V. T'ao-yuen H.	桃源縣	28° 52'.	111° 11'.	1340 ,,	7	23	(1)
1	,,	,,	V. Long-yang H.	龍陽縣	28° 52'.	111° 38'.	1550 ,,	1-2		
2	,,	,,	,,	,,	,,	,,	1786 ,,	12	28	
3	,,	,,	V. Yuen-kiang H.	沅江縣	28° 46'.	112° 14'.	805 ,,	2	3	
4	,,	,,	,,	,,	,,	,,	1786 ,,	12	28	
5	V. Fong-hoang t*.	鳳凰廳			28°	109° 30'.	1800 ,,	11	4	
6	Yuen-tcheou F.	沅州府	V. K'ien-yang H.	黔陽縣	27° 09'.	109° 30'.	1571 ,,	3	9	(2)
7	V. Yong-tcheou F.	永州府			26° 08'.	111° 35'.	319 ,,	5-6		
8	,,	,,			,,	,,	806 ,,	1-2		
9	,,	,,			,,	,,	1604 ,,			
4640	,,	,,			,,	,,	1631 ,,	5		
1	,,	,,			,,	,,	1640 ,,			
2	,,	,,			,,	,,	1787 ,,			
3	,,	,,			,,	,,	1825 ,,	12	5	
4	,,	,,	V. Ning-yuen H.	寧遠縣	25° 33'.	111° 48'.	1638 ,,	4-5		
4645	,,	,,	V. Kiang-hoa H.	江華縣	25° 19'.	111° 32'.	1853 ,,	7	20	

(1) Aff. mont. T'ao-yuen Chan 桃源山.

(2) Aff. mont.

	P. HOU-NAN 湖南	LATITUDE.	LONG. E. G.	ANNÉE.	M. SOL.	JOUR.	NOTE.
4646	Yong-tcheou F. 永州府 V. Tao T. 道州	*25° 33'.*	*111° 28.*	1307 ap. J.-C.	4-5		(1)
7	,, ,, ,, ,,	,,	,,	1598 ,,	7-8		
8	V. Tsing T*. 靖州	*26° 35'.*	*109° 28'.*	1509 ,,	11-12		
9	,, ,,	,,	,,	1510 ,,	6-7		
4650	,, ,,	,,	,,	1875 ,,	6	8	
4651	V. Tch'eng T*. 郴州	*25° 47'.*	*112° 38'.*	778 ,,			(2)

(1) Aff. mont.

(2) Aff. mont. Hoang-k'in Chan 黃芩山.

XIV. TREMBLEMENTS DE TERRE DANS LA PROVINCE DU KOANG-TONG 廣東.

	P. KOANG-TONG 廣東		LATITUDE.	LONG. E. G.	ANNÉE.		M. SOL.	JOUR.	NOTE.
4652	V. Koang-tcheou F.	廣州府	23° 08'.	111° 17'.	288	ap. J.-C.	6	7	
3	,,	,,	,,	,,	1045	,,	8	28	
4	,,	,,	,,	,,	,,	,,	9	8	
5	,,	,,	,,	,,	1372	,,	5	24	
6	,,	,,	,,	,,	,,	,,	9	17	
7	,,	,,	,,	,,	1381	,,	1	13	
8	,,	,,	,,	,,	1440	,,	10-11		
9	,,	,,	,,	,,	1487	,,	5-6		
4660	,,	,,	,,	,,	1571	,,	7-8		
1	,,	,,	,,	,,	1596	,,	9	12	
2	,,	,,	,,	,,	,,	,,	,,	15	
3	,,	,,	,,	,,	,,	,,	,,	21	
4	,,	,,	,,	,,	1600	,,	9-10		
5	,,	,,	,,	,,	1611	,,			
6	,,	,,	,,	,,	1612	,,			
7	,,	,,	,,	,,	1615	,,	1		
8	,,	,,	,,	,,	1642	,,	6	14	
9	,,	,,	,,	,,	1644	,,	4	9	
4670	,,	,,	,,	,,	1665	,,	5-6		
1	,,	,,	,,	,,	1683	,,	10	10	
2	,,	,,	,,	,,	1746	,,	3-4		
4673	,,	,,	,,	,,	,,	,,	6-7		

	P. KOANG-TONG 廣東				LATITUDE.	LONG. E. G.	ANNÉE.	M. SOL.	JOUR.	NOTE.
4674	Koang-tcheou F.	廣州府	V. Choen-té H.	順德縣	24° 49'.	112° 49'.	1482 ap. J.-C.	3-4		
5	,,	,,	,,	,,	,,	,,	1487 ,,	9	10	Gr.
6	,,	,,	,,	,,	,,	,,	1496 ,,	7	11	,,
7	,,	,,	,,	,,	,,	,,	1530 ,,	10		
8	,,	,,	,,	,,	,,	,,	1540 ,,	5	13	
9	,,	,,	,,	,,	,,	,,	,, ,,	9-10		
4680	,,	,,	,,	,,	,,	,,	1557 ,,	6-7		
1	,,	,,	,,	,,	,,	,,	1558 ,,	7-8		
2	,,	,,	,,	,,	,,	,,	1584 ,,	7-8		
3	,,	,,	,,	,,	,,	,,	,, ,,	8	6	
4	,,	,,	,,	,,	,,	,,	1607 ,,	4	7	
5	,,	,,	,,	,,	,,	,,	1654 ,,	7-8		
6	,,	,,	,,	,,	,,	,,	1664 ,,	12		
7	,,	,,	,,	,,	,,	,,	1722 ,,	12		
8	,,	,,	V. Tong-koan H.	東莞縣	22° 50'.	113° 50'.	1498 ,,	6-7		
9	,,	,,	,,	,,	,,	,,	1618 ,,			
4690	,,	,,	,,	,,	,,	,,	1621 ,,			
1	,,	,,	,,	,,	,,	,,	1648 ,,	9-10		
2	,,	,,	,,	,,	,,	,,	1649 ,,	8-9		
3	,,	,,	V. Ts'ong-hoa H.	從化縣	23° 33'.	113° 27'.	1537 ,,	5-6		
4	,,	,,	,,	,,	,,	,,	1617 ,,	11-12		
4695	,,	,,	V. Long-men H.	龍門縣	23° 44'.	114° 04'.	1666 ,,	9-10		

	P. KOANG-TONG 廣東				LATITUDE.	LONG. E. G.	ANNÉE.		M. SOL.	JOUR.	NOTE.
4696	Koang-tcheou F.	廣州府	V. Tseng-tch'eng H.	增城縣	23° 05'.	113° 58'.	1346	ap. J.-C.	6-7		(1)
7	,,	,,	,,	,,	,,	,,	1478	,,	5	25	
8	,,	,,	,,	,,	,,	,,	1501	,,			
9	,,	,,	,,	,,	,,	,,	1519	,,	3		
4700	,,	,,	,,	,,	,,	,,	1537	,,	5-6		
1	,,	,,	,,	,,	,,	,,	1618	,,			
2	,,	,,	,,	,,	,,	,,	1640	,,			
3	,,	,,	,,	,,	,,	,,	1654	,,	7-8		
4	,,	,,	,,	,,	,,	,,	1666	,,	9-10		
5	,,	,,	,,	,,	,,	,,	1746	,,	6-7		
6	,,	,,	,,	,,	,,	,,	1789	,,	7-8		
7	,,	,,	V. Hiang-chan H.	香山縣	22° 32'.	113° 15'.	1322	,,	10-11		
8	,,	,,	,,	,,	,,	,,	1480	,,	6-7		
9	,,	,,	,,	,,	,,	,,	1539	,,	11-12		
4710	,,	,,	,,	,,	,,	,,	1557	,,	6-7		
1	,,	,,	,,	,,	,,	,,	1558	,,	7-8		
2	,,	,,	,,	,,	,,	,,	1560	,,	6-7		
3	,,	,,	,,	,,	,,	,,	1584	,,	8	6	
4	,,	,,	,,	,,	,,	,,	1652	,,	9	3	
5	,,	,,	,,	,,	,,	,,	,,	,,	,,	4	
6	,,	,,	,,	,,	,,	,,	1654	,,	7-8		
4717	,,	,,	,,	,,	,,	,,	1717	,,	12		

(1) Aff. mont. Louo-fou Chan 羅浮山. et perturb. riv.

	P. KOANG-TONG 廣東				LATITUDE.	LONG. E. G.	ANNÉE.	M. SOL.	JOUR.	NOTE.
4718	Koang-tcheou F.	廣州府	V. Hiang-chan H.	香山縣	22° 32'.	113° 15'.	1813 ap. J.-C.	9-10		
9	,,	,,	,,	,,	,,	,,	1815 ,,			
4720	,,	,,	,,	,,	,,	,,	1817 ,,	1-2		
1	,,	,,	,,	,,	,,	,,	1824 ,,	1		
2	,,	,,	,,	,,	,,	,,	,, ,,	7-8		
3	,,	,,	,,	,,	,,	,,	1830 ,,	8-9		
4	,,	,,	,,	,,	,,	,,	1848 ,,			
5	,,	,,	,,	,,	,,	,,	1870 ,,	5		
6	,,	,,	V. Sin-hoei H.	新會縣	22° 30'.	113°	1539 ,,	11-12		
7	,,	,,	,,	,,	,,	,,	1557 ,,	7-8		
8	,,	,,	,,	,,	,,	,,	1560 ,,	6-7		
9	,,	,,	,,	,,	,,	,,	1584 ,,	8	6	
4730	,,	,,	,,	,,	,,	,,	1602 ,,	6-7		
1	,,	,,	,,	,,	,,	,,	,, ,,	7-8		
2	,,	,,	,,	,,	,,	,,	,, ,,	8-9		
3	,,	,,	,,	,,	,,	,,	1604 ,,	8-9		
4	,,	,,	,,	,,	,,	,,	,, ,,	12		
5	,,	,,	,,	,,	,,	,,	1606 ,,			
6	,,	,,	,,	,,	,,	,,	1654 ,,	7-8		
7	,,	,,	,,	,,	,,	,,	1655 ,,	3		
8	,,	,,	,,	,,	,,	,,	1656 ,,	3-4		
4739	,,	,,	,,	,,	,,	,,	1664 ,,	12		

	P. KOANG-TONG 廣東				LATITUDE.	LONG. E. G.	ANNÉE.	M. SOL.	JOUR.	NOTE.
4740	Koang-tcheou F.	廣州府	V. Sin-hoei H.	新會縣	22° 30'.	113°	1665 ap. J.-C.	5-6		
1	,,	,,	,,	,,	,,	,,	1791 ,,	8-9		
2	,,	,,	,,	,,	,,	,,	1806 ,,	6-7		
3	,,	,,	,,	,,	,,	,,	1813 ,,	9-10		
4	,,	,,	,,	,,	,,	,,	1815 ,,			
5	,,	,,	,,	,,	,,	,,	1836 ,,	11	22	
6	,,	,,	V. San-choei H.	三水縣	23° 12'.	112° 53'.	1583 ,,	2-3		
7	,,	,,	,,	,,	,,	,,	1606 ,,			
8	,,	,,	,,	,,	,,	,,	1608 ,,			
9	,,	,,	,,	,,	,,	,,	1666 ,,	9-10		
4750	,,	,,	,,	,,	,,	,,	1746 ,,	6-7		
1	,,	,,	,,	,,	,,	,,	1817 ,,	7-8		
2	,,	,,	V. Ts'ing-yuen H.	清遠縣	23° 49'.	112° 46'.	1571 ,,	5-6		
3	,,	,,	,,	,,	,,	,,	1596 ,,	9	12	
4	,,	,,	,,	,,	,,	,,	,, ,,	,,	15	
5	,,	,,	,,	,,	,,	,,	,, ,,	,,	21	
6	,,	,,	,,	,,	,,	,,	1722 ,,	1	28	
7	,,	,,	,,	,,	,,	,,	1736 ,,	1-2		
8	,,	,,	V. Sin-ngan H.	新安縣	22° 36'.	114° 04'.	1568 ,,	1		
9	,,	,,	,,	,,	,,	,,	1603 ,,	9	26	
4760	,,	,,	,,	,,	,,	,,	1605 ,,	9	15	
4761	,,	,,	,,	,,	,,	,,	1620 ,,	7	16	

	P. KOANG-TONG 廣東				LATITUDE.	LONG. E. G.	ANNÉE.	M. SOL.	JOUR.	NOTE.
4762	Koang-tcheou F.	廣州府	V. Sin-ngan H.	新安縣	22° 36'.	114° 04'.	1770 ap. J.-C.	8-9		
3	V. Lien T*.	連州			24° 50'.	112° 14'.	1584 ,,	7-8		
4	,,	,,			,,	,,	1865 ,,	Aut.		
5	V. Chao-tcheou F.	韶州府			25° 07'.	113° 09'.	484 ,,	,,		(1)
6	V. Nan-hiong T*.	南雄州			25° 26'.	113° 52'.	1368 ,,	3-4		
7	V. Hoei-tcheou F.	惠州府			23° 02'.	114° 13'.	1508 ,,	10-11		
8	,,	,,			,,	,,	1509 ,,	7-8		
9	,,	,,			,,	,,	1589 ,,	12		
4770	,,	,,			,,	,,	1620 ,,	3	5	
1	,,	,,	V. Po-louo H.	博羅縣	23° 10'.	114° 22'.	1342 ,,	8	2	(2)
2	,,	,,	,,	,,	,,	,,	1519 ,,	3		
3	,,	,,	,,	,,	,,	,,	1550 ,,	9-10		
4	,,	,,	,,	,,	,,	,,	1560 ,,			(3)
5	,,	,,	,,	,,	,,	,,	1630 ,,	6-7		(4)
6	,,	,,	V. Hai-fong H.	海豐縣	22° 54'.	115° 19'.	1497 ,,	7	4	
7	V. Tch'ao-tcheou F.	潮州府			23° 34'.	116° 36'.	1067 ,,	10-11		
8	,,	,,			,,	,,	1069 ,,	1		Gr.
9	,,	,,			,,	,,	1403 ,,	9	12	
4780	,,	,,			,,	,,	1508 ,,	10-11		
1	,,	,,			,,	,,	1509 ,,	7-8		
2	,,	,,			,,	,,	1558 ,,	5-6		
4783	,,	,,			,,	,,	1575 ,,	7	28	

(1) Aff. mont. (2) (3) (4) Aff. mont. Louo-fou Chan 羅浮山.

	P. KOANG-TONG 廣東				LATITUDE.	LONG. E. G.	ANNÉE.	M. SOL.	JOUR.	NOTE.
4784	Kia-yng T*.	嘉應州	V. Hing-ning H.	興寧縣	24° 12'.	115° 48'.	1509 ap. J.-C.	7-8		
5	V. Tchao-k'ing F.	肇慶府			23° 05'.	112° 30'.	1620 ,,	3	5	
6	,,	,,	V. Kao-ming H.	高明縣	22° 51'.	112° 18'.	1494 ,,	7		
7	,,	,,	,,	,,	,,	,,	1527 ,,	5		(1)
8	,,	,,	V. Ngen-p'ing H.	恩平縣	22° 06'.	112° 14'.	1534 ,,	11-12		
9	,,	,,	V. Té-k'ing T.	德慶州	23° 14'.	111° 14'.	1318 ,,	6	18	
4790	,,	,,	,,	,,	,,	,,	1530 ,,	4-5		
1	V. Yang-kiang t*.	陽江廳			21° 50'.	112° 04'.	1534 ,,	11-12		
2	V. Kao-tcheou F.	高州府			21° 48'.	110° 26'.	1470 ,,	9	18	
3	,,	,,			,,	,,	1509 ,,	9-10		
4	V. Lien-tcheou F.	廉州府			21° 39'.	108° 59'.	1485 ,,	10-11		Pl. jrs.
5	,,	,,			,,	,,	1530 ,,	9-10		
6	V. Lei-tcheou F.	雷州府			20° 52'.	109° 40'.	1356 ,,	6-7		
7	,,	,,			,,	,,	1470 ,,	9	18	
8	,,	,,			,,	,,	1524 ,,			
9	,,	,,			,,	,,	1548 ,,	10		
4800	,,	,,			,,	,,	1594 ,,	3-4		
1	,,	,,			,,	,,	1598 ,,	Hiv.		
2	,,	,,			,,	,,	1605 ,,	6-7		
3	V. K'iong-tcheou F.	瓊州府			19° 56'.	110° 15'.	1605 ,,	6-7		
4894	,,	,,	V. Kan-ngen H.	感恩縣	18° 50'.	108° 20'.	1011 ,,	8	12	

(1) Aff. mont.

XV. TREMBLEMENTS DE TERRE DANS LA PROVINCE DU KOANG-SI 廣西.

	P. KOANG-SI 廣西				LATITUDE.	LONG. E. G.	ANNÉE.		M. SOL.	JOUR.	NOTE.
4805	V. Koei-lin F.	桂林府			*25° 13'.*	*110° 14'.*	1348	ap. J.-C.	6	1	(1)
6	,,	,,			,,	,,	1357	,,	11-12		(2)
7	,,	,,			,,	,,	1571	,,	3	9	(3)
8	,,	,,			,,	,,	1572	,,			(4)
9	,,	,,			,,	,,	1604	,,	7	13	
4810	,,	,,			,,	,,	,,	,,	,,	19	
1	,,	,,			,,	,,	,,	,,	9	8	
2	,,	,,			,,	,,	,,	,,	12		
3	,,	,,			,,	,,	1639	,,	6	8	
4	,,	,,	V. Ling-tch'oan H.	靈川縣	*25° 25'.*	*110° 20'.*	1290	,,	8-9		(5)
5	,,	,,	,,	,,	,,	,,	1367	,,	8	7	(6)
6	,,	,,	V. Yang-cho H.	陽朔縣	*24° 28'.*	*110°*	1529	,,			(7)
7	,,	,,	V. Tsiuen T.	全州	*25° 42'.*	*111° 06'.*	1522	,,	5-6		(8)
8	,,	,,	,,	,,	,,	,,	1548	,,	7-8		(9)
9	,,	,,	,,	,,	,,	,,	1564	,,			(10)
4820	Lieou-tcheou F.	柳州府	V. Siang T.	象州	*23° 59'.*	*109° 26'.*	1463	,,	7	23	
1	,,	,,	,,	,,	,,	,,	1529	,,			(11)
2	K'ing-yuen F.	慶遠府	V. Tong-lan T.	東蘭州	*24° 28'.*	*106° 45'.*	1092	,,	11	1	
3	V. Se-ngen F.	思恩府			*23° 25'.*	*107° 54'.*	1087	,,	2	24	
4	,,	,,	V. Pin T.	賓州	*23° 13'.*	*108° 36'.*	1520	,,	3	26	
4825	V. Ping-lo F.	平樂府			*21° 42'.*	*110° 29'.*	,,	,,	7	11	

(1) Aff. mont. et perturb. riv. (2) Aff. mont. (3) Aff. mont. Tou-sieou Chan 獨秀山. et pertub. riv.
(4) Aff. mont. Yao Chan 堯山. (5) (6) (7) Aff. mont. (8) Aff. mont. et perturb. riv.
(9) Aff. mont. (10) Aff. mont. Long-yn Chan 龍隱山. (11) Aff. mont. Pé-mien Chan 白面山.

	P. KOANG-SI 廣西				LATITUDE.	LONG. E. G.	ANNÉE.	M. SOL.	JOUR.	NOTE.
4826	V. P'ing-lo F.	平樂府			21° 42'.	110° 29'.	1587 ap. J.-C.	1	28	
7	,,	,,			,,	,,	1635 ,,	6-7		
8	,,	,,	V. Kong-tch'eng H.	恭城縣	24° 33'.	110° 46'.	1372 ,,	5	24	
9	,,	,,	,,	,,	,,	,,	1615 ,,	7-8		(1)
4830	,,	,,	V. Ho H.	賀縣	24° 08'.	111° 17'.	288 ,,	10-11		
1	,,	,,	,,	,,	,,	,,	289 ,,	1-2		
2	,,	,,	,,	,,	,,	,,	1372 ,,	5	24	
3	,,	,,	V. Yong-ngan T.	永安州	24° 01'.	110° 18'.	,, ,,	,,	,,	
4	V. Ou-tcheou F.	梧州府			23° 29'.	110° 51'.	,, ,,	,,	,,	
5	,,	,,			,,	,,	1485 ,,	10	16	
6	,,	,,			,,	,,	1510 ,,	7	22	
7	,,	,,			,,	,,	1520 ,,	7	11	
8	,,	,,	V. Yong H.	容縣	22° 53'.	110° 03'.	1535 ,,	5		Gr.
9	,,	,,	,,	,,	,,	,,	1606 ,,	Aut.		
4840	,,	,,	V. Hoai-tsi H.	懷集縣	23° 55'.	111° 47'.	1574 ,,	7	18	
1	,,	,,	,,	,,	,,	,,	,, ,,	8	1	
2	,,	,,	,,	,,	,,	,,	1586 ,,	4-5		(2)
3	Yu-lin T*.	鬱林州	V. Pé-lieou H.	北流縣	22° 45'.	110° 30'.	1512 ,,	7-8		
4	,,	,,	V. Lou-tch'oan H.	陸川縣	22° 25'.	109° 49'.	1554 ,,	6	1	
5	V. Nan-ning F.	南寧府			22° 43'.	108° 03'.	1513 ,,	8-9		
6	,,	,,	V. Yong-choen H.	永淳縣	22° 41'.	108° 23'.	1599 ,,	1	25	
4847	V. T'ai-p'ing F.	太平府			22° 25'.	107° 07'.	1478 ,,	7		

(1) (2) Aff. mont.

	P. KOANG-SI 廣西 ,,	LATITUDE.	LONG. E. G.	ANNÉE.	M. SOL.	JOUR.	NOTE.
4848	V. T'ai-p'ing F. 太平府	22° 25'.	107° 07'.	1510 ap. J.-C.	5	4	
9	,, ,,	,,	,,	1517 ,,	12	27	
4850	,, ,,	,,	,,	1521 ,,	10	3	
1	,, ,,	,,	,,	,, ,,	,,	4	
4852	,, ,,	,,	,,	1555 ,,	3	29	

XVI. TREMBLEMENTS DE TERRE DANS LA PROVINCE DU YUN-NAN 雲南.

	P. YUN-NAN 雲南		LATITUDE.	LONG. E. G.	ANNÉE.		M. SOL.	JOUR.	NOTE.
4853	V. Yun-nan F.	雲南府	*25° 06'.*	*102° 52'.*	110	ap. J.-C.	10	3	
4	,,	,,	,,	,,	1506	,,	4	26	Pl. jrs.
5	,,	,,	,,	,,	1507	,,	11	4	,,
6	,,	,,	,,	,,	1515	,,	6	17	
7	,,	,,	,,	,,	1537	,,	10-11		
8	,,	,,	,,	,,	1538	,,			
9	,,	,,	,,	,,	1592	,,	1-2		
4860	,,	,,	,,	,,	1594	,,	1-2		
1	,,	,,	,,	,,	1596	,,	8-9		
2	,,	,,	,,	,,	,,	,,	12		
3	,,	,,	,,	,,	1600	,,	11-12		
4	,,	,,	,,	,,	1601	,,	11-12		(1)
5	,,	,,	,,	,,	1612	,,	3	12	Gr.
6	,,	,,	,,	,,	,,	,,	,,	13	
7	,,	,,	,,	,,	,,	,,	6	23	Gr.
8	,,	,,	,,	,,	1616	,,	2-3		
9	,,	,,	,,	,,	1620	,,	3	5	
4870	,,	,,	,,	,,	1622	,,	1-2		
1	,,	,,	,,	,,	,,	,,	5-6		
2	,,	,,	,,	,,	1623	,,	12	20	
3	,,	,,	,,	,,	,,	,,	12		(2)
4874	,,	,,	,,	,,	1632	,,	12	31	

(1) (2) Aff. mont.

	P. YUN-NAN 雲南				LATITUDE.	LONG. E. G.	ANNÉE.	M. SOL.	JOUR.	NOTE.
4875	V. Yun-nan F.	雲南府			25° 06'.	102° 52'.	1637 ap. J.-C.	9	4	
6	,,	,,			,,	,,	1644 ,,	5-6		
7	,,	,,			,,	,,	,, ,,	9		
8	,,	,,			,,	,,	1646 ,,	2-3		
9	,,	,,			,,	,,	1654 ,,	7-8		
4880	,,	,,			,,	,,	1663 ,,	3-4		
1	,,	,,			,,	,,	1673 ,,	2	17	
2	,,	,,			,,	,,	1696 ,,	8-9		
3	,,	,,			,,	,,	1713 ,,	2-3		
4	,,	,,			,,	,,	1724 ,,	12		
5	,,	,,			,,	,,	1732 ,,	1	29	
6	,,	,,			,,	,,	1734 ,,	8	19	
7	,,	,,			,,	,,	1736 ,,	1	8	Lég.
8	,,	,,			,,	,,	1794 ,,	5-6		
9	,,	,,			,,	,,	1798 ,,	6-7		
4890	,,	,,			,,	,,	1830 ,,	7-8		
1	,,	,,			,,	,,	1833 ,,	9	6	Gr.
2	,,	,,			,,	,,	,, ,,	9-10		
3	,,	,,			,,	,,	,, ,,	10-11		
4	,	,,	V. Fou-min H.	富民縣	25° 20'.	101° 55'.	1621 ,,	11-12		
5	,,	,,	,,	,,	,,	,,	1701 ,,			
4896	,,	,,	,,	,,	,,	,,	1833 ,,	9	6	

	P. YUN-NAN 雲南				LATITUDE.	LONG. E. G.	ANNÉE.	M. SOL.	JOUR.	NOTE.
4897	Yun-nan F.	雲南府	V. Fou-min H.	富民縣	*25° 20'.*	*101° 55'.*	1833 ap. J.-C.	9-10		
8	,,	,,	,,	,,	,,	,,	,, ,,	10-11		
9	,,	,,	V. Y-liang H.	宜良縣	*24° 58'.*	*103° 14'.*	1499 ,,	Hiv.		Gr.
4900	,,	,,	,,	,,	,,	,,	1560 ,,	3-4		
1	,,	,,	,,	,,	,,	,,	1600 ,,	11-12		
2	,,	,,	,,	,,	,,	,,	1720 ,,	3-4		
3	,,	,,	,,	,,	,,	,,	1724 ,,	12		
4	,,	,,	,,	,,	,,	,,	1794 ,,	5-6		Gr.
5	,,	,,	,,	,,	,,	,,	1833 ,,	9	6	,,
6	,,	,,	,,	,,	,,	,,	,, ,,	9-10		
7	,,	,,	,,	,,	,,	,,	,, ,,	10-11		
8	,,	,,	V. Tch'eng-kong H.	呈貢縣	*24° 53'.*	*102° 56'.*	1833 ,,	9	6	Gr.
9	,,	,,	,,	,,	,,	,,	,, ,,	9-10		
4910	,,	,,	,,	,,	,,	,,	,, ,,	10-11		
1	,,	,,	V. Louo-ts'e H.	羅次縣	*25° 23'.*	*102° 23'.*	1621 ,,	11-12		
2	,,	,,	,,	,,	,,	,,	1653 ,,	9-10		
3	,,	,,	,,	,,	,,	,,	1670 ,,	7-8		
4	,,	,,	,,	,,	,,	,,	1833 ,,	9	6	
5	,,	,,	,,	,,	,,	,,	,, ,,	9-10		
6	,,	,,	,,	,,	,,	,,	,, ,,	10-11		
7	,,	,,	V. Lou-fong H.	祿豐縣	*25° 12'.*	*102° 14'.*	1515 ,,	6	17	
4918	,,	,,	,,	,,	,,	,,	1539 ,,	10-11		

	P. YUN-NAN 雲南				LATITUDE.	LONG. E. G.	ANNEE.		M. SOL.	JOUR.	NOTE.
4919	Yun-nan F.	雲南府	V. Lou-fong H.	祿豐縣	25° 12'.	102° 14'.	1600	ap. J.-C.	11-12		
4920	,,	,,	,,	,,	,,	,,	1670	,,	7-8		
1	,,	,,	,,	,,	,,	,,	1707	,,	9-10		
2	,,	,,	,,	,,	,,	,,	1722	,,	2-3		
3	,,	,,	,,	,,	,,	,,	1833	,,	9	6	
4	,,	,,	,,	,,	,,	,,	,,	,,	9-10		
5	,,	,,	,,	,,	,,	,,	,,	,,	10-11		
6	,,	,,	V. Y-men H.	易門縣	24° 45'.	102° 19'.	1755	,,	1-2		
7	,,	,,	,,	,,	,,	,,	1833	,,	9	6	
8	,,	,,	,,	,,	,,	,,	,,	,,	9-10		
9	,,	,,	,,	,,	,,	,,	,,	,,	10-11		
4930	,,	,,	V. Song-ming T.	嵩明州	25° 23'.	103° 08'.	1599	,,	9	16	
1	,,	,,	,,	,,	,,	,,	1600	,,	11-12		
2	,,	,,	,,	,,	,,	,,	1724	,,	12		
3	,,	,,	,,	,,	,,	,,	1833	,,	9	6	Gr.
4	,,	,,	,,	,,	,,	,,	,,	,,	9-10		
5	,,	,,	,,	,,	,,	,,	,,	,,	10-11		
6	,,	,,	V. Tsin-ning T.	晉寧州	24° 47'.	102° 51'.	1577	,,	3-4		
7	,,	,,	,,	,,	,,	,,	1600	,,	11-12		
8	,,	,,	,,	,,	,,	,,	1617	,,	8		
9	,,	,,	,,	,,	,,	,,	1833	,,	9	6	Gr.
4940	,,	,,	,,	,,	,,	,,	,,	,,	9-10		

	P. YUN-NAN 雲南				LATITUDE.	LONG. E. G.	ANNÉE.	M. SOL.	JOUR.	NOTE.
4941	Yun-nan F.	雲南府	V. Tsin-ning T.	晉寧州	24° 47'.	102° 51'.	1833 ap. J.-C.	10-11		
2	,,	,,	V. Ngan-ning T.	安寧州	25°.	102° 38'.	1507 ,,	11	4	Pl. jrs.
3	,,	,,	,,	,,	,,	,,	1520 ,,	3	26	
4	,,	,,	,,	,,	,,	,,	1600 ,,	11-12		
5	,,	,,	,,	,,	,,	,,	1833 ,,	9	6	
6	,,	,,	,,	,,	,,	,,	,, ,,	9-10		
7	,,	,,	,,	,,	,,	,,	,, ,,	10-11		
8	,,	,,	,,	,,	,,	,,	1881 ,,	1-2		
9	V. Ta-li F.	大理府			25° 44'.	100° 22'.	1511 ,,	11	17	
4950	,,	,,			,,	,,	1515 ,,	9	30	
1	,,	,,			,,	,,	,, ,,	10	18	Gr.
2	,,	,,			,,	,,	1517 ,,	1	4	
3	,,	,,			,,	,,	1518 ,,	7	8	
4	,,	,,			,,	,,	,, ,,	11	30	
5	,,	,,			,,	,,	,, ,,	12	9	
6	,,	,,			,,	,,	1611 ,,	3-4		
7	,,	,,			,,	,,	1612 ,,	3	12	Gr.
8	,,	,,			,,	,,	,, ,,	,,	13	
9	,,	,,			,,	,,	,, ,,	6	3	
4960	,,	,,			,,	,,	,, ,,	,,	23	Gr.
1	,,	,,			,,	,,	1623 ,,	4-5		
4962	,,	,,			,,	,,	1794 ,,	2		Pl. jrs.

	P. YUN-NAN 雲南				LATITUDE.	LONG. E. G.	ANNÉE.		M. SOL.	JOUR.	NOTE.
4963	V. Ta-li F.	大理府			25° 44'.	100° 22'.	1861	ap. J.-C.	2-3		
4	,,	,,			,,	,,	1862	,,	1-2		Gr.
5	,,	,,	V. Yun-nan H.	雲南縣	25° 32'.	100° 41'.	1302	,,	12	21	
6	,,	,,	,,	,,	,,	,,	,,	,,	,,	28	
7	,,	,,	,,	,,	,,	,,	1308	,,	6	28	
8	,,	,,	,,	,,	,,	,,	1386	,,	7	13	
9	,,	,,	,,	,,	,,	,,	,,	,,	12	18	
4970	,,	,,	,,	,,	,,	,,	1499	,,			
1	,,	,,	,,	,,	,,	,,	1506	,,	4-5		
2	,,	,,	,,	,,	,,	,,	1511	,,	11	17	
3	,,	,,	,,	,,	,,	,,	1517	,,	7	12	
4	,,	,,	,,	,,	,,	,,	1527	,,			(1)
5	,,	,,	,,	,,	,,	,,	1528	,,			
6	,,	,,	,,	,,	,,	,,	1539	,,	10-11		
7	,,	,,	,,	,,	,,	,,	1623	,,	4-5		
8	,,	,,	,,	,,	,,	,,	1772	,,	8		Gr.
9	,,	,,	,,	,,	,,	,,	1802	,,	2-3		,,
4980	,,	,,	V. Lang-k'iong H.	浪穹縣	26° 08'.	100° 08'.	1498	,,	10-11		
1	,,	,,	,,	,,	,,	,,	1518	,,	7	8	
2	,,	,,	,,	,,	,,	,,	1605	,,			
3	,,	,,	,,	,,	,,	,,	1751	,,	5	25	
4984	,,	,,	,,	,,	,,	,,	1802	,,	2-3		Gr.

(1) Aff. mont.

	P. YUN-NAN 雲南				LATITUDE.	LONG. E. G.	ANNÉE.	M. SOL.	JOUR.	NOTE.
4985	Ta-li F.	大理府	V. Tchao T.	趙州	25° 38'.	100° 31'.	1515 ap. J.-C.	6	17	
6	,,	,,	,,	,,	,,	,,	1518 ,,	7	8	
7	,,	,,	,,	,,	,,	,,	1520 ,,	9	3	(1)
8	,,	,,	,,	,,	,,	,,	1611 ,,	3-4		
9	,,	,,	,,	,,	,,	,,	1833 ,,	9	6	
4990	,,	,,	,,	,,	,,	,,	,, ,,	9-10		
1	,,	,,	,,	,,	,,	,,	,, ,,	10-11		
2	,,	,,	,,	,,	,,	,,	1851 ,,	Aut.		
3	,,	,,	V. Teng-tch'oan T.	鄧川州	26° 02'.	100° 15'.	1511 ,,	11	17	
4	,,	,,	,,	,,	,,	,,	1515 ,,	6	17	
5	,,	,,	,,	,,	,,	,,	,, ,,	7-8		
6	,,	,,	,,	,,	,,	,,	,, ,,	9-10		
7	,,	,,	,,	,,	,,	,,	1518 ,,	7	8	
8	,,	,,	,,	,,	,,	,,	1751 ,,	5	25	
9	,,	,,	,,	,,	,,	,,	1804 ,,	2-3		
5000	,,	,,	,,	,,	,,	,,	1839 ,,	1-2		
1	,,	,,	V. Pin-tch'oan T.	賓川州	25° 46'.	100° 46'.	1611 ,,	3-4		
2	V. Lin-ngan F.	臨安府			23° 37'.	103° 05'.	1539 ,,	3-4		
3	,,	,,			,,	,,	,, ,,	8	8	
4	,,	,,			,,	,,	1588 ,,	7-8		
5	,,	,,			,,	,,	1606 ,,	11	30	Gr.
5006	,,	,,			,,	,,	1692 ,,	3-4		

(1) Aff. mont.

	P. YUN-NAN 雲南				LATITUDE.	LONG. E. G.	ANNÉE.	M. SOL.	JOUR.	NOTE.
5007	V. Lin-ngan F.	臨安府			23° 37'.	103° 05'.	1713 ap. J.-C.	2-3		
8	,,	,,			,,	,,	1763 ,,	11-12		
9	,,	,,			,,	,,	1790 ,,	6-7		
5010	,,	,,			,,	,,	1893 ,,	9	6	
1	,,	,,			,,	,,	,, ,,	9-10		
2	,,	,,			,,	,,	,, ,,	10-11		
3	,,	,,	V. T'ong-hai H.	通海縣	24° 12'.	102° 56'.	1517 ,,	7	12	
4	,,	,,	,,	,,	,,	,,	1560 ,,			
5	,,	,,	,,	,,	,,	,,	1565 ,,	Hiv.		
6	,,	,,	,,	,,	,,	,,	1566 ,,	,,		
7	,,	,,	,,	,,	,,	,,	1571 ,,	8-9		
8	,,	,,	,,	,,	,,	,,	1588 ,,	7-8		
9	,,	,,	,,	,,	,,	,,	1763 ,,	12		
5020	,,	,,	,,	,,	,,	,,	1789 ,,	5-6		
1	,,	,,	,,	,,	,,	,,	1833 ,,	9	6	
2	,,	,,	,,	,,	,,	,,	,, ,,	9-10		
3	,,	,,	,,	,,	,,	,,	,, ,,	10-11		
4	,,	,,	V. Ho-si H.	河西縣	24° 15'.	102° 43'.	756 ,,	11	27	
5	,,	,,	,,	,,	,,	,,	1517 ,,	7	12	
6	,,	,,	,,	,,	,,	,,	1562 ,,	11-12		
7	,,	,,	,,	,,	,,	,,	1763 ,,	12		
5028	,,	,,	V. Tsi-ngo H.	嶍峨縣	24° 24'.	102° 36'.	1517 ,,	7	12	

	P. YUN-NAN 雲南				LATITUDE.	LONG. E. G.	ANNÉE.	M. SOL.	JOUR.	NOTE.
5029	Lin-ngan F.	臨安府	V. Tsi-ngo H.	嶍峨縣	24° 24'.	102° 36'.	1696 ap. J.-C.	6-7		
5030	,,	,,	,,	,,	,,	,,	1722 ,,	2-3		
1	,,	,,	,,	,,	,,	,,	1833 ,,	9	6	
2	,,	,,	,,	,,	,,	,,	,, ,,	9-10		
3	,,	,,	,,	,,	,,	,,	,, ,,	10-11		
4	,,	,,	V. Mong-tse H.	蒙自縣	23° 34'.	103° 36'.	1539 ,,	3-4		
5	,,	,,	,,	,,	,,	,,	1833 ,,	9	6	Gr.
6	,,	,,	,,	,,	,,	,,	,, ,,	9-10		
7	,,	,,	,,	,,	,,	,,	,, ,,	10-11		
8	,,	,,	V. Che-p'ing T.	石屏州	23° 47'.	102° 46'.	1755 ,,	2	8	Gr.
9	,,	,,	,,	,,	,,	,,	1797 ,,	8-9		
5040	,,	,,	,,	,,	,,	,,	1799 ,,	8		
1	,,	,,	,,	,,	,,	,,	,, ,,	9		
2	,,	,,	,,	,,	,,	,,	1833 ,,	9	6	
3	,,	,,	,,	,,	,,	,,	,, ,,	9-10		
4	,,	,,	,,	,,	,,	,,	,, ,,	10-11		
5	,,	,,	,,	,,	,,	,,	1887 ,,	12	16	Gr.
6	,,	,,	V. A-mi T.	阿迷州	23° 43'.	103° 27'.	1735 ,,	4-5		
7	,,	,,	,,	,,	,,	,,	1833 ,,	9	6	Gr.
8	,,	,,	,,	,,	,,	,,	,, ,,	9-10		
9	,,	,,	,,	,,	,,	,,	,, ,,	10-11		
5050	,,	,,	V. Ning T.	寧州	24° 18'.	103° 05'.	1753 ,,	12		Gr.

	P. YUN-NAN 雲南				LATITUDE.	LONG. E. G.	ANNÉE.	M. SOL.	JOUR.	NOTE.
5051	Lin-ngan F.	臨安府	V. Ning T.	寧州	*24°. 18'.*	*103°. 05'.*	1771 ap. J.-C.	4-5		
2	,,	,,	,,	,,	,,	,,	1789 ,,	5-6		
3	,,	,,	,,	,,	,,	,,	1861 ,,	7-8		
4	V. Tch'ou-hiong F.	楚雄府			*25°. 06'.*	*101°. 43'.*	1511 ,,	5	12	
5	,,	,,			,,	,,	1512 ,,	5	23	Pl. jrs.
6	,,	,,			,,	,,	1517 ,,	1	4	
7	,,	,,			,,	,,	1539 ,,	8	8	
8	,,	,,			,,	,,	1615 ,,	8	24	
9	,,	,,			,,	,,	1680 ,,	Aut.		
5060	,,	,,			,,	,,	1754 ,,	3-4		
1	,,	,,			,,	,,	1775 ,,	6-7		
2	,,	,,	V. Ting-yuen H.	定遠縣	*25° 22'.*	*101° 44'.*	1596 ,,	8-9		
3	,,	,,	,,	,,	,,	,,	1611 ,,	1-2		
4	,,	,,	,,	,,	,,	,,	,, ,,	3-4		
5	,,	,,	,,	,,	,,	,,	1615 ,,	8	24	
6	,,	,,	V. Koang-t'ong H.	廣通縣	*25° 15'.*	*101° 55'.*	1620 ,,	4		
7	,,	,,	,,	,,	,,	,,	1793 ,,	5-6		
8	,,	,,	V. Ta-yao H.	大姚縣	*25°. 46'.*	*101° 30'.*	1488 ,,			
9	,,	,,	,,	,,	,,	,,	1515 ,,	6	17	
5070	,,	,,	,,	,,	,,	,,	1854 ,,	2-3		
1	,,	,,	V. Yao T.	姚州	*25° 33'.*	*101° 23'.*	1515 ,,	6	17	
5072	,,	,,	,,	,,	,,	,,	1520 ,,	3	26	

	P. YUN-NAN 雲南				LATITUDE.	LONG. E. G.	ANNÉE.	M. SOL.	JOUR.	NOTE.
5073	Tch'ou-hiong F.	楚雄府	V. Yao T.	姚州	25° 33'.	101° 23'.	1596 ap. J.-C.	8-9		
4	,,	,,	,,	,,	,,	,,	1607 ,,	3-4		
5	,,	,,	,,	,,	,,	,,	,, ,,	4-5		
6	,,	,,	,,	,,	,,	,,	1608 ,,	12		
7	,,	,,	,,	,,	,,	,,	1611 ,,	3-4		
8	,,	,,	,,	,,	,,	,,	1615 ,,	8	24	
9	,,	,,	,,	,,	,,	,,	1642 ,,	11-12		Gr.
5080	,,	,,	,,	,,	,,	,,	1687 ,,	10-11		
1	,,	,,	,,	,,	,,	,,	1713 ,,	2-3		
2	,,	,,	V. Tchen-nan T.	鎮南州	25° 16'.	101° 24'.	1596 ,,	8-9		
3	,,	,,	,,	,,	,,	,,	1615 ,,	9	24	
4	,,	,,	,,	,,	,,	,,	1620 ,,	4		
5	,,	,,	,,	,,	,,	,,	1833 ,,	9	6	
6	,,	,,	,,	,,	,,	,,	,, ,,	9-10		
7	,,	,,	,,	,,	,,	,,	,, ,,	10-11		
8	V. Tch'eng-kiang F.	澂江府			24° 42'.	103° 04'.	1500 ,,	1		
9	,,	,,			,,	,,	1596 ,,	8-9		
5090	,,	,,			,,	,,	1724 ,,	12		
1	,,	,,			,,	,,	1789 ,,	5-6		
2	,,	,,			,,	,,	1793 ,,	3-4		
3	,,	,,			,,	,,	1833 ,,	9	6	Gr.
5094	,,	,,			,,	,,	,, ,,	9-10		

	P. YUN-NAN 雲南	LATITUDE.	LONG. E. G.	ANNÉE.	M. SOL.	JOUR.	NOTE.
5095	V. Tch'eng-kiang F. 澂江府	24° 42'.	103° 04'.	1833 ap. J.-C.	10-11		
6	,, ,,	,,	,,	1834 ,,	9	17	
7	,, ,,	,,	,,	1844 ,,	9-10		
8	,, ,,	,,	,,	1846 ,,	4-5		
9	,, ,, V. Kiang-tch'oan H. 江川縣	24° 32'.	102° 58'.	1600 ,,			(1)
5100	,, ,, ,, ,,	,,	,,	1761 ,,	5-6		
1	,, ,, ,, ,,	,,	,,	,, ,,	10-11		
2	,, ,, ,, ,,	,,	,,	1763 ,,	12		Gr.
3	,, ,, ,, ,,	,,	,,	1799 ,,	8		
4	,, ,, ,, ,,	,,	,,	1833 ,,	9	6	
5	,, ,, ,, ,,	,,	,,	,, ,,	9-10		
6	,, ,, ,, ,,	,,	,,	,, ,,	10-11		
7	,, ,, V. Sin-hing T. 新興州	24° 30'.	102° 40'.	1507 ,,	11	4	Pl. jrs.
8	,, ,, ,, ,,	,,	,,	1517 ,,	7	12	
9	,, ,, ,, ,,	,,	,,	1655 ,,	4-5		
5110	,, ,, ,, ,,	,,	,,	1761 ,,	5-6		
1	,, ,, ,, ,,	,,	,,	,, ,,	11-12		Gr.
2	,, ,, ,, ,,	,,	,,	1833 ,,	9	6	
3	,, ,, ,, ,,	,,	,,	,, ,,	9-10		
4	, ,, ,, ,,	,,	,,	,, ,,	10-11		
5	,, ,, V. Lou-nan T. 路南州	24° 48'.	103° 21'.	1596 ,,	8-9		
5116	,, ,, ,, ,,	,,	,,	1597 ,,	10	8	

(1) Aff. mont. Si Chan 西山.

	P. YUN-NAN 雲南				LATITUDE.	LONG. E. G.	ANNÉE.	M. SOL.	JOUR.	NOTE.
5117	Tch'eng-kiang F.	澂江府	V. Lou-nan T.	路南州	24° 48'.	103° 21'.	1724 ap. J.-C.	12		
8	,,	,,	,,	,,	,,	,,	1750 ,,	9		
9	,,	,,	,,	,,	,,	,,	1833 ,,	9	6	
5120	,,	,,	,,	,,	,,	,,	,, ,,	9-10		
1	,,	,,	,,	,,	,,	,,	,, ,,	10-11		
2	V. King-tong t*.	景東廳			24° 31'.	101° 04'.	1499 ,,	7-8		
3	,,	,,			,,	,,	1515 ,,	6-7		
4	,,	,,			,,	,,	1517 ,,	1	4	
5	,,	,,			,,	,,	1520 ,,	8	18	
6	,,	,,			,,	,,	1596 ,,	8-9		
7	,,	,,			,,	,,	,, ,,	12		
8	,,	,,			,,	,,	1669 ,,	8-9		
9	,,	,,			,,	,,	1690 ,,	12		
5130	,,	,,			,,	,,	1833 ,,	9	6	
1	,,	,,			,,	,,	,, ,,	9-10		
2	,,	,,			,,	,,	,, ,,	10-11		
3	V. Koang-nan F.	廣南府			24° 10'.	105° 06'.	1833 ,,	9	6	
4	,,	,,			,,	,,	,, ,,	9-10		
5	,,	,,			,,	,,	,, ,,	10-11		
6	V. Koang-si T*.	廣西州			24° 40'.	103° 50'.	1539 ,,	8	8	
7	,,	,,			,,	,,	1692 ,,	Aut.		
5138	,,	,,			,,	,,	1693 ,,			

	P. YUN-NAN 雲南				LATITUDE.	LONG. E. G.	ANNÉE.	M. SOL.	JOUR.	NOTE.
5139	V. Koang-si T*.	廣西州			*24° 40'.*	*103° 50'.*	1713 ap. J.-C.	2-3		
5140	,,	,,			,,	,,	1833 ,,	9	6	
1	,,	,,			,,	,,	,, ,,	9-10		
2	,,	,,			,,	,,	,, ,,	10-11		
3	,,	,,	V. Che-tsong H.	師宗縣	*24° 55'.*	*104° 10'.*	1623 ,,	12	27	
4	,,	,,	V. Mi-lé H.	彌勒縣	*24° 40'.*	*103° 32'.*	1879 ,,	9-10		
5	,,	,,	,,	,,	,,	,,	1882 ,,	1-2		
6	V. Choen-ning F.	順寧府			*24° 38'.*	*100° 08'.*	1471 ,,	1-2		
7	,,	,,			,,	,,	1869 ,,	4-5		
8	,,	,,			,,	,,	1872 ,,	9		
9	,,	,,	V. Yun T.	雲州	*24° 25'.*	*100° 20'.*	1707 ,,	9-10		
5150	,,	,,	,,	,,	,,	,,	1814 ,,	6-7		
1	,,	,,	,,	,,	,,	,,	1818 ,,	Aut.		
2	,,	,,	,,	,,	,,	,,	1833 ,,	9	6	
3	,,	,,	,,	,,	,,	,,	,, ,,	9-10		
4	,,	,,	,,	,,	,,	,,	,, ,,	10-11		
5	V. K'iu-tsing F.	曲靖府			*25° 32'.*	*103° 50'.*	1494 ,,	3	24	
6	,,	,,			,,	,,	1537 ,,	10-11		
7	,,	,,			,,	,,	1560 ,,	2-3		
8	,,	,,			,,	,,	1599 ,,	10	16	
9	,,	,,			,,	,,	1612 ,,	3	12	Gr.
5160	,,	,,			,,	,,	,, ,,	,,	13	

	P. YUN-NAN 雲南				LATITUDE.	LONG. E. G.	ANNÉE.	M. SOL.	JOUR.	NOTE.
5161	V. K'iu-tsing F.	曲靖府			25° 32'.	103° 50'.	1612 ap. J.-C.	6	3	
2	,,	,,			,,	,,	,, ,,	,,	23	Gr.
3	,,	,,			,,	,,	1620 ,,	11-12		
4	,,	,,			,,	,,	1713 ,,	2-3		
5	,,	,,			,,	,,	1859 ,,	7-8		
6	,,	,,			,,	,,	1866 ,,	6-7		
7	,,	,,	V. P'ing-y H.	平彝縣	25° 40'.	104° 10'.	1833 ,,	9	6	
8	,,	,,	,,	,,	,,	,,	,, ,,	9-10		
9	,,	,,	,,	,,	,,	,,	,, ,,	10-11		
5170	,,	,,	,,	,,	,,	,,	1859 ,,	7-8		
1	,,	,,	V. Tchan-y T.	霑益州	25° 38'.	103° 41'.	1537 ,,	10-11		
2	,,	,,	,,	,,	,,	,,	1563 ,,	3-4		
3	,,	,,	,,	,,	,,	,,	1713 ,,	2-3		
4	,,	,,	,,	,,	,,	,,	1733 ,,	7-8		
5	,,	,,	,,	,,	,,	,,	1735 ,,	8-9		
6	,,	,,	,,	,,	,,	,,	1833 ,,	9	6	
7	,,	,,	,,	,,	,,	,,	,, ,,	9-10		
8	,,	,,	,,	,,	,,	,,	,, ,,	10-11		
9	,,	,,	V. Lou-liang T.	陸涼州	25° 08'.	103° 44'.	1537 ,,	10-11		
5180	,,	,,	,,	,,	,,	,,	1563 ,,	2-3		
1	,,	,,	,,	,,	,,	,,	1833 ,,	9	6	
5182	,,	,,	,,	,,	,,	,,	,, ,,	9-10		

	P. YUN-NAN 雲南				LATITUDE.	LONG. E. G.	ANNÉE.	M. SOL.	JOUR.	NOTE.
5183	K'iu-tsing F.	曲靖府	V. Lou-liang T.	陸涼州	25° 08'.	103° 44'.	1833 ap. J.-C.	10-11		
4	,,	,,	V. Louo-p'ing T.	羅平州	24° 58'.	104° 18'.	1537 ,,	10-11		
5	,,	,,	,,	,,	,,	,,	1833 ,,	9	6	
6	,,	,,	,,	,,	,,	,,	,, ,,	9-10		
7	,,	,,	,,	,,	,,	,,	,, ,,	10-11		
8	,,	,,	V. Ma-long T.	馬龍州	25° 29'.	103° 37'.	1537 ,,	10-11		
9	,,	,,	,,	,,	,,	,,	1713 ,,	2-3		
5190	,,	,,	,,	,,	,,	,,	1833 ,,	9	6	
1	,,	,,	,,	,,	,,	,,	,, ,,	9-10		
2	,,	,,	,,	,,	,,	,,	,, ,,	10-11		
3	,,	,,	V. Siun-tien T.	尋甸州	25° 38'.	103° 19'.	1600 ,,	9-10		
4	,,	,,	,,	,,	,,	,,	1601 ,,	8	27	
5	,,	,,	,,	,,	,,	,,	1620 ,,	11-12		
6	,,	,,	,,	,,	,,	,,	1713 ,,	2-3		
7	,,	,,	,,	,,	,,	,,	1724 ,,	12		
8	,,	,,	,,	,,	,,	,,	1833 ,,	9	6	Gr.
9	,,	,,	,,	,,	,,	,,	,, ,,	9-10		
5200	,,	,,	,,	,,	,,	,,	,, ,,	10-11		
1	V. Ou-ting T*.	武定州			25° 32'.	102° 33'.	1515 ,,	6	17	
2	,,	,,			,,	,,	1607 ,,	5-6		
3	,,	,,			,,	,,	1612 ,,	3	12	Gr.
5204	,,	,,			,,	,,	,, ,,	,,	13	

	P. YUN-NAN 雲南				LATITUDE.	LONG. E. G.	ANNÉE.	M. SOL.	JOUR.	NOTE.
5205	V. Ou-ting T*.	武定州			25° 32'.	102° 33'.	1612 ap. J.-C.	6	23	
6	,,	,,			,,	,,	1644 ,,	8	2	
7	,,	,,			,,	,,	1652 ,,	7-8		
8	,,	,,			,,	,,	1820 ,,	3-4		
9	,,	,,			,,	,,	1833 ,,	9	6	
5210	,,	,,			,,	,,	,, ,,	9-10		
1	,,	,,			,,	,,	,, ,,	10-11		
2	,,	,,			,,	,,	1877 ,,	8-9		
3	,,	,,	V. Yuen-meou H.	元謀縣	25° 38'.	102° 03'.	1515 ,,	6	17	
4	,,	,,	,,	,,	,,	,,	1680 ,,	12		
5	,,	,,	,,	,,	,,	,,	1852 ,,	8-9		
6	,,	,,	V. Lou-k'iuen H.	祿勸縣	25° 35'.	102° 34'.	1716 ,,	11-12		
7	,,	,,	,,	,,	,,	,,	1820 ,,	3-4		
8	,,	,,	,,	,,	,,	,,	1833 ,,	9	6	
9	,,	,,	,,	,,	,,	,,	,, ,,	9-10		
5220	,,	,,	,,	,,	,,	,,	,, ,,	10-11		
1	V. Li-kiang F.	麗江府			26° 52'.	100° 27'.	1480 ,,	5-6		(1)
2	,,	,,			,,	,,	1515 ,,	6	17	
3	,,	,,			,,	,,	1624 ,,	7-8		
4	,,	,,	V. Ho-k'ing T.	鶴慶州	26° 32'.	100° 22'.	1474 ,,	5	13	
5	,,	,,	,,	,,	,,	,,	,, ,,	10	27	
5226	,,	,,	,,	,,	,,	,,	1511 ,,	11	17	

(1) Aff. mont.

	P. YUN-NAN 雲南				LATITUDE.	LONG. E. G.	ANNÉE.		M. SOL.	JOUR.	NOTE.
5227	Li-kiang F.	麗江府	V. Ho-k'ing T.	鶴慶州	*26° 32'.*	*100° 22'.*	1515	ap. J.-C.	6	17	
8	,,	,,	,,	,,	,,	,,	1520	,,	3	26	
9	,,	,,	,,	,,	,,	,,	1688	,,	4		
5230	,,	,,	,,	,,	,,	,,	1833	,,	9	6	
1	,,	,,	,,	,,	,,	,,	,,	,,	9-10		
2	,,	,,	,,	,,	,,	,,	,,	,,	10-11		
3	,,	,,	V. Kien-tch'oan T.	劍川州	*26° 35'.*	*100° 06'.*	1501	,,	2	3	
4	,,	,,	,,	,,	,,	,,	1511	,,	11	17	
5	,,	,,	,,	,,	,,	,,	1688	,,	5-6		
6	,,	,,	,,	,,	,,	,,	1714	,,	11-12		
7	,,	,,	,,	,,	,,	,,	,,	,,	12		
8	,,	,,	,,	,,	,,	,,	1751	,,	5	30	
9	V. Yuen-kiang T*.	元江州			*23° 36'.*	*102° 11'.*	1833	,,	9	6	
5240	,,	,,			,,	,,	,,	,,	9-10		
1	,,	,,			,,	,,	,,	,,	10-11		
2	,,	,,			,,	,,	1834	,,	Ét.		
3	,,	,,			,,	,,	1866	,,	6-7		
4	,,	,,			,,	,,	1870	,,	6-7		
5	,,	,,			,,	,,	1883	,,	11		
6	,,	,,	V. Sin-p'ing H.	新平縣	*24° 12'.*	*102° 08'.*	1799	,,	8		
7	,,	,,	,,	,,	,,	,,	1800	,,	4-5		
5248	,,	,,	,,	,,	,,	,,	1803	,,	1-2		

	P. YUN-NAN 雲南				LATITUDE.	LONG. E. G.	ANNÉE.	M. SOL.	JOUR.	NOTE.
5249	Yuen-kiang T*.	元江州	V. Sin-p'ing H.	新平縣	*24° 12'.*	*102° 08'.*	1870 ap. J.-C.	6-7		
5250	,,	,,	,,	,,	,,	,,	1884 ,,	1-2		
1	,,	,,	,,	,,	,,	,,	,, ,,	10-11		
2	V. P'ou-eul F.	普洱府			*23° 02'.*	*101° 10'.*	1848 ,,	8-9		
3	,,	,,			,,	,,	1850 ,,	2	4	
4	,,	,,			,,	,,	,, ,,	Aut.		
5	,,	,,			,,	,,	1875 ,,	8		
6	,,	,,			,,	,,	1876 ,,	1-2		
7	,,	,,			,,	,,	1884 ,,	10-11		
8	,,	,,	V. Se-mao t.	思茅廳	*23° 30'.*	*101° 40'.*	1846 ,,	2-3		
9	,,	,,	,,	,,	,,	,,	1884 ,,	10-11		
5260	V. Mong-hoa t*.	蒙化廳			*25° 18'.*	*100° 30'.*	1499 ,,	7	17	Gr.
1	,,	,,			,,	,,	1515 ,,	6		,,
2	,,	,,			,,	,,	1517 ,,	1	4	
3	,,	,,			,,	,,	1518 ,,	7	8	
4	,,	,,			,,	,,	,, ,,	11	30	
5	,,	,,			,,	,,	,, ,,	12	9	
6	,,	,,			,,	,,	1520 ,,	3	26	
7	,,	,,			,,	,,	1586 ,,	3-4		
8	,,	,,			,,	,,	1652 ,,	7-8		
9	,,	,,			,,	,,	1751 ,,	5	25	
5270	,,	,,			,,	,,	1833 ,,	9	6	

	P. YUN-NAN 雲南	LATITUDE.	LONG. E. G.	ANNÉE.	M. SOL.	JOUR.	NOTE.
5271	V. Mong-hoa t*. 蒙化廳	*25° 18'.*	*100° 30'.*	1833 ap. J.-C.	9-10		
2	,, ,,	,,	,,	,, ,,	10-11		
3	V. Yong-tchang F. 永昌府	*25° 05'.*	*99° 26'.*	1458 ,,	8-9		
4	,, ,,	,,	,,	1512 ,,	10	8	
5	,, ,,	,,	,,	,, ,,	,,	9	
6	,, ,,	,,	,,	1515 ,,	5	17	
7	,, ,,	,,	,,	1526 ,,	5	21	
8	,, ,,	,,	,,	1548 ,,	6-7		
9	,, ,,	,,	,,	1553 ,,	4-5		
5280	,, ,,	,,	,,	1579 ,,	1		
1	,, ,,	,,	,,	1588 ,,	1		
2	,, ,,	,,	,,	,, ,,	7-8		
3	,, ,,	,,	,,	1599 ,,	10-11		
4	,, ,,	,,	,,	1609 ,,	2	4	
5	,, ,,	,,	,,	,, ,,	,,	5	
6	,, ,,	,,	,,	1614 ,,	7	7	
7	,, ,,	,,	,,	1689 ,,	10-11		
8	,, ,,	,,	,,	1713 ,,	4-5		
9	,, ,,	,,	,,	1833 ,,	9	6	
5290	,, ,,	,,	,,	,, ,,	9-10		
1	,, ,,	,,	,,	,, ,,	10-11		
5292	,, ,, V. Yong-p'ing H. 永平縣	*25° 30'.*	*99° 48'.*	1558 ,,	5-6		

	P. YUN-NAN 雲南				LATITUDE.	LONG. E. G.	ANNÉE.		M. SOL.	JOUR.	NOTE.
5293	Yong-tchang F.	永昌府	V. Yong-p'ing H.	永平縣	25° 30'.	99° 48'.	1563	ap. J.-C.	1-2		
4	,,	,,	,,	,,	,,	,,	1876	,,	8	4	Gr.
5	,,	,,	V. Teng-yué t.	騰越廳	24° 58'.	98° 45'.	1478	,,	8-9		
6	,,	,,	,,	,,	,,	,,	1502	,,	9		
7	,,	,,	,,	,,	,,	,,	1612	,,	10	7	
8	,,	,,	,,	,,	,,	,,	,,	,,	,,	8	
9	,,	,,	,,	,,	,,	,,	1526	,,	5	21	
5300	,,	,,	,,	,,	,,	,,	1553	,,	4-5		
1	,,	,,	,,	,,	,,	,,	1576	,,	9-10		
2	,,	,,	,,	,,	,,	,,	1577	,,	3	12	
3	,,	,,	,,	,,	,,	,,	,,	,,	,,	13	
4	,,	,,	,,	,,	,,	,,	1581	,,	3-4		
5	,,	,,	,,	,,	,,	,,	1585	,,	Hiv.		
6	,,	,,	,,	,,	,,	,,	1586	,,	4-5		
7	,,	,,	,,	,,	,,	,,	1587	,,	8-9		
8	,,	,,	,,	,,	,,	,,	1588	,,	1		
9	,,	,,	,,	,,	,,	,,	1591	,,	8-9		
5310	,,	,,	,,	,,	,,	,,	1609	,,	1	7	
1	,,	,,	,,	,,	,,	,,	1617	,,	8		
2	,,	,,	,,	,,	,,	,,	1621	,,	7-8		
3	,,	,,	,,	,,	,,	,,	1786	,,	6-7		
5314	,,	,,	,,	,,	,,	,,	1876	,,	1	1	

	P. YUN-NAN 雲南				LATITUDE.	LONG. E. G.	ANNÉE.	M. SOL.	JOUR.	NOTE.
5315	Yong-tchang F.	永昌府	V. Teng-yué t.	騰越廳	*24° 58'.*	*98° 45'.*	1881 ap. J.-C.	3		
6	,,	,,	,,	,,	,,	,,	1883 ,,	10		
7	V. Yong-pé t*.	永北廳			*26° 50'.*	*101° 15'.*	1511 ,,	6	1	Gr.
8	,,	,,			,,	,,	1833 ,,	9	6	
9	,,	,,			,,	,,	,, ,,	9-10		
5320	,,	,,			,,	,,	,, ,,	10-11		
1	,,	,,			,,	,,	1850 ,,	Aut.		
2	,,	,,			,,	,,	1881 ,,	7-8		
3	V. K'ai-hoa F.	開化府			*23° 10'.*	*104° 50'.*	1833 ,,	9	6	
4	,,	,,			,,	,,	,, ,,	9-10		
5	,,	,,			,,	,,	,, ,,	10-11		
6	,,	,,			,,	,,	1883 ,,	11		
7	V. Tong-tch'oan F.	東川府			*26° 21'.*	*103° 26'.*	1732 ,,	1	29	
8	,,	,,			,,	,,	1733 ,,	7-8		
9	,,	,,			,,	,,	1788 ,,	6-7		
5330	,,	,,			,,	,,	1833 ,,	9	6	
1	,,	,,			,,	,,	,, ,,	9-10		
2	,,	,,			,,	,,	,, ,,	10-11		
3	V. Tchen-yuen t*.	鎮沅廳			*23° 47'.*	*101° 06'.*	1833 ,,	9	6	
4	,,	,,			,,	,,	,, ,,	9-10		
5	,,	,,			,,	,,	,, ,,	10-11		
5336	V. Tchao-tong F.	昭通府			*27° 20'.*	*103° 50'.*	1833 ,,	9	6	

	P. YUN-NAN 雲南	LATITUDE.	LONG. E. G.	ANNÉE.	M. SOL.	JOUR.	NOTE.
5337	V. Tchao-t'ong F. 昭通府	*27° 20'.*	*103° 50'.*	1833 ap. J.-C.	9-10		
5338	,, ,,	,,	,,	,, ,,	10-11		

XVII. TREMBLEMENTS DE TERRE DANS LA PROVINCE DU KOEI-TCHEOU 貴州.

	P. KOEI-TCHEOU 貴州				LATITUDE.	LONG. E. G.	ANNÉE.	M. SOL.	JOUR.	NOTE.
5339	V. Koei-yang F.	貴陽府			*26° 30'.*	*106° 36'.*	1501 ap. J.-C.	9	9	
5340	,,	,,			,,	,,	1526 ,,	5	30	(1)
1	,,	,,			,,	,,	1681 ,,	10-11		
2	,,	,,	V. Ting-fan T.	定番州	*26° 06'.*	*106° 32'.*	1601 ,,	7		
3	,,	,,	V. Koang-choen T.	廣順州	*26° 08'.*	*106° 14'.*	1690 ,,	10	31	
4	,,	,,	,,	,,	,,	,,	1819 ,,	9	14	
5	V. Se-nan F.	思南府			*27° 56'.*	*108° 26'.*	1536 ,,	2-3		
6	,,	,,			,,	,,	,, ,,	7-8		
7	,,	,,			,,	,,	1640 ,,			
8	Tchen-yuen F.	鎮遠府	V. T'ien-tchou H.	天柱縣	*26° 45'.*	*108° 58'.*	1542 ,,			
9	,,	,,	,,	,,	,,	,,	1631 ,,	7-8		
5350	,,	,,	,,	,,	,,	,,	1632 ,,			
1	,,	,,	V. Hoang-p'ing T.	黃平州	*26° 30'.*	*106° 48'.*	1579 ,,	9-10		
2	V. Ngan-choen F.	安順府			*26° 13'.*	*105° 53'.*	1532 ,,	1	6	
3	,,	,,	V. Ts'ing-tchen H.	清鎮縣	*26° 35'.*	*106° 25'.*	1561 ,,	3	16	
4	,,	,,	,,	,,	,,	,,	1563 ,,	3-4		
5	Hing-y F.	興義府	V. Ngan-nan H.	安南縣	*25° 48'.*	*105° 13'.*	1495 ,,	10	2	
6	,,	,,	,,	,,	,,	,,	1525 ,,	5	21	
7	,,	,,	,,	,,	,,	,,	,, ,,	,,	30	
8	V. Tou-yun F.	都匀府			*26° 12'.*	*107° 22'.*	1495 ,,	11-12		
9	,,	,,			,,	,,	1511 ,,	9-10		
5360	,,	,,			,,	,,	1564 ,,			

(1) Aff. mont.

	P. KOEI-TCHEOU 貴州				LATITUDE.	LONG. E. G.	ANNÉE.	M. SOL.	JOUR.	NOTE.
5361	V. Tou-yun F.	都勻府			*26° 12'.*	*107° 22'.*	1565 ap. J.-C.	7-8		
2	,,	,,			,,	,,	1615 ,,			
3	Ta-ting F.	大定府	V. Pi-tsi H.	畢節縣	*27° 12'.*	*105° 13'.*	1308 ,,	6-7		Gr.
4	,,	,,	,,	,,	,,	,,	1621 ,,	9-10		
5	,,	,,	V. Wei-ning T.	威寧州	*26° 43'.*	*104° 15'.*	1308 ,,	6-7		Gr.
6	,,	,,	,,	,,	,,	,,	1501 ,,	8-9		(1)
7	V. Tsuen-y F.	遵義府			*27° 38'.*	*106° 58'.*	1536 ,,	3-4		
5368	,,	,,			,,	,,	1618 ,,			

(1) Aff. mont..

XVIII. TREMBLEMENTS DE TERRE DANS LA PROVINCE DU FOU-KIEN 福建.

	P. FOU-KIEN 福建		LATITUDE.	LONG. E. G.	ANNÉE.		M. SOL.	JOUR.	NOTE.
5369	V. Fou-tcheou F.	福州府	26° 03'.	119° 25'.	933	ap. J.-C.	6		
5370	,,	,,	,,	,,	1163	,,	2-3		
1	,,	,,	,,	,,	1164	,,	1-2		
2	,,	,,	,,	,,	1185	,,	6	8	
3	,,	,,	,,	,,	1274	,,	11	22	
4	,,	,,	,,	,,	,,	,,	,,	26	
5	,,	,,	,,	,,	1275	,,	4	1	
6	,,	,,	,,	,,	1367	,,	11	5	
7	,,	,,	,,	,,	1368	,,	1	8	
8	,,	,,	,,	,,	1373	,,	6	23	
9	,,	,,	,,	,,	,,	,,	10-11		
5380	,,	,,	,,	,,	1381	,,	1	13	
1	,,	,,	,,	,,	1485	,,	1	11	
2	,,	,,	,,	,,	,,	,,	11	6	
3	,,	,,	,,	,,	1486	,,	7	6	
4	,,	,,	,,	,,	,,	,,	10	21	
5	,,	,,	,,	,,	1500	,,	3-4		
6	,,	,,	,,	,,	1501	,,	2	15	
7	,,	,,	,,	,,	1511	,,	8-9		
8	,,	,,	,,	,,	1516	,,	8-9		
9	,,	,,	,,	,,	1517	,,	5	9	
5390	,,	,,	,,	,,	1518	,,	6-7		

	P. FOU-KIEN 福建		LATITUDE.	LONG. E. G.	ANNÉE.		M. SOL.	JOUR.	NOTE.
5391	V. Fou-tcheou F.	福州府	*26° 03'.*	*119° 25'.*	1519	ap. J.-C.	10	18	
2	,,	,,	,,	,,	1543	,,	5	9	
3	,,	,,	,,	,,	1550	,,			Gr.
4	,,	,,	,,	,,	1562	,,	2	4	
5	,,	,,	,,	,,	1566	,,	1	21	
6	,,	,,	,,	,,	1574	,,	8-9		Gr.
7	,,	,,	,,	,,	1575	,,	7	28	
8	,,	,,	,,	,,	1589	,,	9-10		Pl. jrs.
9	,,	,,	,,	,,	1596	,,	10-11		
5400	,,	,,	,,	,,	,,	,,	12		
1	,,	,,	,,	,,	1600	,,	11-12		
2	,,	,,	,,	,,	1601	,,	11	5	
3	,,	,,	,,	,,	1604	,,	12	29	Gr.
4	,,	,,	,,	,,	,,	,,	,,	30	
5	,,	,,	,,	,,	1626	,,	10	24	
6	,,	,,	,,	,,	1636	,,	4	28	
7	,,	,,	,,	,,	1637	,,	3	15	
8	,,	,,	,,	,,	1641	,,	4	12	
9	,,	,,	,,	,,	,,	,,	7	9	
5410	,	,,	,,	,,	1646	,,	7	8	
1	,,	,,	,,	,,	,,	,,	8	11	
5412	,,	,,	,,	,,	1661	,,	6	22	

	P. FOU-KIEN 福建				LATITUDE.	LONG. E. G.	ANNÉE.	M. SOL.	JOUR.	NOTE.
5413	V. Fou-tcheou F.	福州府			*26° 03'.*	*119° 25'.*	1662 ap. J.-C.	2	18	
4	,,	,,			,,	,,	1691 ,,	4	15	
5	,,	,,			,,	,,	1705 ,,	11-12		
6	,,	,,	V. Tch'ang-lo H.	長樂縣	*25° 55'.*	*119° 20'.*	1482 ,,			(1)
7	,,	,,	V. Lien-kiang H.	連江縣	*26° 08'.*	*119° 20'.*	1672 ,,	12	5	Gr. Pl. jrs.
8	,,	,,	V. Lou-yuen H.	羅源縣	*26° 26'.*	*119° 45'.*	1542 ,,			(2)
9	,,	,,	,,	,,	,,	,,	1674 ,,	1	7	
5420	V. Ts'iuen-tcheou F.	泉州府			*24° 56'.*	*118° 51'.*	1068 ,,	Aut.		
1	,,	,,			,,	,,	1290 ,,	3	21	
2	,,	,,			,,	,,	,, ,,	,,	23	
3	,,	,,			,,	,,	,, ,,	,,	24	
4	,,	,,			,,	,,	1388 ,,	6	3	
5	,,	,,			,,	,,	,, ,,	7	1	
6	,,	,,			,,	,,	,, ,,	9		
7	,,	,,			,,	,,	1486 ,,	7	6	
8	,,	,,			,,	,,	,, ,,	10	21	
9	,,	,,			,,	,,	1501 ,,	2	15	
5430	,,	,,			,,	,,	1517 ,,	5	9	
1	,,	,,			,,	,,	1519 ,,	10	18	
2	,,	,,			,,	,,	1543 ,,	5	9	
3	,,	,,			,,	,,	1544 ,,	1-2		
5434	,,	,,			,,	,,	1566 ,,	1	21	

(1) (2) Aff. mont.

	P. FOU-KIEN 福建				LATITUDE.	LONG. E. G.	ANNÉE.	M. SOL.	JOUR.	NOTE.
5435	V. Ts'iuen-tcheou F. 泉州府				24° 56'.	118° 51'.	1567 ap. J.-C.	3	9	
6	,,	,,			,,	,,	,, ,,	,,	31	Lég.
7	,,	,,			,,	,,	,, ,,	5	11	
8	,,	,,			,,	,,	1604 ,,	7	4	
9	,,	,,			,,	,,	,, ,,	,,	5	
5440	,,	,,			,,	,,	1607 ,,	2-3		
1	,,	,,			,,	,,	1609 ,,	6	7	
2	,,	,,			,,	,,	1632 ,,	2	10	
3	,,	,,			,,	,,	,, ,,	3	22	
4	,,	,,			,,	,,	1671 ,,	11		
5	,,	,,			,,	,,	1673 ,,	5	2	
6	,,	,,			,,	,,	1686 ,,	8-9		
7	,,	,,			,,	,,	1711 ,,	7-8		
8	,,	,,			,,	,,	,, ,,	8-9		
9	,,	,,			,,	,,	1713 ,,	2-3		
5450	,,	,,	V. Nan-ngan H.	南安縣	25° 07'.	118° 20'.	1785 ,,	3-4		
1	,,	,,	V. Hoei-ngan H.	惠安縣	25° 02'.	119° 02'.	1594 ,,	5-6		
2	,,	,,	,,	,,	,,	,,	1603 ,,	8-9		
3	,,	,,	V. Ngan-k'i H.	安溪縣	25° 12'.	118° 10'.	1501 ,,			(1)
4	,,	,,	,,	,,	,,	,,	1516 ,,	8-9		(2)
5	,,	,,	,,	,,	,,	,,	1519 ,,	10	18	
5456	,,	,,	,,	,,	,,	,,	1520 ,,	4	12	Gr.

(1) (2) Aff. mont. Ou Chan 午山.

	P. FOU-KIEN 福建				LATITUDE.	LONG. E. G.	ANNÉE.		M. SOL.	JOUR.	NOTE.
5457	Ts'iuen-tcheou F.	泉州府	V. Ngan-k'i H.	安溪縣	25° 12'.	118° 10'.	1594	ap. J.-C.	12		Gr.
8	,,	,,	,,	,,	,,	,,	1600	,,	9-10		
9	,,	,,	,,	,,	,,	,,	1671	,,	11		
5460	,,	,,	V. T'ong-ngan H.	同安縣	24° 44'.	118° 29'.	1366	,,	8-9		(1)
1	,,	,,	,,	,,	,,	,,	1600	,,	9-10		
2	V. Kien-ning F.	建寧府			27° 04'.	118° 25'.	287	,,	6	4	
3	,,	,,			,,	,,	1068	,,	Aut.		
4	,,	,,			,,	,,	1202	,,	7	25	(2)
5	,,	,,			,,	,,	1600	,,	9	29	
6	,,	,,			,,	,,	1604	,,	12	29	
7	,,	,,			,,	,,	1666	,,	10	22	
8	,,	,,	V. Song-k'i H.	松溪縣	27° 36'.	118° 46'.	1604	,,	12	29	
9	V. Yen-p'ing F.	延平府			26° 38'.	118° 18'.	1360	,,	2-3		
5470	,,	,,			,,	,,	1517	,,	5	9	
1	,,	,,			,,	,,	1604	,,	12	29	
2	,,	,,			,,	,,	1652	,,	2	5	
3	,,	,,			,,	,,	1659	,,	12	25	
4	,,	,,			,,	,,	1711	,,	6	26	
5	,,	,,			,,	,,	,,	,,	10-11		
6	,,	,,	V. Cha H.	沙縣	26° 23'.	117° 56'.	1517	,,	5	9	
7	,,	,,	,,	,,	,,	,,	1533	,,	Hiv.		
5478	,,	,,	,,	,,	,,	,,	1604	,,			

(1) Aff. mont. San-sieou Chan 三秀山.

(2) Aff. mont.

	P. FOU-KIEN 福建				LATITUDE.	LONG. E. G.	ANNÉE.		M. SOL.	JOUR.	NOTE.
5479	V. Yen-p'ing F.	延平府	V. Cha H.	沙縣	26° 23'.	117° 56'.	1608	ap. J.-C.			
5480	,,	,,	,,	,,	,,	,,	1641	,,	1	19	
1	,,	,,	,,	,,	,,	,,	1651	,,	1	14	
2	,,	,,	,,	,,	,,	,,	1711	,,	6	26	
3	,,	,,	,,	,,	,,	,,	,,	,,	10-11		
4	,,	,,	V. Yeou-k'i H.	尤溪縣	26° 15'.	118° 10'.	1711	,,	6	26	
5	,,	,,	,,	,,	,,	,,	,,	,,	10-11		
6	,,	,,	V. Choen-tch'ang H.	順昌縣	26° 48'.	117° 58'.	1360	,,	2-3		
7	V. T'ing-tcheou F.	汀州府			25° 45'.	116° 30'.	1574	,,	3	10	
8	,,	,,			,,	,,	1575	,,	7	28	
9	,,	,,			,,	,,	1600	,,	9	29	
5490	,,	,,			,,	,,	1605	,,	12		
1	,,	,,			,,	,,	1636	,,	1-2		
2	,,	,,			,,	,,	1640	,,	8	31	
3	,,	,,	V. Ning-hoa H.	寧化縣	26° 13'.	116° 49'.	1646	,,	8	9	
4	,,	,,	,,	,,	,,	,,	1651	,,	1	15	Gr.
5	,,	,,	,,	,,	,,	,,	,,	,,	2	16	
6	,,	,,	,,	,,	,,	,,	1659	,,	12	25	
7	,,	,,	V. Chang-hang H.	上杭縣	25°	116° 32'.	1639	,,	6		
8	,,	,,	,,	,,	,,	,,	1671	,,	5-6		
9	,,	,,	V. Ou-p'ing H.	武平縣	25° 05'.	115° 23'.	1290	,,	9	17	
5500	,,	,,	,,	,,	,,	,,	,,	,,	,,	27	Gr.

	P. FOU-KIEN 福建				LATITUDE.	LONG. E. G.	ANNÉE.	M. SOL.	JOUR.	NOTE.
5501	T'ing-tcheou F.	汀州府	V. Ou-p'ing H.	武平縣	*25° 05'.*	*115° 23'.*	1290 ap. J.-C.	10	12	
2	,,	,,	V. Yong-ting H.	永定縣	*24° 45'.*	*116° 53'.*	1791 ,,	3-4		
3	V. Hing-hoa F.	興化府			*25° 25'.*	*119° 17'.*	1068 ,,	Aut.		
4	,,	,,			,,	,,	1365 ,,	10-11		
5	,,	,,			,,	,,	1486 ,,	7	6	
6	,,	,,			,,	,,	,, ,,	10	21	
7	,,	,,			,,	,,	1501 ,,	2	15	
8	,,	,,			,,	,,	1517 ,,	5	9	
9	,,	,,			,,	,,	1519 ,,	10	18	
5510	,,	,,			,,	,,	1520 ,,	4	12	Gr.
1	,,	,,			,,	,,	1543 ,,	5	9	
2	,,	,,			,,	,,	1553 ,,	10-11		
3	,,	,,			,,	,,	1566 ,,	1	21	
4	,,	,,			,,	,,	1575 ,,	9	8	
5	,,	,,			,,	,,	1603 ,,	12		
6	,,	,,			,,	,,	1604 ,,	12	29	
7	,,	,,			,,	,,	,, ,,	,,	30	
8	,,	,,			,,	,,	1609 ,,	6	7	
9	,,	,,			,,	,,	1643 ,,	Hiv.		Gr.
5520	,,	,,			,,	,,	1686 ,,	8-9		
1	,,	,,			,,	,,	1705 ,,	11-12		
5522	,,	,,			,,	,,	1732 ,,	10	27	

	P. FOU-KIEN 福建				LATITUDE.	LONG. E. G.	ANNÉE.	M. SOL.	JOUR.	NOTE.
5523	V. Hing-hoa F.	興化府			25° 25'.	119° 17'.	1808 ap. J.-C.	6	1	
4	,,	,,			,,	,,	1809 ,,	3	28	
5	,,	,,			,,	,,	,, ,,	7	30	Gr.
6	,,	,,			,,	,,	,, ,,	8	7	
7	,,	,,			,,	,,	,, ,,	,,	8	
8	,,	,,			,,	,,	1811 ,,	3	18	Gr.
9	,,	,,			,,	,,	1814 ,,	11	24	,,
5530	,,	,,			,,	,,	1822 ,,	6	21	,,
1	,,	,,			,,	,,	1823 ,,	11	17	,,
2	,,	,,			,,	,,	1827 ,,	1	16	,,
3	,,	,,	V. Sien-yeou H.	仙遊縣	25° 18'.	118° 58'.	1517 ,,	5	9	
4	,,	,,	,,	,,	,,	,,	,, ,,	,,	10	
5	,,	,,	,,	,,	,,	,,	1697 ,,	1	31	
6	,,	,,	,,	,,	,,	,,	1731 ,,	10	22	
7	V. Chao-ou F.	邵武府			27° 22'.	117° 33'.	1068 ,,	Aut.		
8	,,	,,			,,	,,	1346 ,,	9	28	
9	,,	,,			,,	,,	1474 ,,	1-2		
5540	,,	,,			,,	,,	1601 ,,	11	5	
1	,,	,,			,,	,,	1604 ,,	6-7		
2	,,	,,			,,	,,	,, ,,	9	19	
3	,,	,,			,,	,,	1651 ,,	1	17	
5544	,,	,,	V. Koang-tché H.	光澤縣	27° 32'.	117° 28'.	,, ,,	,,	,,	

	P. FOU-KIEN 福建				LATITUDE.	LONG. E. G.	ANNÉE.		M. SOL.	JOUR.	NOTE.
5545	Chao-ou F.	邵武府	V. T'ai-ning H.	泰寧縣	26° 55'.	117° 18'.	1651	ap. J.-C.	1	17	
6	,,	,,	V. Kien-ning H.	建寧縣	26° 49'.	116° 59'.	,,	,,	,,	,,	
7	V. Tchang-tcheou F.	漳州府			24° 31'.	117° 43'.	1068	,,	Aut.		
8	,,	,,			,,	,,	1445	,,	12	12	Pl. jrs.
9	,,	,,			,,	,,	1486	,,	7	6	
5550	,,	,,			,,	,,	,,	,,	10	21	
1	,,	,,			,,	,,	1501	,,	2	15	
2	,,	,,			,,	,,	1520	,,	3	14	
3	,,	,,			,,	,,	1543	,,	5	9	
4	,,	,,			,,	,,	1549	,,	10-11		
5	,,	,,			,,	,,	1567	,,	3	9	
6	,,	,,			,,	,,	,,	,,	,,	31	
7	,,	,,			,,	,,	,,	,,	5	11	
8	,,	,,			,,	,,	1575	,,	7	28	
9	,,	,,			,,	,,	1600	,,	9	29	Gr.
5560	,,	,,			,,	,,	,,	,,	11-12		
1	,,	,,			,,	,,	1603	,,	11	11	Gr. Pl. jrs.
2	,,	,,			,,	,,	1634	,,	11-12		
3	,,	,,			,,	,,	1651	,,	1	17	
4	,,	,,			,,	,,	1711	,,	8	31	
5	,,	,,			,,	,,	,,	,,	10-11		
5566	,,	,,			,,	,,	1731	,,	10	22	

	P. FOU-KIEN 福建		LATITUDE.	LONG. E. G.	ANNÉE.	M. SOL.	JOUR.	NOTE.
5567	V. Tchang-tcheou F. 漳州府		*24° 31'.*	*117° 43'.*	1749 ap. J.-C.	5	16	
8	,, ,,	V. Tchang-p'ou H. 漳浦縣	*24° 07'.*	*117° 49'.*	1608 ,,	6-7		Gr.
9	,, ,,	,, ,,	,,	,,	1651 ,,	1	17	
5570	,, ,,	,, ,,	,,	,,	1711 ,,	8	31	
1	,, ,,	,, ,,	,,	,,	,, ,,	10-11		
2	,, ,,	V. Nan-tsing H. 南靖縣	*24° 38'.*	*117° 25'.*	1445 ,,	12	12	
3	,, ,,	,, ,,	,,	,,	1651 ,,	1	17	
4	,, ,,	,, ,,	,,	,,	1711 ,,	8	31	
5	,, ,,	,, ,,	,,	,,	,, ,,	10-11		
6	,, ,,	V. Tch'ang-t'ai H. 長泰縣	*24° 37'.*	*117°*	1445 ,,	12	12	
7	,, ,,	,, ,,	,,	,,	1520 ,,	3	14	Gr.
8	,, ,,	,, ,,	,,	,,	1651 ,,	1	17	
9	,, ,,	,, ,,	,,	,,	1711 ,,	8	31	
5580	,, ,,	,, ,,	,,	,,	,, ,,	10-11		
1	,, ,,	V. P'ing-houo H. 平和縣	*24° 18'.*	*117° 13'.*	1519 ,,	8-9		
2	,, ,,	,, ,,	,,	,,	1538 ,,	3-4		
3	,, ,,	,, ,,	,,	,,	1567 ,,	3	9	
4	,, ,,	,, ,,	,,	,,	1651 ,,	1	17	
5	,, ,,	,, ,,	,,	,,	1711 ,,	8	31	
6	,, ,,	,, ,,	,,	,,	,, ,,	10-11		
7	,, ,,	V. Tchao-ngan H. 詔安縣	*23° 43'.*	*117° 18'.*	1602 ,,	4	4	
5588	,, ,,	,, ,,	,,	,,	1651 ,,	1	17	

	P. FOU-KIEN 福建				LATITUDE.	LONG. E. G.	ANNÉE.	M. SOL.	JOUR.	NOTE.
5589	Tchang-tcheou F.	漳州府	V. Tchao-ngan H.	詔安縣	*23° 43'.*	*117° 18'.*	1711 ap. J.-C.	8	31	
5590	,,	,,	,,	,,	,,	,,	,, ,,	10-11		
1	,,	,,	V. Hai-tch'eng H.	海澄縣	*24° 25'.*	*118° 03'.*	1651 ,,	1	17	
2	,,	,,	,,	,,	,,	,,	1711 ,,	8	31	
3	,,	,,	,,	,,	,,	,,	,, ,,	10-11		
4	V. Fou-ning F.	福寧府			*26° 54'.*	*120° 05'.*	1486 ,,	7	6	
5	,,	,,			,,	,,	,, ,,	10	21	
6	,,	,,			,,	,,	1517 ,,	5	9	
7	,,	,,			,,	,,	1528 ,,	4-5		Gr.
8	,,	,,			,,	,,	1589 ,,	8	24	
9	,,	,,			,,	,,	1604 ,,	12	29	Gr.
5600	,,	,,	V. Fou-ting H.	福鼎縣	*27° 30'.*	*120° 20'.*	1811 ,,	10	12	
1	,,	,,	,,	,,	,,	,,	1815 ,,	10	14	Gr.
2	,,	,,	V. Fou-ngan H.	福安縣	*27° 05'.*	*117° 47'.*	1722 ,,	3-4		,,
3	,,	,,	V. Ning-té H.	寧德縣	*26° 37'.*	*119° 18'.*	1709 ,,	Hiv.		,,
4	,,	,,	V. Cheou-ning H.	壽寧縣	*27° 32'.*	*119° 30'.*	1604 ,,	12	29	
5	V. Yong-tch'oen T*.	永春州			*25° 18'.*	*118° 28'.*	1349 ,,	7	16	(1)
6	,,	,,			,,	,,	1486 ,,	7	6	
7	,,	,,			,,	,,	,, ,,	10	21	
8	,,	,,			,,	,,	1567 ,,	2-3		(2)
9	,,	,,	V. Ta-t'ien H.	大田縣	*25° 40'.*	*118° 08'.*	1646 ,,	7	26	
5610	V. Long-yen T*.	龍巖州	,,	,,	*25° 08'.*	*117° 08'.*	1068 ,,	Aut.		

(1) Aff. mont. (2) Tremb. terre et aff. mont.

	P. FOU-KIEN 福建	LATITUDE.	LONG. E. G.	ANNÉE.	M. SOL.	JOUR.	NOTE.
5611	V. Long-yen T*. 龍巖州	*25° 08'.*	*117° 08'.*	1549 ap. J.-C.	11	1	Gr.
2	,, ,,	,,	,,	1633 ,,	2-3		
3	,, ,,	,,	,,	1650 ,,	1	26	Gr.
4	,, ,,	,,	,,	1651 ,,	2	4	
5	,, ,, V. Tchang-p'ing H. 漳平縣	*25° 16'.*	*117° 38'.*	1445 ,,	12	12	
6	,, ,, ,, ,,	,,	,,	1633 ,,	2-3		
7	,, ,, ,, ,,	,,	,,	1634 ,,	11-12		
8	,, ,, ,, ,,	,,	,,	1651 ,,	1	17	Gr.
9	,, ,, V. Ning-yang H. 寧洋縣	*25° 35'.*	*117° 30'.*	1651 ,,	1	17	,,
5620	V. T'ai-wan F. 臺灣府	*22° 58'.*	*120° 14'.*	1686 ,,	5	12	,,
1	,, ,,	,,	,,	1711 ,,	10	22	
2	,, ,,	,,	,,	1720 ,,	10	31	Gr.
3	,, ,,	,,	,,	1721 ,,	1	5	
4	,, ,,	,,	,,	1730 ,,	9	21	
5	,, ,,	,,	,,	1736 ,,	1	29	Gr.
6	,, ,,	,,	,,	1752 ,,	7-8		
7	,, ,,	,,	,,	1776 ,,	12		Gr.
8	,, ,,	,,	,,	1792 ,,	7-8		
5629	,, ,,	,,	,,	1823 ,,	2-3		

XIX. TREMBLEMENTS DE TERRE DANS LA PROVINCE DU SE-TCH'OAN 四川.

	P. SE-TCH'OAN 四川		LATITUDE.	LONG. E. G.	ANNÉE.		M. SOL.	JOUR.	NOTE.
5630	V. Tch'eng-tou F.	成都府	*30° 41'.*	*103° 11'.*	110	ap. J.-C.	10	3	
1	,,	,,	,,	,,	155	,,	7-8		(1)
2	,,	,,	,,	,,	263	,,			
3	,,	,,	,,	,,	294	,,			(2)
4	,,	,,	,,	,,	328	,,	3-4		
5	,,	,,	,,	,,	702	,,	9	12	
6	,,	,,	,,	,,	886	,,	Pr.		
7	,,	,,	,,	,,	1004	,,	3	7	
8	,,	,,	,,	,,	1007	,,	9	6	
9	,,	,,	,,	,,	,,	,,	,,	29	
5640	,,	,,	,,	,,	,,	,,	10	6	
1	,,	,,	,,	,,	1133	,,	8		
2	,,	,,	,,	,,	1163	,,	6-7		
3	,,	,,	,,	,,	1216	,,	3	17	
4	,,	,,	,,	,,	,,	,,	,,	21	
5	,,	,,	,,	,,	,,	,,	,,	30	
6	,,	,,	,,	,,	,,	,,	4	2	
7	,,	,,	,,	,,	,,	,,	,,	7	
8	,,	,,	,,	,,	,,	,,	6	25	
9	,,	,,	,,	,,	,,	,,	,,	26	
5650	,,	,,	,,	,,	,,	,,	11	24	
5651	,,	,,	,,	,,	,,	,,	,,	25	

(1) (2) Aff. mont.

	P. SE-TCH'OAN 四川		LATITUDE.	LONG. E. G.	ANNÉE.		M. SOL.	JOUR.	NOTE.
5652	V. Tch'eng-tou F.	成都府	30° 41'.	103° 11'.	1219	ap. J.-C.	7-8		
3	,,	,,	,,	,,	1221	,,	6	4	
4	,,	,,	,,	,,	1326	,,	8-9		
5	,,	,,	,,	,,	1467	,,			
6	,,	,,	,,	,,	1486	,,	10	6	
7	,,	,,	,,	,,	,,	,,	,,	7	
8	,,	,,	,,	,,	1487	,,	10	1	Pl. jrs.
9	,,	,,	,,	,,	,,	,,	,,	2	
5660	,,	,,	,,	,,	1489	,,	1	3	Pl. jrs.
1	,,	,,	,,	,,	,,	,,	6	1	,,
2	,,	,,	,,	,,	1513	,,	12	30	
3	,,	,,	,,	,,	1568	,,	4	1	
4	,,	,,	,,	,,	1597	,,	2	16	
5	,,	,,	,,	,,	1617	,,	11	28	
6	,,	,,	,,	,,	1618	,,	10	5	
7	,,	,,	,,	,,	,,	,,	,,	6	
8	,,	,,	,,	,,	,,	,,	,,	7	
9	,,	,,	,,	,,	,,	,,	,,	8	
5670	,,	,,	,,	,,	,,	,,	,,	15	
1	,,	,,	,,	,,	1632	,,	6	17	
2	,,	,,	,,	,,	1637	,,	12	6	
5673	,,	,,	,,	,,	1641	,,	10	25	

	P. SE-TCH'OAN 四川				LATITUDE.	LONG. E. G.	ANNÉE.	M. SOL.	JOUR.	NOTE.
5674	Tch'eng-tou F.	成都府	V. Koan H.	灌縣	30° 59'.	103° 42'.	952 ap. J.-C.	8-9		(1)
5	,,	,,	V. Han T.	漢州	31°	104° 22'.	1488 ,,	9	16	
6	Tche T*.	資州	V. Jen-cheou H.	仁壽縣	30°	104° 20'.	1623 ,,	10-11		(2)
7	Mien T*.	綿州	V. Tse-t'ong H.	梓潼縣	31° 37'.	105° 16'.	150 ,,	8-9		(3)
8	V. Meou T*.	茂州			31° 40'.	104° 15'.	10 av. J.-C.	2	10 (4)	(5)
9	,,	,,			,,	,,	1488 ap. J.-C.	9	16	
5680	,,	,,			,,	,,	1510 ,,	8-9		
1	,,	,,			,,	,,	1604 ,,	10-11		
2	,,	,,			,,	,,	1607 ,,	9	15	
3	,,	,,			,,	,,	1713 ,,	8-9		
4	,,	,,	V. Wen-tch'oan H.	汶川縣	31° 22'.	103° 36'.	887 ,,	4-5		6)
5	,,	,,	,,	,,	,,	,,	1480 ,,	10	27	
6	,,	,,	,,	,,	,,	,,	1510 ,,	8-9		
7	,,	,,	,,	,,	,,	,,	1607 ,,	9	15	
8	,,	,,	,,	,,	,,	,,	1657 ,,	4	14	
9	V. Ning-yuen F.	寧遠府			27° 50'.	102° 12'.	624 ,,	8	15	
5690	,,	,,			,,	,,	814 ,,	4	2	
1	,,	,,			,,	,,	1536 ,,	3	19	Gr.
2	,,	,,			,,	,,	,, ,,	3-4		,,
3	,,	,,			,,	,,	1725 ,,	7-8		
4	,,	,,			,,	,,	1732 ,,	1	29	
5695	,,	,,	V. Mien-ning H.	冕寧縣	28° 30'.	102° 20'.	1536 ,,	3-4		Gr.

(1) Aff. mont. Koei-tch'eng Chan 鬼城山. (2) (3) Aff. mont. (4) Styl. jul. Fev. 12

(5) Aff. mont. Min Chan 岷山. (6) Aff. mont.

	P. SE-TCH'OAN 四川				LATITUDE.	LONG. E. G.	ANNÉE.	M. SOL.	JOUR.	NOTE.
5696	V. Ning-yuen F.	寧遠府	V. Yen-yuen H.	鹽源縣	*27° 20'.*	*101° 32'.*	1478 ap. J.-C.	7-8		Pl. jrs.
7	,,	,,	,,	,,	,,	,,	1518 ,,	7	2	(1)
8	,,	,,	V. Yué-tsiuen t.	越嶲廳	*28° 50'.*	*102° 45'.*	29 av. J.-C.	1		(2)
9	,,	,,	,,	,,	,,	,,	125 ap. J.-C.	12	5	(3)
5700	,,	,,	,,	,,	,,	,,	1480 ,,	9	13	Pl. jrs.
1	,,	,,	V. Hoei-li T.	會理州	*26° 34'.*	*102° 56'.*	1732 ,,	1	29	
2	V. Pao-ning F.	保寧府			*31° 32'.*	*105° 59'.*	124 ,,	7	7	(4)
3	,,	,,			,,	,,	155 ,,	7-8		(5)
4	,,	,,			,,	,,	285 ,,	8	26	
5	,,	,,			,,	,,	1604 ,,	10-11		
6	V. Choen-k'ing F.	順慶府	V. Yo-tch'e H.	岳池縣	*30° 35'.*	*106° 26'.*	1536 ,,	3	19	
7	,,	,,	,,	,,	,,	,,	,, ,,	3-4		
8	V. Siu-tcheou F.	敘州府			*28° 38'.*	*104° 46'.*	26 ,,	3	26	(6)
9	,,	,,			,,	,,	1514 ,,	10	20	
5710	,,	,,			,,	,,	1573 ,,	5	4	
1	,,	,,			,,	,,	,, ,,	,,	13	
2	,,	,,			,,	,,	,, ,,	9	2	
3	,,	,,			,,	,,	,, ,,	,,	3	
4	,,	,,			,,	,,	,, ,,	,,	4	
5	,,	,,			,,	,,	,, ,,	,,	13	
6	,,	,,			,,	,,	1610 ,,	1-2		
5717	,,	,,			,,	,,	1657 ,,	Pr.		

(1) (2) (3) (4) (5) Aff. mont.

(6) Tremb. terre et aff. mont.

	P. SE-TCH'OAN 四川				LATITUDE.	LONG. E. G.	ANNÉE.	M. SOL.	JOUR.	NOTE.
5718	V. Siu-tcheou F.	叙州府	V. P'ing-chan H.	屏山縣	28° 20'.	104° 05'.	1216 ap. J.-C.	2-3		(1)
9	,,	,,	,,	,,	,,	,,	1610	1-2		
5720	V. Siu-yong t*.	叙永廳	V. Yong-ning H.	永寧縣	28° 08'.	105° 18'.	1515 ,,	6	17	
1	V. Tch'ong-k'ing F.	重慶府			29° 42'.	106° 42'.	1216 ,,	3	17	Gr.
2	,,	,,			,,	,,	1254 ,,			
3	,,	,,			,,	,,	1265 ,,			
4	,,	,,			,,	,,	1467 ,,			
5	,,	,,			,,	,,	1489 ,,	1	3	
6	,,	,,			,,	,,	1513 ,,	12	30	
7	,,	,,			,,	,,	1542 ,,			(2)
8	,,	,,			,,	,,	1568 ,,	4	1	
9	,,	,,			,,	,,	1597 ,,	2	16	
5730	,,	,,			,,	,,	1630 ,,	1		
1	,,	,,			,,	,,	1632 ,,	6	17	
2	,,	,,			,,	,,	1641 ,,	10	25	
3	,,	,,			,,	,,	1786 ,,	6	1	
4	,,	,,			,,	,,	,, ,,	,,	2	
5	,,	,,	V. Ta-tsou H.	大足縣	29° 50'.	105° 51'.	1011 ,,	8	12	
6	,,	,,	V. Feou T.	涪州	29° 45'.	107° 36'.	1712 ,,	6	9	
7	,,	,,	,,	,,	,,	,,	1850 ,,	11-12		
8	,,	,,	,,	,,	,,	,,	1854 ,,	12	24	
5739	V. K'oei-tcheou F.	夔州府			31° 10'.	109° 35'.	932 ,,	8-9		(3)

(1) (2) Aff. mont.

(3) Aff. mont. Tch'e-kia Chan 赤甲山.

	P. SE-TCH'OAN 四川				LATITUDE.	LONG. E. G.	ANNÉE.	M. SOL.	JOUR.	NOTE.
5740	V. K'oei-tcheou F.	夔州府			31° 10'.	109° 35'.	1511 ap. J.-C.	8	11	(1)
1	V. Long-ngan F.	龍安府			32° 22'.	104° 39'.	287 ,,	7-8		
2	,,	,,			,,	,,	1604 ,,	10-11		
3	,,	,,	V. Che-ts'iuen H.	石泉縣	32° 51'.	108° 30'.	1169 ,,	1	24	
4	,,	,,	,,	,,	,,	,,	1610 ,,	4	12	
5	V. Song-p'an t*.	松潘廳			32° 38'.	103° 36'.	638 ,,	2	2	
6	,,	,,			,,	,,	,, ,,	,,	4	
7	,,	,,			,,	,,	,, ,,	,,	11	
8	,,	,,			,,	,,	,, ,,	,,	12	
9	,,	,,			,,	,,	1604 ,,	10-11		
5750	,,	,,			,,	,,	1607 ,,	9	15	
1	,,	,,			,,	,,	1610 ,,	8	5	
2	,,	,,			,,	,,	1716 ,,	9-10		
3	V. T'ong-tch'oan F.	潼川府			31° 09'.	105° 11'.	1096 ,,	4	3	
4	,,	,,			,,	,,	,, ,,	,,	23	
5	,,	,,			,,	,,	1216 ,,	3	17	
6	,,	,,			,,	,,	,, ,,	,,	21	
7	,,	,,			,,	,,	,, ,,	,,	30	
8	,,	,,			,,	,,	,, ,,	4	2	
9	,,	,,			,,	,,	,, ,,	,,	7	
5760	,,	,,			,,	,,	1513 ,,	12	30	
5761	,,	,,			,,	,,	1619 ,,	4	18	

(1) Aff. mont.

	P. SE-TCH'OAN 四川				LATITUDE.	LONG. E. G.	ANNÉE.	M. SOL.	JOUR.	NOTE.
5762	V. T'ong-tch'oan F.	潼川府			*31° 09'.*	*105° 11'.*	1619 ap. J.-C.	8	5	
3	,,	,,			,,	,,	1713 ,,			
4	,,	,,			,,	,,	1819 ,,	7	10	
5	,,	,,			,,	,,	1820 ,,	1	10	
6	,,	,,			,,	,,	1879 ,,			
7	,,	,,			,,	,,	1896 ,,	2	14	
8	V. Mei T*.	眉州			*30° 06'.*	*103° 52'.*	1011 ,,	8	12	
9	,,	,,	V. P'on-chan H.	彭山縣	*30° 15'.*	*103° 44'.*	286 ,,	8-9		
5770	V. Kia-ting F.	嘉定府			*29° 28'.*	*103° 55'.*	1271 ,,	8	27	
1	V. K'iong T*.	邛州			*30° 28'.*	*103° 34'.*	1513 ,,	12	30	
2	Lou T*.	瀘州	V. Ho-kiang H.	合江縣	*28° 48'.*	*105° 56'.*	1607 ,,	8	5	
3	V. Ya-tcheou F.	雅州府			*30° 04'.*	*103° 04'.*	936 ,,	3-4		
4	,,	,,			,,	,,	937 ,,	12		
5	,,	,,			,,	,,	938 ,,	7		
6	,,	,,			,,	,,	939 ,,	5-6		
7	,,	,,			,,	,,	,, ,,	11-12		
8	,,	,,			,,	,,	941 ,,	1-2		
9	,,	,,			,,	,,	,, ,,	10-11		
5780	,,	,,			,,	,,	951 ,,	11		
1	,,	,,			,,	,,	952 ,,	11-12		
2	,,	,,			,,	,,	953 ,,	4-5		
5783	,,	,,			,,	,,	1004 ,,	3	7	

	P. SE-TCH'OAN 四川				LATITUDE.	LONG. E. G.	ANNÉE.		M. SOL.	JOUR.	NOTE.
5784	V. Ya-tcheou F.	雅州府			*30° 04'.*	*103° 04'.*	1096	ap. J.-C.	4	3	
5	,,	,,			,,	,,	1216	,,	3	17	
6	,,	,,			,,	,,	1573	,,	9	2	
7	,,	,,			,,	,,	,,	,,	,,	3	
8	,,	,,			,,	,,	,,	,,	,,	4	
9	,,	,,			,,	,,	,,	,,	,,	13	
5790	,,	,,	V. Min-chan H.	名山縣	*30° 10'.*	*103° 11'.*	991	,,	6-7		(1)
1	,,	,,	V. Ts'ing-k'i H.	清溪縣	*29° 45'.*	*102° 50'.*	1004	,,	3	7	
2	,,	,,	,,	,,	,,	,,	1216	,,	6	29	(2)
5793	,,	,,	,,	,,	,,	,,	1542	,,			(3)

(1) (2) (3) Aff. omnt.

RÉPERTOIRE CHRONOLOGIQUE.

Le premier nombre indique l'année; le deuxième renvoie aux numéros d'ordre du classement géographique par ordre de provinces.

ANNÉES AVANT JÉSUS-CHRIST.

1767	1341	523	619	186	445	137	6	,,	1671	29	5698
1117	1	519	620	,,	515	131	7	67	12	,,	14
1027	2	492	621	179	674	91	8	48	4615	10	5678
780	3	466	1739	,,	920	88	9	47	318	7	15
,,	215	232	4	,,	1149	73	10	,,	446	,,	196
687	616	230	1611	,,	2544	70	11	,,	319	,,	282
646	4070	193	317	,,	4470	,,	921	41	13		
618	617	,,	444	175	5	,,	955	36	922		
586	166	186	438	159	4406	,,	983	35	132		
557	618	,,	439	143	4401	,,	1150	31	4471		

ANNÉES APRÈS JÉSUS-CHRIST.

1er siècle.		110	1514	121	1529	138	450	149	1549	161	452
16	16	,,	4853	122	1530	,,	561	,,	1672	,,	576
26	5708	,,	5630	,,	1531	,,	1540	,,	1550	162	1556
46	1508	111	1515	123	1532	,,	1541	,,	1673	165	1557
,,	1791	112	2865	123	2669	139	1542	150	5677	171	1558
76	781	113	1516	124	216	140	1543	151	1551	173	945
,,	828	,,	1517	,,	1533	143	4408	,,	1674	,,	956
89	3335	114	1518	,,	5702	,,	574	152	1552	177	1559
92	1509	115	1519	125	1534	,,	585	,,	1675	178	1560
93	320	,,	1520	,,	5699	144	403	,,	1553	,,	1561
,,	447	116	1521	128	449	,,	451	154	4407	,,	1562
95	1519	,,	1609	,,	1535	,,	575	,,	1554	179	18
97	321	117	1523	,,	4293	,,	1544	,,	2457	180	597
,,	448	,,	1522	133	1536	,,	1156	155	5631	183	1467
2e siècle.		118	1524	136	1537	,,	1251	,,	5703	,,	5049
100	4532	119	1525	137	1538	,,	1545	157	1555	191	19
107	1511	120	1527	,,	1539	147	1546	160	231	193	181
108	1512	,,	1526	138	312	,,	1547	161	17	,,	20
110	1513	121	1528	,,	322	149	1548	,,	753	194	21

3e siècle, 4e siècle, 5e siècle.

194	22	281	2806	294	1726	319	4637	372	1811	440	1307
,,	23	,,	4536	,,	1735	,,	422	,,	3045	458	1873
3e siècle.		284	1568	,,	1736	320	4492	373	1851	462	602
209	4472	,,	313	,,	1792	,,	455	374	1852	,,	623
225	1827	285	5704	,,	1820	,,	1836	,,	568	,,	665
232	2954	,,	415	,,	2758	,,	1998	,,	580	,,	1874
234	1563	286	382	,,	2770	,,	2317	376	1853	474	1254
237	1564	,,	5769	,,	2778	,,	2390	377	1854	,,	1470
,,	1828	,,	24	295	1573	321	4035	,,	1855	477	1471
239	1829	287	5462	,,	1574	327	4475	386	1856	,,	294
,,	1830	,,	436	296	1575	,,	2870	390	1857	,,	457
241	453	,,	5741	298	1576	,,	2892	,,	1858	,,	1875
242	379	,,	1833	**4e siècle.**		,,	622	391	1859	478	458
242	380	288	1834	302	1577	328	5634	392	1860	,,	603
,,	454	,,	3230	303	1578	334	3337	393	1861	,,	624
243	1745	,,	3336	304	2866	,,	3349	,,	1862	479	3772
245	381	,,	1569	,,	1579	345	1837	,,	1863	,,	3843
248	1831	,,	1677	309	4540	346	1838	**5e siècle.**		,,	3871
,,	4473	,,	4537	,,	4360	347	1839	400	1864	,,	3882
250	1944	,,	4652	,,	4474	,,	1840	400	1865	,,	1472
,,	2670	,,	4538	,,	4515	,,	563	408	1866	480	3047
,,	3285	,,	4539	310	4613	,,	1841	,,	1867	,,	1158
263	5632	,,	4830	,,	599	,,	1842	409	2991	,,	1473
265	1352	289	4831	,,	600	,,	564	,,	4460	481	459
267	754	290	1835	314	1335	348	1843	,,	1497	482	460
268	755	,,	1570	,,	1343	349	1844	410	586	,,	461
269	1565	292	1571	,,	1426	351	1581	412	3046	,,	462
271	1566	294	5633	,,	1580	353	1845	,,	3063	483	463
275	1425	,,	4082	315	25	354	1846	,,	3092	,,	1237
276	1270	,,	4414	318	4266	355	1847	414	1868	,,	27
,,	1334	,,	4140	,,	4252	,,	1848	415	2833	484	4765
,,	1342	,,	4241	,,	4428	356	1582	419	1468	,,	1156
,,	1567	,,	4402	,,	2867	358	1849	421	1869	486	1160
,,	1676	,,	4409	,,	3043	361	565	429	456	,,	464
278	434	,,	2736	,,	562	,,	577	430	1870	,,	1474
,,	1252	,,	2737	,,	1818	362	573	435	1871	,,	1475
,,	435	,,	2752	,,	4517	,,	578	436	1157	,,	465
,,	1253	,,	4403	,,	2868	363	3231	,,	3442	,,	1476
280	3207	,,	4083	319	2869	,,	1850	438	1469	,,	4227
,,	3229	,,	4141	,,	2891	364	4476	,,	182	495	1876
281	2413	,,	4404	,,	3044	366	566	,,	1872	,,	1009
,,	1832	,,	1572	,,	4429	,,	579	,,	607	,,	1112
,,	2751	,,	1678	,,	26	371	567	,,	3689	,,	1821

6e siècle, 7e siècle, 8e siècle, 9e siècle, 10e siècle.

496	1161
,,	4228
498	4229
,,	604
,,	625
,,	1162
499	1583
,,	1877
,,	1878

6e siècle.

500	1353
,,	466
503	581
,,	1163
,,	467
,,	1498
504	468
,,	1584
,,	1585
,,	3990
,,	1499
505	1477
506	582
,,	469
,,	1879
508	470
,,	923
509	924
511	1478
,,	4025
,,	1479
,,	3991
512	3992
,,	4084
,,	1586
,,	1742
,,	1164
,,	1238
,,	1255
,,	1480
,,	1504
,,	3914
,,	4016
512	4026
,,	471
,,	1239
,,	4027
513	1587
,,	821
,,	3993
514	756
515	167
,,	188
516	1588
,,	1589
518	472
521	473
522	1880
,,	2545
526	1881
533	1882
536	1883
,,	1943
537	1884
539	1885
541	1886
543	1887
545	1888
,,	1165
548	1889
,,	3232
549	1890
,,	1891
,,	1166
,,	1892
558	1893
563	1167
567	28
572	1894
575	583
576	1308
,,	1427
587	1895
594	29

7e siècle.

600	404
600	626
,,	803
,,	829
,,	1151
,,	4541
,,	30
,,	474
,,	3233
602	197
,,	475
,,	383
603	1737
619	31
624	4282
,,	5689
632	32
633	33
634	569
638	5745
,,	5746
,,	5747
,,	5748
646	556
649	1271
,,	1309
,,	1272
,,	1310
650	1273
,,	1311
,,	1274
,,	1275
,,	1276
651	1277
652	1240
671	34
677	35
682	36
687	37
688	38
,,	1590
691	2223
,,	2274
694	2318

8e siècle.

701	1999
,,	2319
,,	2391
,,	2414
,,	2444
,,	2474
,,	2779
702	5635
710	3356
712	1168
,,	1348
,,	1381
729	133
734	476
736	39
737	1591
738	40
754	4115
756	158
,,	587
,,	598
,,	5024
,,	41
768	42
769	43
,,	44
776	3994
,,	4028
777	3995
,,	4029
778	4656
780	45
782	46
783	1312
,,	47
,,	48
786	49
788	50
,,	1592
,,	51
,,	52
,,	53
788	54
,,	55
,,	56
,,	57
,,	58
,,	59
,,	60
,,	61
,,	62
,,	63
,,	64
,,	65
,,	66
,,	67
,,	68
,,	69
,,	70
,,	71
793	72
,,	1313
794	73
,,	74
797	75

9e siècle.

805	4621
,,	4633
806	4638
812	76
813	3724
814	5690
815	77
816	78
817	79
820	80
,,	81
828	82
832	2000
833	83
834	84
835	85
836	86
837	87
839	88
842	1738
,,	2812
843	89
849	90
,,	159
,,	295
,,	310
,,	557
858	1169
860	91
866	1278
,,	1349
867	1279
,,	1314
,,	1350
871	910
872	3234
876	3731
,,	3732
877	92
,,	3733
879	93
880	217
883	1280
886	5636
887	4071
,,	5684
895	1315

10e siècle.

908	1616
909	1617
924	1593
925	1594
926	2546
927	4477
,,	1595
,,	1596
,,	1597
928	1598
930	3338
931	1170
,,	1599
932	5739

11e siècle, 12e siècle, 13e siècle.

933	5369	1004	4018	1044	1246	1068	3927	1097	1636	1133	3238
936	5773	,,	4036	1045	4653	,,	3984	,,	1687	,,	2004
937	3443	,,	3915	,,	4654	,,	1632	1098	1637	1135	3105
,,	5774	,,	3916	,,	4577	,,	1684	1099	4069	1136	3239
938	5775	,,	4037	,,	4478	,,	1633	,,	1175	,,	3106
939	5776	,,	1623	1046	1053	,,	1685	**12e siècle.**		1137	3107
,,	5777	,,	1417	,,	925	,,	3923	1100	1316	,,	3452
941	5778	,,	1418	,,	1010	,,	1634	,,	1176	1141	3453
,,	5779	1005	1419	,,	957	,,	1686	1102	1177	1154	3108
949	3444	1007	480	,,	1626	,,	3924	,,	1233	1155	3109
951	5780	,,	5638	1047	1779	,,	3917	,,	1234	1158	3110
952	5674	,,	336	,,	1734	1069	3959	,,	1261	1160	97
,,	5781	,,	5639	1056	3695	,,	4778	,,	1265	,,	357
952	3445	,,	350	1057	3654	,,	4019	,,	1282	1161	3111
953	5782	,,	352	,,	3734	,,	3985	,,	1317	1162	3112
962	3339	,,	5640	,,	3448	1072	4427	,,	1355	1163	5370
964	1618	1009	1256	,,	3678	,,	189	,,	1360	,,	5642
967	1619	,,	1257	,,	3449	1076	3451	,,	1382	,,	3113
986	433	,,	3996	,,	3142	1077	2508	,,	1178	1164	5371
991	5790	1011	4804	,,	3166	1085	1635	1107	2002	,,	3454
,,	3446	,,	5735	1058	3450	1087	190	1115	354	1165	3455
,,	3773	,,	5768	1060	1627	,,	4823	1117	323	,,	3456
996	477	1019	1600	1067	1628	,,	1260	,,	331	1165	3457
,,	1281	1022	1481	,,	1680	1089	1759	,,	355	1166	3357
,,	94	,,	1500	,,	4777	,,	95	,,	331	,,	3114
,,	183	,,	3447	1068	3757	,,	1345	,,	525	1167	3458
,,	296	1027	481	,,	3956	1092	353	,,	531	1169	5743
,,	311	,,	2496	,,	3720	,,	4290	1122	3735	1175	3115
998	1250	,,	2521	,,	1629	,,	4822	,,	3696	1180	3459
999	1789	1027	2533	,,	1681	,,	530	1123	4195	1183	3116
,,	2320	1029	1624	,,	1630	1093	2824	1124	1638	1184	3117
11e siècle.		1038	1171	,,	1682	,,	1679	,,	356	1185	3118
1000	478	,,	1241	,,	1631	1094	3235	1125	1428	,,	5372
1001	479	,,	1258	,,	1683	1095	1173	,,	1443	1187	3460
,,	524	,,	4030	,,	5430	,,	2001	,,	324	1193	3461
1002	344	,,	1172	,,	5463	,,	1601	,,	332	,,	4611
1004	1620	,,	1242	,,	5503	1096	3236	1126	1318	,,	3119
,,	1621	,,	1259	,,	5537	,,	5753	1128	96	,,	3120
,,	1622	,,	1243	,,	5547	,,	5784	1132	2003	1195	3121
,,	4017	,,	1625	,,	5610	,,	5754	,,	3208	,,	3462
,,	5637	1043	1244	,,	766	,,	843	,,	3237	**13e siècle.**	
,,	5783	1044	830	,,	782	,,	2825	1133	5641	1200	3463
,,	5791	,,	1245	,,	3922	1097	1174	,,	3104	,,	3122

14ᵉ siècle.

1200	3123	1225	3129	1297	1357	1311	533	1324	3479	1333	488
,,	3124	1226	2651	**14ᵉ siècle.**		1313	3474	,,	2393	,,	2636
1202	5464	,,	3394	1302	1361	,,	3698	,,	2415	,,	489
1207	3378	1227	1639	,,	4965	,,	3475	,,	4031	1334	2912
,,	1283	,,	1688	,,	4966	,,	3476	,,	3403	,,	2917
,,	1284	1232	252	1303	1383	1314	4230	,,	485	,,	2920
1210	3464	1241	3130	,,	1394	,,	1641	,,	153	,,	3699
,,	3465	1242	3131	,,	1286	,,	1689	1326	4356	,,	3485
,,	3466	1254	5722	,,	1429	,,	1716	,,	5654	1335	4431
,,	3467	1255	3132	,,	1444	,,	4231	1327	535	,,	4463
,,	3468	1265	5723	,,	1179	,,	3656	,,	536	,,	4282
1213	3125	1267	2392	,,	3473	,,	1185	,,	198	,,	4291
,,	3393	1268	4297	,,	1287	,,	1640	,,	232	1336	2626
1216	5718	1271	5770	1304	1288	,,	1746	,,	259	,,	2638
,,	5643	1272	2887	,,	1384	,,	1747	,,	263	,,	2696
,,	5721	1274	4498	,,	1385	,,	4232	,,	270	,,	2901
,,	5755	,,	3138	1305	1180	,,	4233	,,	406	,,	2646
,,	5785	,,	5373	,,	1289	,,	4234	,,	1786	,,	390
,,	5644	,,	5374	,,	2462	1316	1362	,,	4479	1337	3486
,,	5756	1275	5375	,,	1482	,,	1186	,,	537	,,	3616
,,	5645	1284	2871	,,	1491	,,	1291	1328	1189	,,	4086
,,	5757	,,	3469	,,	895	,,	1484	,,	538	,,	4142
,,	5646	,,	3470	,,	1483	,,	1602	,,	4236	,,	4196
,,	5758	,,	3618	1306	1181	1317	1187	,,	4237	,,	3487
,,	5647	1289	3471	,,	1290	,,	483	1329	2695	,,	1603
,,	5759	,,	3679	,,	345	,,	1188	,,	4238	1338	3020
,,	5648	1290	5421	1307	218	,,	4235	1330	407	,,	4203
,,	5649	,,	5422	,,	4646	1318	4248	,,	4239	,,	2924
,,	5792	,,	5423	,,	1430	,,	757	1331	1777	,,	4204
,,	5650	,,	844	,,	1445	,,	534	,,	3997	,,	387
,,	5651	,,	4814	,,	1182	,,	385	1332	4240	,,	4087
1217	1113	,,	3697	1308	384	,,	4789	,,	3480	,,	3488
,,	3126	,,	3918	,,	416	,,	417	,,	408	,,	971
1219	358	,,	5499	,,	482	1319	419	,,	486	,,	880
,,	98	,,	5500	,,	4967	1321	484	,,	386	,,	887
,,	337	,,	2813	,,	405	1322	4707	,,	3481	,,	972
,,	3127	,,	3944	,,	5363	,,	3477	,,	3482	1239	654
,,	338	,,	5501	,,	5365	,,	4116	,,	3483	,,	681
,,	5652	1291	1285	,,	738	,,	3478	1333	2923	,,	767
1221	4430	,,	145	1310	1183	,,	4085	,,	3484	,,	783
,,	4296	1295	3472	,,	1184	1323	2946	,,	523	1340	1141
,,	3128	1297	4614	1311	532	,,	4518	,,	487	,,	3310
,,	5653	,,	1356	,,	588	1324	2321	,,	244	,,	491

15e siècle.

1342	4630
,,	1217
,,	1190
,,	675
,,	4771
1343	3489
,,	418
,,	420
,,	492
,,	1690
,,	1728
,,	1729
,,	1730
,,	505
,,	388
,,	1132
,,	1152
1344	1011
,,	3395
,,	3404
,,	881
,,	888
1345	662
,,	768
,,	770
,,	784
,,	4294
,,	4298
,,	655
,,	3657
1346	2394
,,	676
,,	702
,,	725
,,	743
,,	748
,,	790
,,	810
,,	816
,,	926
,,	946
,,	949
,,	1153

1346	627
,,	939
,,	4696
,,	5538
1347	628
,,	882
,,	927
,,	958
,,	1123
,,	1133
,,	1154
,,	677
,,	703
,,	935
,,	663
,,	726
,,	744
,,	749
,,	769
,,	771
,,	785
,,	791
,,	811
,,	936
,,	2416
1348	4805
1349	3358
,,	5605
1350	3311
,,	2893
,,	1218
,,	1223
,,	2023
1351	1191
,,	1219
,,	1220
,,	1224
,,	1229
,,	1247
,,	1386
,,	1466
,,	1754
,,	1767

1351	1235
,,	1780
,,	4352
,,	4480
,,	4493
,,	4497
,,	4499
,,	4519
1352	1301
,,	1306
,,	493
,,	99
,,	342
,,	389
,,	398
,,	400
,,	1302
1353	343
,,	399
,,	401
,,	1387
1354	1388
,,	1407
,,	1395
,,	1389
,,	2458
,,	2671
,,	2676
,,	4292
1355	3340
,,	2672
,,	1266
1356	3658
,,	4796
1357	4806
1358	3332
,,	678
,,	727
,,	831
,,	928
1359	3288
1360	792
,,	5469

1360	5486
1361	3015
1364	3359
1365	5504
1366	2637
,,	2645
,,	2459
,,	2463
,,	1408
,,	3341
,,	1225
,,	1248
,,	1396
,,	1405
,,	1414
,,	1420
,,	1610
,,	5461
,,	1226
,,	185
1367	857
,,	186
,,	679
,,	728
,,	793
,,	1114
,,	835
,,	4815
,,	2582
,,	5376
1368	5377
,,	4766
,,	100
,,	1227
,,	1230
,,	1267
,,	1397
,,	1409
,,	1410
,,	1415
,,	253
,,	3016
,,	1268

1363	1416
,,	101
,,	254
1371	409
,,	325
,,	390
,,	526
,,	494
1372	4655
,,	4828
,,	4832
,,	4833
,,	4834
,,	1192
,,	1193
,,	1896
,,	1227
,,	1228
,,	4656
,,	1194
,,	1195
,,	1196
1373	421
,,	5378
,,	5379
1375	680
,,	1897
,,	1898
1378	539
1381	333
,,	4657
,,	5380
1382	485
1386	4968
,,	4969
1388	5424
,,	5425
,,	5426
1390	629
,,	681
1399	1899
,,	2780
,,	4117

1399	4163
,,	4205

15e siècle.

1400	3342
,,	682
1403	683
,,	4779
,,	540
,,	1197
,,	3490
1404	2781
,,	684
,,	729
,,	1642
,,	1900
1407	4331
,,	423
,,	4271
1408	1012
,,	1045
,,	1054
,,	1070
,,	1105
,,	1901
1409	1013
1413	1902
,,	3491
1415	3492
1416	1903
,,	3493
1419	2475
1420	3494
1424	1904
1425	2902
,,	2829
,,	1905
,,	2782
,,	2783
,,	2903
1426	2784
,,	1906
,,	3495

15e siècle.

1427	1907	1461	3507	1476	1915	1480	2771	1485	833	1487	4422
1428	1908	1463	4820	,,	1199	,,	2956	,,	5381	,,	4675
1429	1909	1465	4353	,,	3510	,,	5221	,,	1298	,,	4419
,,	3496	,,	4361	,,	3632	,,	4708	,,	1305	,,	4606
1430	3497	,,	4374	,,	3642	,,	5700	,,	1319	,,	5658
,,	1910	,,	1731	,,	3659	,,	5685	,,	758	,,	5659
,,	1911	1466	2992	1477	822	,,	700	,,	759	1488	5068
1438	3498	1467	5655	,,	832	1481	630	,,	760	,,	5675
,,	3499	,,	5724	,,	2837	,,	2224	,,	761	,,	5679
,,	3500	,,	4088	,,	2738	,,	1916	,,	762	,,	104
1439	3501	,,	1505	,,	326	,,	2445	,,	316	1489	5660
,,	3502	,,	1485	,,	391	,,	2477	,,	334	,,	5725
1440	314	,,	4089	,,	410	,,	2627	,,	346	,,	5661
,,	4658	,,	4375	,,	297	,,	2639	,,	393	1490	4533
,,	315	1468	3508	,,	392	,,	2697	,,	427	,,	631
1443	102	,,	3509	,,	541	,,	2739	,,	430	,,	335
1445	1014	,,	4272	,,	584	,,	2786	,,	3671	1491	4607
,,	3503	,,	4542	,,	589	,,	2814	,,	3513	,,	3515
,,	5548	1469	4332	,,	651	,,	2827	,,	4835	,,	3516
,,	5572	1470	1303	,,	653	,,	3660	,,	4794	,,	1917
,,	5576	,,	1812	,,	854	,,	3669	,,	5382	,,	2446
,,	5615	,,	4253	,,	858	,,	3670	,,	3514	,,	2478
1446	3240	,,	4295	,,	1249	,,	3775	1486	5383	1492	911
,,	3504	,,	4578	,,	3511	,,	4242	,,	5427	1493	3435
1447	929	,,	1604	1478	2476	,,	4251	,,	5505	,,	542
,,	1015	,,	4792	,,	4697	,,	1236	,,	5549	,,	607
1449	2955	,,	4797	,,	4847	1482	5416	,,	5594	,,	913
,,	3627	1471	5146	,,	5696	,,	4674	,,	5606	,,	1643
,,	3631	1472	1198	,,	5295	,,	2324	,,	5656	,,	1748
,,	4164	1473	1411	1479	2322	1483	4090	,,	5657	,,	900
,,	4206	,,	605	,,	2346	,,	4148	,,	5384	1494	5155
,,	4118	,,	909	,,	4461	,,	4165	,,	5428	,,	4786
,,	3343	,,	1412	,,	2052	,,	4207	,,	5506	,,	3517
1451	3505	1474	5539	,,	2066	,,	606	,,	5550	,,	2913
,,	1912	,,	5224	,,	3143	1484	3512	,,	5595	,,	3518
1452	1913	,,	5225	,,	3176	,,	3776	,,	5607	1495	543
1454	3506	,,	558	,,	3189	,,	4091	1487	4273	,,	3883
1457	1914	,,	559	,,	3209	,,	4197	,,	713	,,	3884
1458	3017	1475	4376	,,	3241	,,	4243	,,	4659	,,	3885
,,	5273	,,	2147	,,	2323	,,	1262	,,	103	,,	3886
1460	2939	,,	2195	,,	2347	,,	168	,,	122	,,	5355
1461	3344	,,	2275	,,	3774	,,	2925	,,	169	,,	2460
,,	219	1476	2785	1480	2759	1485	823	,,	4310	,,	1918

16e siècle.

1495	2787	1501	123	1502	780	1505	1925	1506	2788	1510	5680
,,	170	,,	154	,,	912	,,	2005	,,	3634	,,	5686
,,	5358	,,	160	,,	914	,,	2035	,,	162	,,	3005
1496	1919	,,	171	,,	1292	,,	2149	,,	4854	,,	4596
,,	3519	,,	187	,,	1363	,,	2226	,,	4971	1511	2881
,,	3777	,,	191	,,	1431	,,	2259	,,	3025	,,	3014
,,	4676	,,	283	,,	1644	,,	2277	,,	1142	,,	3006
,,	3345	,,	527	,,	1743	,,	2327	,,	1115	,,	3135
,,	3348	,,	1320	,,	1922	,,	2395	,,	264	,,	3001
1497	544	,,	1329	,,	2547	,,	2417	,,	271	,,	3639
,,	560	,,	1337	,,	4038	,,	2426	,,	3087	,,	5054
,,	1200	,,	1615	,,	4072	,,	2434	,,	3396	,,	5317
,,	3520	,,	1790	,,	3844	,,	2447	,,	3413	,,	5740
,,	1201	,,	1321	,,	3887	,,	2480	1507	3595	,,	5387
,,	1374	,,	5233	,,	1202	,,	2511	,,	1143	,,	5359
,,	2628	,,	5386	,,	1263	,,	2673	,,	2328	,,	4949
,,	3633	,,	5429	,,	1492	,,	2828	,,	2914	,,	4972
,,	2932	,,	5507	,,	1501	,,	3004	,,	4855	,,	4993
,,	3998	,,	5551	,,	1506	,,	3167	,,	4942	,,	5226
,,	4776	,,	1322	,,	1923	,,	3242	,,	5107	,,	5234
,,	3133	,,	5366	1503	1924	,,	3363	1508	3243	,,	1793
,,	3778	,,	5339	,,	2918	,,	3371	,,	4767	,,	794
,,	3779	,,	4039	1504	2326	,,	3373	,,	4780	,,	3523
1498	4688	,,	2148	,,	184	,,	3379	,,	1203	,,	3655
,,	4254	,,	2225	,,	834	,,	3381	1509	4379	,,	3680
,,	4980	,,	2258	,,	896	,,	3383	,,	4244	,,	3919
1499	4970	,,	2276	,,	903	,,	3385	,,	4255	,,	3928
,,	3412	,,	1921	1505	4119	,,	3387	,,	2097	1512	4005
,,	5260	,,	2325	,,	4149	,,	3389	,,	2128	,,	137
,,	5122	,,	2433	,,	4166	,,	3391	,,	4256	,,	3245
,,	2479	1502	656	,,	4208	,,	3145	,,	4768	,,	5055
,,	950	,,	1717	,,	545	,,	3210	,,	4781	,,	4843
,,	4899	,,	1740	,,	3423	,,	1323	,,	4784	,,	5274
16e siècle.		,,	2451	,,	2522	,,	1330	,,	3018	,,	5275
1500	5088	,,	2998	,,	2817	,,	1331	,,	4793	,,	2963
,,	5385	,,	3002	,,	3177	,,	1336	,,	4648	,,	3925
,,	3521	,,	5296	,,	3350	,,	1338	,,	855	1513	4845
,,	1920	,,	4092	,,	3360	,,	1344	1510	3244	,,	5662
,,	2740	,,	632	,,	3190	,,	1346	,,	4848	,,	5726
,,	3522	,,	664	,,	3134	,,	1347	,,	4595	,,	5760
1501	4698	,,	666	,,	3144	,,	1351	,,	4649	,,	5771
,,	5453	,,	608	,,	3289	,,	1356	,,	496	1514	2741
,,	105	,,	685	,,	3346	,,	1358	,,	4836	,,	3524

16e siècle.

1514	1221	1517	3351	1519	3525	1522	1718	1524	2760	1525	1720
,,	1264	,,	3397	,,	3780	,,	2742	,,	2789	,,	1755
,,	1293	,,	3414	,,	5581	,,	2840	,,	3526	,,	2548
,,	1486	,,	2878	,,	3645	,,	1794	,,	1654	,,	2743
,,	1493	,,	2915	,,	4093	,,	1805	,,	1693	,,	2761
,,	1502	,,	3007	,,	5391	,,	4316	,,	2006	,,	2549
,,	1507	,,	5389	,,	5431	,,	4380	,,	2330	,,	2744
,,	5709	,,	5430	,,	5455	,,	4382	,,	2396	1526	2762
1515	4856	,,	5470	,,	5509	,,	4432	,,	634	,,	3374
,,	4917	,,	5476	1520	5552	,,	4817	,,	1144	,,	3628
,,	4985	,,	5508	,,	5577	,,	3781	,,	3930	,,	3920
,,	4994	,,	5533	,,	4824	,,	3888	,,	951	,,	3931
,,	5069	,,	5596	,,	4943	,,	1204	,,	2349	,,	5277
,,	5071	,,	5534	,,	5072	,,	2947	,,	1929	,,	5299
,,	5201	,,	4973	,,	5228	,,	2950	,,	2228	,,	5340
,,	5213	,,	5013	,,	5266	,,	2964	,,	3146	,,	3847
,,	5222	,,	5025	,,	5456	,,	3782	,,	3168	,,	3890
,,	5227	,,	5028	,,	5510	1523	889	,,	3192	,,	3681
,,	5276	,,	5108	,,	4825	,,	4362	,,	2150	,,	1432
,,	5720	,,	4258	,,	4837	,,	124	,,	2196	,,	1446
,,	5123	,,	686	,,	5125	,,	633	,,	2278	,,	1451
,,	5261	,,	959	,,	687	,,	688	,,	2370	1527	4974
,,	4995	,,	1134	,,	915	,,	731	,,	4121	,,	4073
,,	4481	,,	4849	,,	918	,,	739	,,	4151	,,	4787
,,	4950	1518	5390	,,	1645	,,	1927	,,	4168	,,	3527
,,	4996	,,	5697	,,	904	,,	2841	,,	4210	1528	4975
,,	4951	,,	4953	,,	4987	,,	590	,,	1222	,,	1656
,,	846	,,	4981	,,	4120	,,	4354	,,	402	,,	1695
,,	4482	,,	4986	,,	4150	,,	3334	1525	1930	,,	3848
1516	3430	,,	4997	,,	4167	,,	3846	,,	4317	,,	3891
,,	4588	,,	5263	,,	4209	,,	3862	,,	4321	,,	4597
,,	4622	,,	4954	,,	3290	,,	3889	,,	4371	,,	5597
,,	4534	,,	5264	1521	2999	,,	3661	,,	4388	,,	3596
,,	3191	,,	4955	,,	1802	1524	4798	,,	4420	,,	4598
,,	3064	,,	5265	,,	4850	,,	2227	,,	4311	,,	2331
,,	5388	1519	2329	,,	4851	,,	689	,,	5356	,,	2371
,,	5454	,,	2993	,,	3431	,,	732	,,	5357	,,	2350
,,	1926	,,	2369	1522	172	,,	1653	,,	4245	,,	3147
,,	4257	,,	2348	,,	3000	,,	1692	,,	1977	,,	3211
1517	4952	,,	2957	,,	3845	,,	1719	,,	1205	1529	1398
,,	5056	,,	3929	,,	4543	,,	1928	,,	1655	,,	2703
,,	5124	,,	4699	,,	4552	,,	1976	,,	1694	,,	4816
,,	5262	,,	4772	,,	1691	,,	2617	,,	1646	,,	4821

16e siècle.

1529	3193	1536	4040	1542	4568	1546	509	1551	1698	1556	1796
1530	199	,,	4050	,,	772	,,	2550	1552	3636	,,	108
,,	4790	1537	3432	,,	704	,,	847	,,	4544	,,	126
,,	4795	,,	1231	,,	429	,,	856	,,	4260	,,	134
,,	4677	,,	236	,,	347	,,	2551	,,	2745	,,	138
1531	4094	,,	266	,,	546	,,	1071	,,	2843	,,	139
,,	4152	,,	272	,,	1294	,,	1106	,,	1208	,,	151
,,	4579	,,	245	,,	497	,,	2583	,,	4098	,,	156
1532	5352	,,	2753	,,	506	,,	2491	,,	2584	,,	161
,,	930	,,	4693	,,	516	1547	2801	1553	5279	,,	173
,,	4095	,,	4700	,,	107	,,	1795	,,	5300	,,	192
1533	4096	,,	4857	,,	200	,,	4287	,,	3169	,,	374
,,	4143	,,	5156	,,	348	,,	163	,,	5512	,,	905
,,	3528	,,	5171	,,	394	,,	652	1554	267	,,	1209
,,	4122	,,	5179	1543	1206	1548	5278	,,	273	,,	1295
,,	4169	,,	5184	,,	859	,,	4818	,,	4389	,,	1324
,,	4211	,,	5188	,,	5392	,,	3530	,,	2098	,,	1328
,,	265	1538	4858	,,	5432	,,	3682	,,	2129	,,	1365
,,	5477	,,	2053	,,	5511	,,	931	,,	3784	,,	2844
1534	3019	,,	5582	,,	5553	,,	3635	,,	4426	,,	4312
,,	155	1539	106	,,	3008	,,	3849	,,	4844	,,	1390
,,	4788	,,	125	,,	705	,,	3892	1555	1768	,,	1433
,,	4791	,,	5002	1544	2564	,,	984	,,	1304	,,	4276
1535	2688	,,	5034	,,	5433	,,	3531	,,	4275	,,	4433
,,	2677	,,	5003	,,	1207	,,	4249	,,	4333	,,	1659
,,	4838	,,	5057	,,	884	,,	1016	,,	4363	,,	1700
,,	4423	,,	5136	,,	395	,,	4799	,,	4383	,,	1969
,,	3597	,,	1657	,,	706	1549	817	,,	4391	,,	1434
1536	3291	,,	1697	1545	237	,,	5554	,,	4421	,,	2418
,,	5345	,,	4918	,,	1399	,,	5611	,,	4500	,,	848
,,	5691	,,	4976	,,	4259	,,	4274	,,	4589	1557	3415
,,	5706	,,	4709	,,	4124	1550	5393	,,	498	,,	667
,,	1696	,,	4726	,,	4153	,,	4623	,,	1364	,,	1660
,,	5367	1540	4678	,,	4170	,,	4631	,,	4852	,,	1701
,,	3692	,,	428	,,	4212	,,	3619	,,	750	,,	3785
,,	5695	,,	4679	,,	1806	,,	4773	,,	547	,,	3786
,,	5707	1541	890	,,	507	,,	164	,,	1699	,,	4171
,,	5346	,,	4569	1546	513	1551	2228	,,	2099	,,	4213
,,	3529	1542	5348	,,	4561	,,	2260	1556	220	,,	4680
,,	4097	,,	5418	,,	2790	,,	3822	,,	359	,,	4710
,,	4123	,,	5727	,,	4551	,,	2372	,,	609	,,	4727
,,	3783	,,	5793	,,	508	,,	3532	,,	901	,,	808
,,	4013	,,	4560	,,	2842	,,	1658	,,	1781	,,	849

16e siècle.

1558	657	1561	2678	1566	500	1568	5663	1571	4636	1575	5488
,,	109	,,	2689	,,	5016	,,	5728	,,	4807	,,	5558
,,	1453	,,	5353	1567	1959	,,	233	,,	4752	,,	5514
,,	1803	,,	2845	,,	3850	,,	234	,,	3538	,,	3827
,,	3646	,,	2505	,,	4101	,,	235	,,	112	,,	3539
,,	3787	,,	1300	,,	4322	,,	3534	,,	4660	,,	3608
,,	3620	,,	4099	,,	4392	,,	813	,,	5017	,,	3540
,,	4782	,,	298	,,	5608	,,	1017	,,	113	,,	431
,,	5292	,,	349	,,	5435	,,	3535	1572	2464	,,	432
,,	1325	,,	548	,,	5555	,,	3617	,,	2470	1576	4263
,,	1326	,,	1210	,,	5583	,,	3673	,,	4808	,,	4267
,,	499	,,	1487	,,	5436	,,	127	,,	3865	,,	942
,,	1797	,,	2332	,,	5556	,,	175	1573	835	,,	1463
,,	4681	,,	2435	,,	3789	,,	551	,,	5710	,,	3662
,,	4711	,,	4334	,,	5437	,,	1756	,,	5711	,,	3790
,,	193	1562	549	,,	5557	,,	1798	,,	2373	,,	1464
,,	194	,,	5394	,,	3598	,,	1813	,,	4483	,,	3662
,,	195	,,	3533	1568	2791	,,	300	,,	5712	,,	3791
1559	4261	,,	3893	,,	135	,,	3674	,,	5786	,,	5301
,,	4277	,,	3788	,,	4758	,,	4387	,,	5713	1577	5302
,,	3178	,,	4335	,,	299	,,	111	,,	5787	,,	5303
,,	1931	,,	5026	,,	2512	,,	202	,,	5714	,,	4936
1560	4774	1563	5293	,,	2523	,,	339	,,	5788	1578	3364
,,	5014	,,	5180	,,	2534	,,	529	,,	5715	,,	4602
,,	4501	,,	5172	,,	4014	,,	130	,,	5789	1579	5280
,,	4516	,,	5354	,,	718	,,	1421	,,	2374	,,	3828
,,	4520	,,	3823	,,	157	,,	268	1574	4434	,,	3541
,,	4525	,,	860	,,	174	,,	274	,,	5487	,,	5351
,,	4410	,,	1422	,,	260	1569	284	,,	4840	1580	1978
,,	5157	,,	4100	,,	277	,,	3863	,,	4841	,,	3672
,,	2647	1564	4819	,,	3824	,,	3864	,,	5396	,,	3792
,,	2652	,,	5360	,,	3894	,,	3872	1575	2872	,,	1211
,,	2663	1565	4065	,,	4364	,,	3825	,,	4262	,,	3793
,,	4900	,,	3213	,,	4415	,,	3536	,,	4581	,,	3829
,,	3148	,,	3247	,,	110	,,	3149	,,	4570	,,	1503
,,	3212	,,	5361	,,	131	,,	3194	,,	4624	,,	1232
,,	3246	,,	5015	,,	201	,,	3826	,,	1799	,,	1299
,,	4712	1566	812	,,	528	1570	707	,,	1819	,,	1366
,,	4728	,,	3398	,,	550	,,	2838	,,	4365	,,	2513
,,	4580	,,	5395	,,	1327	,,	3333	,,	4394	,,	2535
,,	1932	,,	5434	,,	1339	,,	941	,,	4416	1581	3794
1561	2007	,,	5513	,,	1359	,,	3537	,,	4783	,,	3830
,,	595	,,	2492	,,	4393	,,	3248	,,	5397	,,	5304

17e siècle.

1581	3690	1584	3543	1586	176	1590	327	1596	5082	1599	328
,,	3700	,,	4682	1587	804	,,	591	,,	5089	,,	5158
,,	3709	,,	4763	,,	1769	1591	3647	,,	5115	,,	5283
,,	3729	,,	4683	,,	4063	,,	5309	,,	5126	**17e siècle.**	
,,	3736	,,	4713	,,	4826	,,	592	,,	4661	1600	329
,,	3758	,,	4729	,,	1721	,,	596	,,	4753	,,	5099
,,	3761	,,	2481	,,	1454	,,	2152	,,	4662	,,	3552
,,	3763	,,	4008	,,	1647	,,	3759	,,	4754	,,	3553
,,	4032	1585	709	,,	1661	,,	3760	,,	4663	,,	2904
,,	4125	,,	719	,,	1702	1592	3701	,,	4755	,,	3048
,,	4172	,,	1447	,,	1744	,,	4484	,,	5399	,,	3059
,,	1488	,,	3764	,,	1749	,,	4503	,,	4862	,,	3088
,,	4154	,,	1979	,,	1757	,,	4859	,,	5127	,,	3093
,,	4190	,,	4452	,,	1782	,,	3152	,,	5400	,,	3099
,,	1495	,,	1933	,,	1332	,,	2153	1597	1981	,,	3102
1582	2763	,,	1960	,,	5307	,,	2280	,,	5664	,,	5465
,,	2772	,,	1970	1588	5281	1593	2524	,,	5729	,,	5489
,,	1489	,,	2436	,,	5308	,,	2536	,,	763	,,	5559
,,	3737	,,	2448	,,	1435	,,	3292	,,	1126	,,	4664
,,	2375	,,	2482	,,	2713	,,	2793	,,	2595	,,	5193
,,	960	,,	2698	,,	1125	1594	4860	,,	2775	,,	5458
1583	1423	,,	2704	,,	3546	,,	1662	,,	4246	,,	5460
,,	2151	,,	985	,,	5004	,,	1703	,,	4250	,,	2074
,,	2197	,,	814	,,	5018	,,	4800	,,	1465	,,	2100
,,	2229	,,	818	,,	5282	,,	5451	,,	3549	,,	2130
,,	2261	,,	2679	,,	3150	,,	2774	,,	3663	,,	3250
,,	2279	,,	1448	,,	570	,,	5457	,,	4102	,,	4863
,,	4336	,,	1494	,,	1333	1595	2230	,,	5116	,,	4901
,,	4746	,,	2764	1589	4502	,,	2965	,,	2596	,,	4919
,,	3710	,,	2773	,,	3405	,,	2154	,,	3851	,,	4931
,,	3795	,,	3544	,,	2792	,,	2198	1598	3550	,,	4937
,,	3831	,,	2483	,,	3136	,,	2281	,,	552	,,	4944
,,	4007	,,	2493	,,	3347	,,	3547	,,	4647	,,	5401
,,	708	,,	2497	,,	3399	,,	3548	,,	3551	,,	5560
,,	3999	,,	5305	,,	5598	,,	3873	,,	4801	1601	2714
,,	973	1586	3352	,,	3353	,,	3874	1599	2376	,,	3089
1584	3738	,,	165	,,	3151	1596	3153	,,	4846	,,	5342
,,	3179	,,	5267	,,	3139	,,	114	,,	3875	,,	5194
,,	3214	,,	4842	,,	5398	,,	203	,,	4582	,,	5402
,,	3249	,,	5306	,,	4769	,,	1980	,,	136	,,	5540
,,	1116	,,	3545	1590	2351	,,	4861	,,	4323	,,	4864
,,	3542	,,	3832	,,	4064	,,	5062	,,	4337	1602	3725
,,	1124	,,	4144	,,	571	,,	5073	,,	4930	,,	4504

17e siècle.

1602	5587	1604	2654	1605	2970	1609	5285	1612	4959	1615	2716
,,	3726	,,	3433	,,	4802	,,	1212	,,	5161	,,	4001
,,	4485	,,	4734	,,	4803	,,	5441	,,	4867	,,	3559
,,	4505	,,	4812	,,	4760	,,	5518	,,	4960	,,	3621
,,	4730	,,	1982	,,	1945	,,	437	,,	5162	1616	2552
,,	4731	,,	2101	,,	3556	,,	514	,,	5205	,,	2565
,,	4732	,,	2131	,,	3401	,,	593	,,	5297	,,	3702
,,	861	,,	2905	,,	3407	,,	1213	,,	5298	,,	4126
1603	3009	,,	3154	,,	2873	1610	2465	,,	3765	,,	4155
,,	4313	,,	3180	,,	5490	,,	2882	1613	2930	,,	4173
,,	4338	,,	3195	1606	4735	,,	2377	,,	1367	,,	4868
,,	5452	,,	3215	,,	4747	,,	5716	1614	3416	,,	1971
,,	4759	,,	3251	,,	1612	,,	5719	,,	3086	,,	286
,,	5561	,,	3293	,,	115	,,	2940	,,	261	,,	4145
,,	3090	,,	3372	,,	177	,,	2944	,,	275	,,	4146
,,	3094	,,	3375	,,	4839	,,	2948	,,	278	,,	4147
,,	3100	,,	3380	,,	5005	,,	2951	,,	4436	1617	204
,,	3103	,,	3382	,,	4191	,,	1663	,,	5286	,,	2746
,,	5515	,,	3384	1607	2715	,,	1704	,,	285	,,	2846
1604	4299	,,	3386	,,	2352	,,	5744	,,	1214	,,	205
,,	4639	,,	3388	,,	5440	,,	862	,,	1269	,,	2747
,,	5478	,,	3390	,,	5074	,,	891	,,	1296	,,	2847
,,	4339	,,	3392	,,	4684	,,	5751	,,	1406	,,	4938
,,	5541	,,	3400	,,	5075	1611	4665	,,	1424	,,	5311
,,	3554	,,	3406	,,	3091	,,	5063	,,	1648	,,	5665
,,	5438	,,	3417	,,	5202	,,	1455	,,	4000	,,	4694
,,	5439	,,	5403	,,	5772	,,	4956	,,	301	1618	4689
,,	4809	,,	5466	,,	5682	,,	4988	,,	303	,,	4701
,,	4810	,,	5468	,,	5687	,,	5001	,,	961	,,	5368
,,	4733	,,	5471	,,	5750	,,	5064	,,	774	,,	3745
,,	4811	,,	5516	,,	116	,,	5077	1615	5362	,,	3560
,,	5542	,,	5599	,,	2705	,,	773	,,	932	,,	3746
,,	2427	,,	5604	,,	2729	,,	1946	,,	4667	,,	5666
,,	144	,,	5404	,,	1983	1612	4666	,,	2834	,,	5667
,,	396	,,	5517	1608	4748	,,	2494	,,	2525	,,	5668
,,	5681	,,	3361	,,	5479	,,	4865	,,	2537	,,	5669
,,	5705	1605	4583	,,	2333	,,	4957	,,	2484	,,	5670
,,	5742	,,	4593	,,	3557	,,	5159	,,	4829	,,	4127
,,	5749	,,	4982	,,	5568	,,	5203	,,	5058	,,	4156
,,	2926	,,	3376	,,	3558	,,	4866	,,	5065	,,	4174
,,	2929	,,	3555	,,	5076	,,	4958	,,	5078	,,	4192
,,	2933	,,	4268	1609	5310	,,	5160	,,	5083	,,	3747
,,	2969	,,	4435	,,	5284	,,	5204	,,	1449	,,	3561

17e siècle.

1618	3766	1622	2075	1623	2437	1624	2486	1624	118	1627	3418
,,	3216	,,	4870	,,	2966	,,	2498	1625	1935	,,	4033
1619	5761	,,	714	,,	2485	,,	2514	,,	1985	,,	1937
,,	5762	,,	795	,,	3877	,,	2526	,,	2036	1628	3573
,,	4437	,,	906	,,	2262	,,	2538	,,	1947	,,	3629
1620	2819	,,	690	,,	2314	,,	3155	,,	3933	,,	2487
,,	4074	,,	715	,,	2102	,,	3170	,,	3969	,,	3574
,,	3196	,,	786	,,	2132	,,	3181	,,	3600	1629	701
,,	4324	,,	897	,,	2155	,,	3197	,,	1948	,,	2585
,,	4340	,,	916	,,	2199	,,	3217	1626	2717	,,	3834
,,	4351	,,	1107	,,	2231	,,	3252	,,	4042	,,	4438
,,	4366	,,	1664	,,	2103	,,	1055	,,	4020	,,	4464
,,	4770	,,	1705	,,	2133	,,	3675	,,	3571	,,	3253
,,	4785	,,	3140	,,	2156	,,	3664	,,	3648	,,	3835
,,	4486	,,	658	,,	3562	,,	3796	,,	3409	,,	3254
,,	4869	,,	775	,,	4961	,,	3866	,,	3684	,,	4439
,,	5066	,,	836	,,	4977	,,	3878	,,	3714	,,	4440
,,	5084	,,	2419	,,	2971	,,	796	,,	3751	,,	4465
,,	4761	,,	2566	,,	5676	,,	3748	,,	710	,,	375
,,	5163	,,	691	,,	3563	,,	3852	,,	733	1630	4574
,,	5195	,,	716	,,	2819	,,	3896	,,	1490	,,	3897
1621	4690	,,	917	,,	4873	,,	4002	,,	1496	,,	3255
,,	553	,,	610	,,	4872	,,	717	,,	3572	,,	3853
,,	302	,,	635	,,	5143	,,	720	,,	3767	,,	5730
,,	5312	,,	2553	1624	2835	,,	3565	,,	4103	,,	2466
,,	1072	,,	2577	,,	2509	,,	3932	,,	636	,,	2471
,,	5364	,,	2597	,,	3137	,,	3566	,,	798	,,	4300
,,	5408	,,	692	,,	3294	,,	3567	,,	2515	,,	4775
,,	1117	,,	4871	,,	2315	,,	3568	,,	2527	,,	4325
,,	937	,,	824	,,	3564	,,	797	,,	2539	,,	1938
,,	943	,,	3876	,,	3312	,,	3637	,,	4003	,,	4326
,,	947	,,	3895	,,	2104	,,	3569	,,	4009	1631	501
,,	952	,,	693	,,	2134	,,	3703	,,	4128	,,	510
,,	962	,,	206	,,	2449	,,	3683	,,	4157	,,	517
,,	974	,,	2730	,,	1934	,,	3727	,,	4214	,,	4521
,,	1127	,,	340	,,	1984	,,	3570	,,	1649	,,	4367
,,	3592	,,	341	,,	2067	,,	5223	,,	5405	,,	4381
,,	3599	,,	2680	,,	2157	,,	2054	1627	287	,,	4384
,,	4894	,,	117	,,	2232	,,	2820	,,	1936	,,	4797
,,	4911	1623	2848	,,	2263	,,	2158	,,	2894	,,	4640
1622	360	,,	3921	,,	2334	,,	2200	,,	554	,,	3026
,,	2807	,,	3960	,,	2353	,,	2282	,,	555	,,	3032
,,	4041	,,	2428	,,	2378	,,	238	,,	3833	,,	3038

17e siècle.

1631	4462	1631	2984	1634	4442	1637	5407	1641	4469	1644	2602
,,	4571	,,	3837	,,	4467	,,	3028	,,	3952	,,	1951
,,	330	1632	4405	,,	2907	,,	3040	,,	503	,,	2556
,,	397	,,	4411	,,	2960	,,	4875	,,	519	,,	2335
,,	5349	,,	5353	,,	2974	,,	3649	,,	594	,,	3101
,,	4526	,,	3838	,,	2985	,,	3650	,,	5409	,,	2749
,,	4553	,,	5442	,,	3022	,,	5672	,,	3069	,,	3257
,,	4608	,,	5443	,,	3256	1638	2631	,,	121	,,	1942
,,	4625	,,	288	,,	1066	,,	3295	,,	5673	,,	3030
,,	4594	,,	1939	,,	1056	,,	3715	,,	5732	,,	3035
,,	4599	,,	5671	,,	4265	,,	1949	,,	3070	,,	3042
,,	4603	,,	5731	,,	4278	,,	120	1642	3029	,,	4669
,,	3021	,,	4398	,,	442	,,	178	,,	3034	,,	4876
,,	2952	,,	2921	,,	443	,,	776	,,	3041	,,	5206
,,	2958	,,	4547	,,	5562	,,	4644	,,	4612	,,	2967
,,	2972	,,	3027	,,	5617	,,	3313	,,	4668	,,	4877
,,	2983	,,	3033	,,	502	,,	777	,,	1067	1645	1375
,,	3010	,,	1215	,,	511	,,	4247	,,	1018	,,	1376
,,	2731	,,	4548	,,	518	,,	1605	,,	1340	1646	4878
,,	2888	,,	4874	1635	3354	,,	963	,,	2567	,,	4495
,,	2895	1633	3055	,,	2802	1639	2554	,,	2586	,,	5410
,,	4487	,,	4264	,,	2641	,,	2598	,,	3065	,,	5609
,,	4545	,,	4466	,,	2630	,,	3575	,,	2849	,,	5493
,,	4572	,,	4377	,,	4314	,,	4327	,,	5079	,,	5411
,,	2874	,,	4368	,,	4454	,,	4549	1643	2587	,,	1377
,,	2884	,,	5612	,,	4827	,,	5497	,,	377	,,	2949
,,	4269	,,	5616	,,	239	,,	4813	,,	2588	1647	611
,,	2941	,,	4318	,,	3419	,,	3830	,,	2599	,,	4129
,,	4546	,,	4357	,,	1216	1640	4641	,,	2601	,,	3066
,,	4573	,,	4358	,,	4319	,,	4702	,,	2555	1648	140
,,	2885	,,	4441	,,	4443	,,	5347	,,	2748	,,	141
,,	2906	,,	119	,,	4468	,,	3840	,,	2706	,,	2569
,,	2959	,,	3730	1636	240	,,	3841	,,	2732	,,	2557
,,	3836	,,	440	,,	4285	,,	4507	,,	4618	,,	2578
,,	4554	,,	424	,,	3141	,,	3842	,,	5519	,,	4043
,,	4600	1634	4284	,,	3362	,,	1606	,,	694	,,	1378
,,	4604	,,	4301	,,	5491	,,	5492	1644	2765	,,	4691
,,	2875	,,	4424	,,	5406	,,	4444	,,	2776	,,	2467
,,	2896	,,	4506	,,	2897	,,	1950	,,	2794	1649	1456
,,	4270	,,	441	,,	986	,,	4616	,,	2808	,,	3258
,,	2876	,,	2629	,,	376	,,	1941	,,	2568	,,	1452
,,	2942	,,	2640	1637	2397	1641	5480	,,	2589	,,	4692
,,	2973	,,	2754	,,	1940	,,	5408	,,	2600	,,	2468

17e siècle.

1649	2570	1652	2642	1654	2851	1655	2283	1658	2580	1663	4342
,,	2571	,,	4455	,,	2682	,,	3261	,,	2337	,,	4343
,,	2558	,,	4445	,,	2683	,,	5109	,,	2284	,,	4880
,,	2579	,,	2664	,,	2684	,,	2160	,,	2540	,,	4279
1650	4302	,,	2766	,,	2691	,,	2202	,,	008	,,	4344
,,	5613	,,	2777	,,	2708	,,	3262	,,	2076	,,	4044
,,	1986	,,	2830	,,	2709	,,	659	,,	2105	1664	4162
,,	3084	,,	2836	,,	2633	,,	907	,,	2135	,,	4217
1651	289	,,	4390	,,	805	,,	3593	,,	2039	,,	4178
,,	3071	,,	2632	,,	149	1656	4738	,,	2069	,,	1607
,,	3095	,,	2643	,,	146	,,	612	,,	2236	,,	1068
,,	5481	,,	3260	,,	248	,,	641	,,	2516	,,	2285
,,	5494	,,	1822	,,	255	,,	2234	1659	2659	,,	2040
,,	5543	,,	2681	,,	256	,,	2235	,,	2685	,,	4686
,,	5544	,,	2690	,,	241	1657	3854	,,	5473	,,	4739
,,	5545	,,	2850	,,	361	,,	4056	,,	5496	,,	3799
,,	5546	,,	1823	,,	207	,,	5608	1660	4131	,,	3900
,,	5563	,,	2908	,,	221	,,	5717	,,	4159	1665	3957
,,	5569	,,	4320	,,	378	,,	5688	,,	152	,,	1073
,,	5573	,,	4369	,,	262	,,	4372	,,	1800	,,	3962
,,	5578	,,	2718	,,	269	,,	3651	,,	613	,,	3676
,,	5584	,,	2945	,,	276	,,	3652	,,	837	,,	3576
,,	5588	,,	2961	,,	279	,,	4104	1661	5412	,,	3800
,,	5591	,,	2986	,,	411	,,	4130	,,	3798	,,	3856
,,	5618	,,	3096	,,	425	,,	4158	,,	3855	,,	3901
,,	5619	,,	5207	,,	521	,,	4175	,,	3899	,,	1787
,,	3259	,,	5268	,,	4685	,,	3898	,,	4105	,,	3602
,,	3076	,,	4714	,,	4703	1658	2768	,,	4160	,,	3615
,,	5614	,,	4715	,,	4716	,,	2803	,,	4176	,,	3653
,,	2055	,,	2472	,,	4736	,,	3263	,,	4215	,,	3712
,,	2037	1653	246	,,	4879	,,	3711	1662	1613	,,	3717
,,	5495	,,	247	,,	2233	,,	3762	,,	2452	,,	3721
,,	4328	,,	290	,,	806	,,	3961	,,	5413	,,	3739
,,	4303	,,	2068	,,	1665	,,	3970	,,	3716	,,	4021
,,	1987	,,	2767	,,	1706	,,	3971	,,	4106	,,	4670
,,	4304	,,	2707	,,	1824	,,	2161	,,	4177	,,	4740
,,	4329	,,	1815	,,	1816	,,	3704	,,	4216	,,	3638
,,	2755	,,	1391	,,	2810	,,	2499	,,	4161	,,	4609
,,	2795	,,	4912	1655	2336	,,	2500	,,	1666	,,	4626
,,	1450	,,	520	,,	4737	,,	2501	,,	1732	1666	2711
,,	964	,,	3768	,,	2038	,,	2502	,,	1733	,,	3718
1652	1814	,,	2809	,,	2159	,,	2559	1663	3601	,,	3801
,,	5472	1654	4075	,,	2201	,,	2572	,,	4341	,,	3902

17e siècle.

1666	4107	1668	614	1668	1074	1668	2655	1668	3979	1668	788
,,	4179	,,	637	,,	1097	,,	2660	,,	4022	,,	1120
,,	3640	,,	638	,,	1108	,,	2662	,,	4057	,,	1130
,,	4425	,,	642	,,	1118	,,	2665	,,	4067	,,	1137
,,	208	,,	660	,,	1128	,,	2674	,,	4076	,,	789
,,	953	,,	695	,,	1135	,,	2692	,,	4288	,,	966
,,	4695	,,	711	,,	1145	,,	2699	,,	4305	,,	1722
,,	4704	,,	721	,,	1155	,,	2710	,,	4315	,,	1121
,,	4749	,,	734	,,	1457	,,	2712	,,	4330	,,	1131
,,	5467	,,	740	,,	1707	,,	2719	,,	4446	,,	1138
,,	1783	,,	745	,,	1807	,,	2733	,,	1119	,,	1808
,,	3802	,,	764	,,	1952	,,	2750	,,	1129	,,	2287
,,	3903	,,	778	,,	2011	,,	2756	,,	1136	,,	2043
,,	2009	,,	787	,,	2041	,,	2769	,,	2438	1669	2013
,,	2056	,,	799	,,	2057	,,	2796	,,	3954	,,	976
,,	2077	,,	809	,,	2071	,,	2811	,,	3973	,,	977
1667	3264	,,	815	,,	2080	,,	2826	,,	3986	,,	1020
,,	2010	,,	819	,,	2106	,,	2831	,,	2591	,,	1047
,,	2070	,,	825	,,	2162	,,	2839	,,	2012	,,	1021
,,	2078	,,	838	,,	2237	,,	2852	,,	1368	,,	1022
,,	3803	,,	850	,,	2264	,,	2909	,,	1651	,,	2910
,,	3904	,,	863	,,	2354	,,	2943	,,	1667	,,	1023
,,	3804	,,	879	,,	2379	,,	2975	,,	1727	,,	1826
,,	3905	,,	885	,,	2398	,,	2987	,,	1750	,,	2288
,,	1760	,,	892	,,	2420	,,	3156	,,	1761	,,	765
,,	3740	,,	898	,,	2249	,,	3171	,,	1801	,,	5128
,,	1650	,,	902	,,	2453	,,	3198	,,	1804	,,	3581
,,	1961	,,	908	,,	2456	,,	3218	,,	1817	,,	978
,,	4066	,,	919	,,	2469	,,	3265	,,	2286	,,	893
1668	1608	,,	933	,,	2473	,,	3286	,,	2528	1670	934
,,	3906	,,	938	,,	2488	,,	3296	,,	2541	,,	4913
,,	3805	,,	940	,,	2495	,,	3355	,,	2877	,,	4920
,,	2079	,,	944	,,	2503	,,	3365	,,	2886	,,	2014
,,	3741	,,	948	,,	2517	,,	3436	,,	2953	,,	2044
,,	128	,,	954	,,	2560	,,	3606	,,	2962	,,	894
,,	1825	,,	965	,,	2573	,,	3691	,,	3011	,,	643
,,	3577	,,	975	,,	2581	,,	3719	,,	3097	,,	851
,,	3578	,,	987	,,	2590	,,	3742	,,	3630	,,	864
,,	3579	,,	1019	,,	2608	,,	3806	,,	3963	1671	979
,,	3580	,,	1033	,,	2618	,,	3907	,,	4045	,,	4289
,,	1770	,,	1046	,,	2644	,,	3934	,,	4280	,,	5498
,,	1988	,,	1057	,,	2648	,,	3953	,,	2853	,,	3755
,,	2994	,,	1069	,,	2653	,,	3972	,,	2042	,,	644

18e siècle.

1671	852	1674	4412	1679	3964	1680	5214	1689	1080	1696	4185
,,	865	,,	2656	,,	4046	,,	3036	,,	3074	1697	5535
,,	980	,,	4181	,,	4134	1681	2399	,,	5287	,,	2725
,,	2574	,,	304	,,	3867	,,	3402	1690	867	,,	2726
,,	4218	,,	3603	,,	3770	,,	2693	,,	3437	,,	2898
,,	5444	,,	3052	,,	735	,,	2995	,,	2450	1698	1049
,,	5459	1675	4133	,,	820	,,	5341	,,	2976	,,	1050
,,	1048	1676	1788	,,	1762	,,	305	,,	5343	**18e siècle.**	
,,	3051	,,	2016	,,	2165	1682	3080	,,	2968	1700	2978
1672	426	,,	3267	,,	3584	,,	306	,,	5129	,,	4447
,,	1024	1677	1752	,,	3591	,,	1369	1691	3982	,,	4453
,,	981	,,	2163	,,	3594	1683	3981	,,	5414	,,	4456
,,	866	1678	1379	,,	3607	,,	4110	1692	5006	1701	4895
,,	1122	,,	1708	,,	3609	,,	4671	,,	5137	,,	2979
,,	1146	,,	1715	,,	3611	,,	1380	1693	5138	,,	1372
,,	2575	,,	2072	,,	3614	,,	1668	,,	2721	,,	2980
,,	645	,,	2082	,,	3641	,,	1710	,,	2977	1702	2981
,,	2854	,,	2164	,,	3643	,,	3771	1694	1403	,,	3587
,,	1139	,,	2239	,,	3665	,,	3936	1695	1404	1703	3077
,,	853	,,	2289	,,	3677	1684	1763	,,	2722	1704	363
,,	2316	,,	2017	,,	3692	,,	1771	,,	2592	,,	364
,,	2238	,,	1778	,,	3808	1685	1076	,,	307	,,	3937
,,	982	,,	3172	,,	3974	,,	1077	,,	147	,,	242
,,	2107	,,	2083	,,	3980	1686	1025	,,	179	1705	3072
,,	2136	,,	3583	,,	3987	,,	1026	,,	1614	,,	3588
,,	2015	1679	1392	,,	4023	,,	5620	,,	1711	,,	3622
,,	2081	,,	2073	,,	4051	,,	5446	,,	1764	,,	5415
,,	646	,,	1075	,,	4058	,,	5520	,,	1784	,,	5521
,,	5417	,,	1109	,,	4108	1687	3585	,,	4385	1706	3589
1673	1989	,,	3935	,,	4182	,,	5080	,,	209	1707	2240
,,	4881	,,	291	,,	4198	,,	1058	,,	292	,,	2018
,,	5445	,,	1652	,,	4219	,,	1027	,,	362	,,	4921
,,	3060	,,	1709	,,	3693	,,	1078	,,	1297	,,	5149
,,	4180	,,	1751	,,	3975	1688	2720	,,	1436	,,	3067
,,	3582	,,	1753	,,	3694	,,	1059	,,	4047	1708	4448
,,	3769	,,	1758	,,	3976	,,	1079	,,	4565	,,	2290
,,	3807	,,	3713	,,	4109	,,	5229	,,	1458	,,	2108
,,	3857	,,	3728	,,	4135	,,	5235	,,	1785	,,	2137
,,	3908	,,	3743	,,	4183	,,	2666	1696	2723	,,	148
,,	3610	,,	3744	1680	1400	,,	1741	,,	2724	,,	210
,,	4132	,,	3749	,,	1401	,,	4111	,,	5029	1709	365
1674	5419	,,	3756	,,	5059	,,	4136	,,	4882	,,	243
,,	3266	,,	3858	,,	1402	,,	4184	,,	3586	,,	572

18e siècle.

1709	1723	1713	5139	1720	2241	1727	2518	1731	2461	1742	2797
,,	4052	,,	5164	,,	2291	,,	2529	1732	4885	1743	4378
,,	5603	,,	5173	,,	2422	1728	4194	,,	5327	,,	1991
1710	2927	,,	5189	,,	3625	1729	741	,,	5694	1745	1992
,,	4601	,,	5196	,,	3752	,,	752	,,	5701	,,	2989
,,	4449	,,	5449	,,	3604	,,	4399	,,	5522	1746	4672
1711	5474	,,	1060	,,	3623	,,	3753	,,	2520	,,	4673
,,	5482	,,	1061	,,	3626	1730	3269	,,	2531	,,	4705
,,	5484	,,	5288	,,	3722	,,	4523	1733	4450	,,	4750
,,	5447	,,	5683	,,	4193	,,	5528	,,	5174	,,	3590
,,	2934	1714	3268	,,	3624	,,	2911	,,	3328	,,	883
,,	5564	,,	5236	,,	751	,,	807	1734	4886	,,	4458
,,	5570	,,	5237	,,	3988	,,	5624	1735	5046	1748	696
,,	5574	1715	3314	,,	4112	,,	3705	,,	4457	1749	2798
,,	5579	,,	222	,,	4137	,,	3605	,,	5175	,,	5567
,,	5585	,,	129	,,	4220	,,	3613	,,	3220	1750	5118
,,	5589	1716	5752	,,	5622	,,	3666	,,	3270	1751	4983
,,	5592	,,	5216	1721	5623	,,	3750	,,	2757	,,	4998
,,	5448	1717	4494	1722	4756	,,	3809	1736	4887	,,	5269
,,	3438	,,	4496	,,	4922	,,	3879	,,	5625	,,	5238
,,	5621	,,	5590	,,	5030	,,	3939	,,	4757	1752	2139
,,	5475	,,	4508	,,	2804	,,	3989	,,	737	,,	3158
,,	5483	,,	4555	,,	5602	,,	736	,,	1034	,,	3183
,,	5485	,,	4717	,,	1724	,,	967	,,	1052	,,	3221
,,	5565	,,	2138	,,	1772	,,	4015	,,	1081	,,	3271
,,	5571	1718	412	,,	2805	,,	4024	1737	3173	,,	2058
,,	5575	,,	212	,,	4687	,,	4138	,,	4510	,,	2532
,,	5580	,,	504	1723	780	,,	3315	,,	1373	,,	5626
,,	5586	,,	512	1724	4884	,,	2530	,,	1773	1753	647
,,	5590	,,	522	,,	4903	,,	2242	1738	4524	,,	5050
,,	5593	,,	249	,,	4932	1731	2019	,,	4529	1754	5060
1712	2421	,,	4509	,,	5090	,,	2045	,,	308	1755	4926
,,	1051	1719	1370	,,	5117	,,	1357	,,	3723	,,	5038
,,	5736	,,	1499	,,	5197	,,	3182	1739	150	,,	2059
,,	1962	,,	3612	1725	5693	,,	3219	,,	4556	,,	2168
,,	1963	,,	4186	1726	3083	,,	2167	,,	180	,,	2292
,,	2355	,,	3938	,,	4522	,,	2211	,,	223	1756	2020
,,	1990	,,	3955	,,	4527	,,	5536	1740	4139	,,	3222
1713	211	,,	779	,,	4048	,,	5566	,,	4113	,,	3272
,,	5763	1720	4902	1727	2988	,,	2046	,,	4187	,,	3159
,,	4883	,,	4200	,,	4345	,,	2504	1741	1035	,,	2661
,,	5007	,,	4201	,,	2084	,,	2510	,,	1036	,,	413
,,	5081	,,	2166	,,	4414	,,	2519	1742	4188	,,	4355

1756	2916	1764	1953	1782	2294	1792	2026	1802	1713	1811	1093
,,	2919	,,	2023	,,	3279	,,	2062	,,	4979	,,	1094
,,	2922	,,	2025	,,	2025	,,	3280	,,	4984	,,	5600
,,	3024	,,	2338	,,	2047	,,	5628	,,	3881	,,	1095
,,	3223	1765	2024	,,	2061	1793	5092	,,	4283	1813	1437
,,	3273	,,	3277	1783	3316	,,	5067	,,	989	,,	4395
,,	2657	,,	1082	,,	1084	1794	4962	,,	3068	,,	4718
,,	2667	,,	1098	,,	1100	,,	4888	1803	280	,,	4743
,,	2694	,,	213	,,	2048	,,	4904	,,	5248	1814	369
1757	2883	,,	309	1784	4605	1795	3868	,,	3031	,,	5150
,,	2109	,,	214	1785	2609	,,	3667	1804	4999	,,	5529
,,	2879	,,	3439	,,	5450	,,	3909	1805	3913	1815	1438
,,	2889	1767	4077	,,	2822	,,	3940	,,	3816	,,	4719
,,	3224	,,	1083	,,	1670	1796	3859	,,	3817	,,	4744
,,	2649	,,	1099	,,	2815	,,	3869	,,	1765	,,	3098
,,	2650	,,	2634	,,	1037	1797	3668	1806	2880	,,	3942
1758	2561	1768	367	,,	4591	,,	3810	,,	3050	,,	3943
1760	4617	1770	2668	1786	5733	,,	3910	,,	3078	,,	5601
,,	293	,,	2996	,,	5734	,,	5039	,,	3061	,,	224
,,	366	,,	1954	,,	5313	1798	4889	,,	3062	,,	142
,,	1371	,,	1955	,,	4627	,,	988	,,	1766	,,	1774
1761	3160	,,	2111	,,	4632	1799	1087	,,	4741	,,	370
,,	5100	,,	4762	,,	4634	,,	1103	,,	1038	,,	3281
,,	5110	1771	5051	1787	4642	,,	3297	,,	3012	,,	4400
,,	5101	,,	2380	,,	1809	,,	3811	,,	3073	1816	371
,,	5111	,,	3983	1788	5329	,,	3812	,,	1039	,,	3944
1763	3274	1772	4978	1789	5020	,,	3880	1807	368	1817	4281
,,	2021	1773	2675	,,	5052	,,	5040	,,	3941	,,	4720
,,	2060	,,	1459	,,	5091	,,	5103	,,	4488	,,	1714
,,	2821	1774	4306	,,	4706	,,	5246	1808	5523	,,	1104
,,	5008	,,	2170	,,	2086	,,	5041	,,	3037	,,	4751
,,	5019	,,	2293	1790	697	**19ᵉ siècle.**		1809	5524	1818	5151
,,	5027	,,	648	,,	5009	1800	3199	,,	5525	1819	372
,,	5102	1775	5061	,,	1085	,,	3813	,,	5526	,,	5764
1764	3275	1776	1460	,,	1101	,,	3860	,,	5527	,,	5344
,,	2022	,,	5627	1791	698	,,	3911	1810	3424	,,	3425
,,	2489	1779	3278	,,	742	,,	3861	1811	3366	,,	1040
,,	2490	1780	1669	,,	5502	,,	3912	,,	5528	,,	1041
,,	3161	1781	3410	,,	2635	,,	5247	,,	1088	1820	5765
,,	2169	,,	3411	,,	4741	,,	3814	,,	1089	,,	5208
,,	2356	1782	4619	,,	1086	,,	3815	,,	1090	,,	5217
,,	3276	,,	1712	,,	1102	,,	4635	,,	1091	,,	4053
,,	2110	,,	2171	1792	3056	1801	3049	,,	1092	1821	281

19e siècle.

1821	4221	1830	639	1831	802	1833	5209	1833	5219	1833	5241
,,	4222	,,	4575	,,	1956	,,	5218	,,	5231	,,	5272
,,	4223	,,	1725	,,	2621	,,	5230	,,	5340	,,	5291
1822	2928	,,	3706	,,	2857	,,	5239	,,	5271	,,	5320
,,	3079	,,	4049	,,	2439	,,	5270	,,	5290	,,	5325
,,	5530	,,	699	,,	2612	,,	5289	,,	5319	,,	5332
1823	5629	,,	712	,,	2799	,,	5318	,,	5324	,,	5335
,,	1096	,,	3958	,,	2339	,,	5323	,,	5331	,,	5338
,,	250	,,	3978	1832	724	,,	5330	,,	5334	1834	5242
,,	5531	,,	4068	1833	4417	,,	5333	,,	5337	,,	5096
1824	4721	,,	3754	,,	2700	,,	5336	,,	4893	,,	2400
,,	4722	,,	1393	,,	3966	,,	4892	,,	4898	1835	1993
1825	4511	,,	2603	,,	4891	,,	4897	,,	4907	1836	4500
,,	2686	,,	2611	,,	4896	,,	4906	,,	4910	,,	4745
,,	4550	,,	3686	,,	4905	,,	4909	,,	4916	1837	4413
,,	4610	,,	4004	,,	4908	,,	4915	,,	4925	,,	969
,,	4620	,,	640	,,	4914	,,	4924	,,	4929	1838	3426
,,	4643	,,	747	,,	4923	,,	4928	,,	4935	1839	5000
1826	2990	,,	827	,,	4927	,,	4934	,,	4941	,,	2997
1827	5532	,,	1775	,,	4933	,,	4940	,,	4947	,,	2994
,,	4396	,,	1810	,,	4939	,,	4946	,,	4991	,,	2340
1828	3926	,,	2563	,,	4945	,,	4990	,,	5023	,,	3162
,,	3945	,,	2620	,,	4989	,,	5022	,,	5033	,,	3184
1829	3685	,,	2856	,,	5021	,,	5032	,,	5037	,,	3225
,,	4034	,,	3946	,,	5031	,,	5036	,,	5044	,,	2063
,,	668	,,	4006	,,	5035	,,	5043	,,	5087	,,	2295
,,	4373	,,	4059	,,	5042	,,	5048	,,	5095	,,	3282
,,	868	,,	4078	,,	5047	,,	5086	,,	5106	,,	2440
,,	886	,,	1776	,,	5085	,,	5094	,,	5114	,,	2401
,,	2610	,,	899	,,	5093	,,	5105	,,	5121	1840	4010
,,	3965	,,	670	,,	5104	,,	5113	,,	5132	,,	2402
,,	826	,,	4079	,,	5112	,,	5120	,,	5135	1841	1440
,,	2562	,,	4060	,,	5119	,,	5131	,,	5142	,,	990
,,	2619	,,	4080	,,	5130	,,	5134	,,	5154	,,	2172
,,	2855	,,	4890	,,	5133	,,	5141	,,	5169	,,	2890
,,	968	,,	4723	,,	5140	,,	5153	,,	5178	,,	4459
,,	1042	,,	800	,,	5152	,,	5168	,,	5183	,,	2982
,,	1147	,,	722	,,	5167	,,	5177	,,	5187	,,	1140
,,	3977	,,	801	,,	5176	,,	5182	,,	5192	,,	869
,,	746	1831	4224	,,	5181	,,	5186	,,	5200	1842	2173
1830	1439	,,	4225	,,	5185	,,	5191	,,	5211	,,	2423
,,	1461	,,	3687	,,	5190	,,	5199	,,	5220	,,	2212
,,	669	,,	723	,,	5198	,,	5210	,,	5232	,,	3200

19e siècle.

1842	2203	1846	2027	1847	2142	1851	4451	1853	1996	1853	1966
,,	2265	,,	2064	,,	2215	,,	2624	,,	1957	,,	1973
,,	1995	,,	2245	,,	3299	,,	2862	,,	3368	,,	2209
,,	2296	,,	2300	,,	3320	,,	2625	,,	2455	,,	2270
,,	2112	,,	3283	,,	3085	,,	2863	,,	2506	,,	2442
,,	1148	,,	991	1848	4724	,,	3003	,,	3203	,,	2607
,,	2424	,,	2088	,,	2181	,,	2360	,,	2361	,,	2616
,,	4563	,,	2114	,,	2248	,,	3428	,,	2404	,,	2823
1843	4226	,,	2141	,,	2454	,,	4992	,,	2431	,,	2032
,,	2357	,,	2214	,,	5252	,,	2254	,,	996	,,	2219
,,	1062	,,	3298	,,	2359	,,	2183	,,	841	,,	2120
,,	4628	,,	2177	1849	3818	1852	4061	,,	997	,,	2033
1844	4011	,,	2266	,,	4557	,,	839	,,	2091	,,	2542
,,	5097	,,	2622	,,	649	,,	1964	,,	2092	,,	4012
,,	1110	,,	2858	,,	2303	,,	3377	,,	2251	,,	4645
,,	2358	,,	992	,,	650	,,	4054	,,	1063	,,	2816
,,	2113	,,	2204	,,	4558	,,	4567	,,	2029	,,	3440
,,	2140	,,	3317	1850	4418	,,	5215	,,	2050	,,	3302
,,	2174	,,	2205	,,	5253	,,	2342	,,	2065	,,	3303
,,	2213	,,	3318	,,	4559	,,	3321	,,	2119	,,	3304
,,	2243	,,	2178	,,	4584	,,	2606	,,	2144	,,	2362
,,	3201	,,	2365	,,	4489	,,	2615	,,	2184	,,	2593
,,	2297	,,	2115	,,	4512	,,	1965	,,	2306	1854	5070
1845	4576	,,	2179	,,	4629	,,	2250	,,	2367	,,	998
,,	2298	,,	2246	,,	4566	,,	2441	,,	2384	,,	2121
,,	2175	,,	2301	,,	2605	,,	2118	,,	3163	,,	2187
,,	2244	,,	2267	,,	2860	,,	2269	,,	3187	,,	2252
,,	2299	,,	2382	,,	5254	,,	840	,,	3226	,,	4562
,,	373	1847	2832	,,	5321	,,	2090	,,	3284	,,	4491
,,	2381	,,	2268	,,	2658	,,	2143	,,	3301	,,	2122
,,	4585	,,	2180	,,	5737	,,	2216	,,	671	,,	4586
,,	2087	,,	2116	1851	1426	,,	2305	,,	2030	,,	5738
1846	5258	,,	2247	,,	4490	,,	2366	,,	2185	1855	3434
,,	2176	,,	2302	,,	2117	,,	2383	,,	2217	,,	2343
,,	5098	,,	3319	,,	2182	,,	2403	,,	3322	,,	2307
,,	2341	,,	2206	,,	2207	,,	3186	,,	2385	,,	2387
,,	3174	,,	993	,,	2249	,,	995	,,	2051	,,	2388
,,	3202	,,	994	,,	2304	,,	2208	,,	2186	,,	3323
,,	2049	,,	2614	,,	3427	,,	3300	,,	2093	,,	4336
,,	2604	,,	2623	,,	4386	,,	3367	,,	2031	,,	2188
,,	2613	,,	2859	,,	2861	,,	2430	,,	2218	,,	2253
,,	1043	,,	2028	,,	1972	1853	3081	,,	2386	,,	2308
,,	1111	,,	2089	,,	3185	,,	2864	,,	1958	,,	2220

19e siècle.

1855	3305	1858	1030	1864	2124	1868	2406	1874	3819	1881	414
,,	3306	,,	871	,,	2191	,,	2687	,,	3330	,,	5322
,,	2094	,,	872	,,	2255	,,	2800	1875	2412	,,	2345
,,	3204	,,	3164	,,	2272	,,	2407	,,	3820	1882	5145
,,	3307	,,	3227	,,	2311	1869	2222	,,	4650	,,	3688
,,	4347	1859	2594	,,	2734	,,	3039	,,	5255	,,	3707
,,	4062	,,	3013	1865	4359	,,	2938	,,	3821	,,	3947
,,	2309	,,	672	,,	3082	,,	5147	1876	5314	,,	3967
,,	2034	,,	1000	,,	2900	,,	4564	,,	5256	,,	3948
,,	2310	,,	2576	,,	4348	1870	4725	,,	1004	1883	5316
,,	2389	,,	3421	,,	4349	,,	5244	,,	5294	,,	5245
,,	3308	,,	5165	,,	875	,,	5249	1877	2364	,,	5326
,,	3324	,,	5170	,,	4764	1871	4370	,,	2313	1884	5250
,,	2189	,,	4531	1866	2701	1872	3287	,,	2210	,,	3949
,,	2095	1860	873	,,	3309	,,	2408	,,	5212	,,	228
,,	2221	,,	824	,,	3325	,,	2543	1878	3870	,,	5251
1856	2425	,,	4592	,,	5166	,,	2368	,,	4055	,,	5257
,,	3205	,,	4513	,,	5243	,,	1997	1879	5766	,,	5259
,,	3206	,,	2405	,,	3429	,,	2409	,,	2146	,,	229
,,	999	,,	874	,,	3441	,,	2432	,,	3331	1885	230
,,	1064	1861	4963	,,	3422	,,	2507	,,	1005	,,	3950
,,	1044	,,	2271	,,	1003	,,	2735	,,	257	1886	876
,,	2123	,,	1065	,,	2125	,,	1968	,,	225	1887	877
,,	2190	,,	1001	,,	2192	,,	1975	,,	143	,,	5045
,,	870	,,	5053	,,	2256	,,	2443	,,	226	1888	615
,,	2363	1862	4964	1867	2126	,,	2410	,,	251	,,	673
,,	4535	,,	4307	,,	2193	,,	2273	,,	258	,,	3708
,,	2344	,,	4308	,,	2257	,,	5148	,,	4081	,,	3951
1857	3369	,,	970	,,	4350	,,	2096	,,	1031	,,	3968
,,	1967	,,	2931	,,	4309	,,	2145	,,	1032	1889	1007
,,	1974	,,	2936	,,	4189	,,	2194	,,	5144	,,	1008
,,	3053	,,	1441	,,	2937	,,	2312	1880	2727	1893	5010
,,	3075	,,	1002	1868	3370	,,	2411	,,	2702	,,	5011
,,	3420	1863	2899	,,	3326	,,	3165	,,	2728	,,	5012
,,	2935	,,	4286	,,	3327	,,	3175	1881	4948	1895	878
,,	3054	,,	4587	,,	3328	,,	3188	,,	1006	1896	5767
1858	1028	1864	1442	,,	4397	,,	3228	,,	5315		
,,	1029	,,	4514	,,	2127	,,	3329	,,	227		

TABLE DES MATIÈRES.

A. M. D. G.

ERRATA.

I. DANS LE CATALOGUE PAR ORDRE DE PROVINCES.

page	numéro	année		année
15	284	1669	lire	1569
136	2866	301	,,	304

II. DANS LE RÉPERTOIRE CHRONOLOGIQUE.

ANNÉES AVANT JÉSUS-CHRIST.

page	colonne		année	numéro
275	3	ajouter	154	4407
275	3	,,	143	4408

ANNÉES APRÈS JÉSUS-CHRIST.

page	colonne	année	numéro		année	numéro
275	1	95	1519	lire		1510
276	1	250	1944	,,		1943
,,	2	294	4414	,,		4114
,,	4			ajouter	329	2954
,,	5	438	607	lire		601
,,	6	484	1156	,,		1159
277	2	536	1943	,,		1944
,,	4			ajouter	767	41
,,	,,	778	4656	lire		4651
278	3	1068	5430	,,		5420
,,	5	1117	331	,,		351
279	2	1290	3944	,,		3644
,,	6	1335	4282	,,		4202
,,	,,	1336	2646	,,		2645
,,	,,	1336	390	,,		490
,,	,,	1239	654	,,	1339	
,,	,,	1339	681	,,		661
280	1	1342	4630	,,	1340	
,,	,,			ajouter	1341	1641
,,	,,	,,	1217	lire	1342	1217
,,	,,	1350	2023	,,		3023
,,	4	1366	2645	,,		2646
,,	,,	1366	5461	,,		5460

page	colonne	année	numéro		année	numéro
280	4	1367	835	lire		845
,,	5	1363	1416	,,	1368	
,,	,,			ajouter	1372	4655
,,	,,	1382	485	lire		495
282	4	1505	1356	,,		1354
283	6			ajouter	1528	3193
284	1			supprimer	1529	3193
,,	,,	1536	3692	lire		5692
286	6	1600	5460	,,		5461
287	1			ajouter	1603	3554
,,	,,			supprimer	1604	3554
288	1	1620	2819	lire		2818
,,	6	1631	4797	,,		3797
289	2	1632	5353	,,		5350
290	4			supprimer	1657	5608
291	3	1668	2249	lire		2429
292	1			ajouter	1671	3057
,,	,,			,,	1674	3058
293	2	1717	5590	lire		4590
,,	,,	1719	1499	,,		4199
,,	4	1730	5526	,,		4528
,,	,,	1731	1357	,,		3157
,,	5	1733	3328	,,		5328
294	1			supprimer	1758	2561
,,	2	1764	2025	lire		2085
,,	3			ajouter	1785	2561
,,	4	1806	4741	lire		4742
295	5	1833	5340	,,		5240
,,	6			ajouter	1833	5049
,,	,,	1836	4500	lire		4530
,,	,,	1839	2994	,,		1994
296	3	1851	1426	,,		1462
,,	6	1855	4336	,,		4346
297	2	1800	824	,,		842

www.ingramcontent.com/pod-product-compliance
Ingram Content Group UK Ltd.
Pitfield, Milton Keynes, MK11 3LW, UK
UKHW021850190726
13855UKWH00001B/244

9 782013 413336